다문화 교육의
이론과 실제

Multicultural

다문화 교육의
이론과 실제

한국사회과교육연구회 지음

▮ 머리말

　세계화 시대라고 일컬어지는 21세기는 정보 통신 기술과 대량 운송 기술의 발달로 전 세계가 하나의 생활공간으로 바뀌어 지구촌(global society)이라는 거대한 공동체를 이루며 다양한 문화를 접하며 살고 있다. 전 세계 지구촌이 하나의 커다란 공동체를 이루며 생활하는 울타리 없는 사회가 된 것이다. 전 세계가 지구촌 일일생활권이 되어 정보 및 상품이 국경을 쉴 새 없이 넘나들게 되었고, 우리나라 사람들도 세계 여러 나라들을 아주 편리하게 자주 찾아가고 있다.

　우리나라는 매우 급속한 속도로 다문화사회로 진입 · 전개되고 있다. 이른바 외국인 100만 명 시대, 이주 노동자 40만 명, 국제 결혼 비율이 전체의 13%, 새터민 유입의 급증 등으로 우리 사회는 급속도로 다문화사회화되고 있다. 이제 우리나라는 세계 각국 사람들이 생활하는 터전이며 다양한 문화가 공존하는 현실을 외면할 수 없게 되었다. 그렇기 때문에 이제 우리나라는 바람직한 다문화사회로 발전을 도모하기 위한 범국민적 노력을 전개하여야 한다. 즉, 이들을 포용하고 외국 문화와 우리 문화의 차이를 이해하며, 외국의 문화를 적극적으로 수용하려는 노력이 필요하게 되었다.

　우리나라는 이미 민족, 언어, 문화, 생활 패턴 등이 다양해지고 복잡해진 것을 알 수 있다. 또한 100만 명이라는 숫자가 보여주듯 우리의 주변에서 피부색이나 다른 언어를 쓰는 사람들을 만나는 것은 특별한 일이 아니다. 다양한 나라로부터 우리나라로 들어온 다양한 사람들이 우리의 이웃에 함께 살고 있다는 것은 더 이상 단일 민족 국가가 아닌 여러 피부색, 여러 가지 문화를 가진 여러 인종과 국적의 사람들이 어울려 함께 살고 있는 다문화사회로 빠르게 변화하고 있음을 반증하는 것이다.

우리 사회가 다문화사회로 진입함에 따라 각급 학교별로 다문화교육이 커다란 이슈(issue)가 되고 있다. 다문화교육 대상자에 대한 내실 있는 교육이 교육 정책의 지향점이 되고 있다. 다문화가정의 자녀는 우리나라 국적을 가진 국제결혼 가정의 자녀는 물론, 우리나라에 장·단기 거주하는 외국인 가정의 자녀, 불법체류자의 자녀까지도 포함한다. 이들은 모두 우리나라 학생들과 같이 동등한 교육을 받을 권리가 보장되어 있다. 그러나 각기 문화적 배경과 교육적 배경, 부모의 사회적, 경제적 여건, 아동의 한국 사회 적응 정도와 한국어 능력 등에 따라 교육의 성과를 보장하기는 어려운 실정이다. 또한 이들을 담당한 교사들이 다문화가정 자녀와 그 주변의 학생, 가족들을 효과적으로 지원할 수 있는 역량을 함양하는 것이 급선무이다. 아울러 유·초·중·고교와 대학교 등 각급 학교에서 다문화가정 자녀에 대한 다양한 지원과 함께 각급 학교별로 창의적이고 특색 있는 다문화교육 구안·적용에 각별한 관심을 갖고 노력하고 있다.

이에 본 저서는 이러한 패러다임의 변화에 따라 특히 입문기인 초등학교 현장에서 가르치는 교사들에게 다문화교육의 이론과 실제 적용 사례를 소개함으로써 다문화교육에 대한 이해의 지평을 넓힐 수 있는 훌륭한 지침서의 역할을 하리라 생각된다.

또한 전국에 있는 사회과 교육에 관심과 소양을 가진 교원들이 집필진으로 참여하여 제1부에서는 다문화교육의 이해를 넓히기 위하여 다문화주의와 다문화교육, 다문화주의와 교육과정, 한국의 다문화사회와 다문화교육, 다문화주의와 교육정책, 다문화가정의 이해를 탐구하였고, 제2부에서는 초등학교를 중심으로 제1학년부터 제6학년까지 다문화 관련 교육과정을 분석하고, 실제

교수·학습 과정안과 학습지를 통해 적용 사례를 교실 현장 친화적으로 적용할 수 있도록 접근하였다.

따라서, 그 적용은 초등학교를 중심으로 유치원, 중학교, 고등학교 등 각급 학교에서 준용할 수 있도록 집필하였다. 특히 현재 우리 교육의 핵심 이슈이자 키워드인 다문화교육에 대한 이론과 실제를 아우르도록 접근하고 탐구한 점이 특징이다.

끝으로, 여러 가지 출판 사정의 어려움에도 불구하고, 공동집필진의 노력의 결실이 세상에 빛을 볼 수 있도록 기꺼이 출판을 허락해주신 한국학술정보(주)의 채종준 사장님을 비롯한 출판사업부의 관계자 여러분께 진심으로 감사의 인사를 드린다. 그리고 앞으로 우리 한국사회과교육연구회가 더욱더 교육과 연구에 매진하여 한국의 사회과 교육을 이끌어 나가는 견인차 역할에 충실할 것을 약속 드린다. 본서의 집필과 출판에 관심과 격려, 그리고 성원을 아끼지 않으신 모든 분들에게도 심심한 사의를 드리는 바이다.

2011. 2.

한국사회과교육연구회

CONTENTS

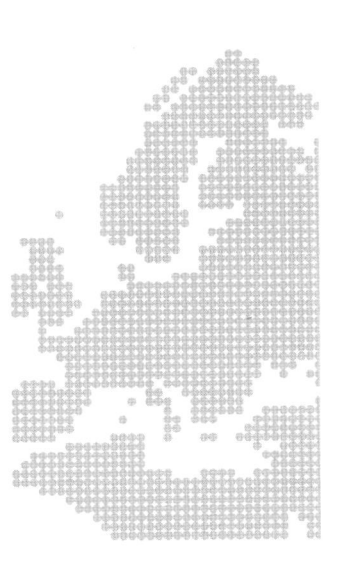

01

다문화교육의 이론

 다문화주의와 다문화교육

Ⅰ. 다문화사회와 다문화주의

1. 다문화와 다문화사회

가. 다문화의 개념

문화는 사회와 사회 구성원들 특유의 정신적, 물질적, 지적, 감성적 특징의 총체로 간주되는 것으로서 예술, 문학, 생활양식, 함께 사는 방식, 가치 체계, 전통과 신념을 포함하고 있다(최현덕, 2009). 이러한 문화는 다양성과 복잡성이라는 특징을 가지고 있기 때문에, 현대 사회를 다문화사회라고 부른다. 여기에서 다문화의 개념을 바라보는 관점은 학자들마다 조금씩 다르다(<표 1> 참조).

<표 1> 학자들이 바라보는 다문화의 개념

학자	다문화의 개념
양옥승(1997)	· 다양한 문화적 배경을 가진 사람들 간의 상호작용을 이끄는 일련의 행동규범 또는 원칙 및 접근 방법으로 사람들의 지식, 신념, 태도, 행동에 영향을 미치는 것
장영희(1997)	· 여러 문화가 서로 밀접한 관계를 맺는 가운데 하위 문화 간에, 주 문화와 하위 문화 간에 생기는 충돌이 가시화되면서 문화 간에 생기는 여러 유형의 문제를 조화롭게 극복하고자 하는 의도에서 만들어진 용어
노선화(2004)	· 다양한 문화와 사회 속에서 자신의 것을 그대로 유지하며 다른 여러 민족, 국가와 공동으로 인류의 역사를 세워 나가는 것
서혁(2007)	· 지역 간, 세대 간, 계층 간의 다문화(광의의 개념) · 한국 사회에서 한국이 아닌 다른 문화권으로 이루어진 가정의 생성(협의의 개념)
한석실(2008)	· 세계화로 인해 서로 다른 문화가 부딪치고 영향을 주고받는 기회가 증가되면서 각 문화를 연결시키고 조화롭게 적용하고자 하는 사회적 필요성에 의해 생겨난 것
유홍옥 외(2009)	· 각 나라의 문화를 연결시키고 반영하고 적용하는 것으로써 각 문화의 차별화를 강조하고 문화의 다양성을 추구하는 것 · 종족이나 계층 간뿐만 아니라, 지식, 정보, 생활양식 및 가치관 등에서 다양함과 독특함이 공존하는 시대적 배경

특히, 문화의 다양성은 각 민족의 풍습, 습관, 역사, 문화 등이 다양하다는 상대주의를 기반으로 하고 있어 매우 복잡한 구조로 설명할 수 있다. 이러한 복잡한 구조는 단일민족국가로 생각되었던 우리나라에서도 등장하였다. 즉, 2009년 4월 국내에 체류하고 있는 외국인의 수가 약 117만 명으로 전체 인구의 2%를 넘고 있고 한국에 거주하고 있는 외국인의 수가 증가하고 국제 결혼 가정과 외국인 근로자 가정 등의 증가로 인해 다문화가정의 자녀가 학교에 취학함에 따라 인적 교류와 문화 접촉 증가에 따른 갈등 가능성이 증가하는 부정적인 의미도 있지만, 외국 문화와의 접촉을 통해 한국 사회와 문화가 보다 역동적이고 창조적인 문화로 변화할 수 있는 긍정적인 가능성도 높아지고 있다(이혜진, 2009).

그러므로 우리는 다문화사회라는 것을 인정하고 이해하며 각 문화의 특징과 능력을 최대한 발휘하게 해 주고 공존할 수 있는 기회를 가질 필요가 있다. 또한, 다문화사회는 문화의 다양성 수용과 세계 공동체를 위한 각기 다른 역할 수행, 즉 다양한 문화적 가치와 태도를 형성하고 구성원의 공통점과 고유한 특성을 인식함과 동시에 공존과 협력을 강조하고 있다(김영옥 외, 2008). 이와 같이 다문화사회는 생활양식과 가치관이 매우 다양하고 정보를 통한 세계와의 접촉이 불가피한데다 개인의 개성도 함께 강조되는 시대라 할 수 있다.

나. 다문화사회의 인간상

다문화사회가 지향하는 인간상은 학자들마다 다양하게 제시하고 있다(<표 2> 참조).

〈표 2〉 다문화사회가 지향하는 인간상

구분	다문화사회가 지향하는 인간상
최재선(1998)	· 지식정보화 및 다문화사회에서 단편적인 지식을 습득하는데에만 몰두하는 경쟁적이고 편협한 인간이 아니라, 덕성을 바탕으로 풍부한 교양과 능력을 갖춘 인간, 다른 사람과 더불어 살아가는 인간, 인류가 축적해 온 문화와 예술의 의미를 알고 이를 자신의 생활 속에서 향유하는 인간
박도순(2002)	· 기초 학습능력과 생활능력을 튼튼히 쌓아 가는 사람 · 자기의 소질과 잠재력을 찾아 자기 분야의 기본 소양, 주요 소양을 기르고 궁극적으로 창의적인 핵심역량을 지닌 사람 · 무한한 정보의 바다를 황금어장 삼아 자기지식을 만들어내는 사람 · 기초 핵심지식을 바탕으로 생애 학습을 계속하는 사람 · 다른 사람을 나만큼 이해하고 존중하는 온정적인 사람 · 겉으로 보이는 피부색, 인종, 경제력을 넘어 사해동포를 삼을 줄 아는 사람 · 욕망의 절제가 자기를 살리며 이웃과 지구를 살리는 일임을 알고 절제할 줄 아는 자연친화적인 사람
김영옥 외(2008)	· 올바른 인성과 도덕성을 갖춘 사람 · 자기 주도적 학습능력과 창의적인 문제해결력을 발휘하는 사람 · 다른 사람을 이해하고 존중할 줄 아는 사람 · 정보를 효율적으로 분석하고 활용할 수 있는 능력을 갖춘 사람 · 우수한 의사소통 능력을 갖추고 다른 사람과 협동할 줄 아는 사람 · 인류 공동문제에 관심을 가지고 이를 해결할 수 있는 능력을 갖춘 사람 · 시민 의식을 기초로 공동체의 발전을 지향하는 사람 · 외국의 문화와 풍습을 수용하고 이해할 수 있는 사람 · 민족의 정체성을 기초로 한국적 전통을 세계 보편적 가치로 발전시키고 창조하는 사람

2. 다문화주의와 유사한 용어

가. 차별과 배제 정책

차별과 배제 정책은 한 국가내의 인종적 소수자를 인정하지 않고 배제하거나 최소하는 정책으로서, 이주 노동자를 일정 기간 동안 초청하여 국내의 부족한 노동력을 채우고 계약이 만료되면 다시 본국으로 돌려보내는 교체 순환 정책이기 때문에, 원칙적으로 이주노동자의 국내 거주는 불가능하다(최충옥 외, 2010). 이러한 정책은 1960년대 독일이 외국 노동자를 초청하면서 취했던 방법으로서 오늘날 우리나라가 3년 동안 이주노동자를 체류시킨 후 귀국시키는 고용허가제 방법이라는 장점도 있지만, 이주노동자들을 단기간 소모품처럼 활용하고 배제함으로써 인종적 편견과 차별의 표출이라는 점에서 많은 비판의 여지가 있다(지종화 · 정명주 · 김도경, 2009).

나. 동화주의

인종적으로나 문화적으로 유사한 사회에서 주류 집단에 속하는 사람들은 자신들에게 익숙하지 않은 인종, 문화, 종교적 소수 집단과의 차이로 매우 낯설어 하기 때문에, 차별을 받는다. 따라서, 소수 집단의 문화를 주류 집단의 문화 속에 흡수시키거나 동화시켜 왔다. 이와 같이 다양한 소수의 문화를 주류 문화 속에 통합시키려는 경향이 바로 동화주의로서, 이민을 쉽게 받아들이고 개방적인 반면에 이민자들이 새로운 국가에서 권한을 취득함과 동시에 자국민과 같은 존재로서 그 나라 언어를 사용해야 하며 주류 문화를 받아들이는 것을 당연시 여기는 경향이 있다(최충옥 외, 2010).

다. 문화적 상대주의

문화적 상대주의는 다른 나라 문화를 존중하고 그 문화의 시각에서 평가해야 한다는 관점이다. 즉, 문화적 상대주의는 사회의 관습이나 가치를 포함하는 문화는 그 사회의 맥락 속에서 이해되고 평가되어야 한다는 태도이다. 다시 말하면 특정 문화를 기준으로 다른 문화를 옳고 그르다고 판단하는 것은 잘못된 가치판단이며, '다르다'라는 것이 결코 '틀리다'라고 오해되어서는 안 된다는 것이다. 대표적인 예로서, 한국 사람들이 개고기를 먹는다고 비난하는 것은 문화적 상대성을 인지하지 못한 채 단지 개를 먹는 행위 자체만을 두고 충돌했을 때 빚어지게 되는 경우가 대부분이다. 특정 민족이나 국가가 독특한 문화를 가졌다고 해서 비난받을 이유나 논리는 전혀 없다.

라. 다문화주의

다문화주의는 한 국가 안에서 소수자들의 문화적 권리를 존중하고 정치적, 사회적, 경제적, 문화적 불평등을 없애려는 정책 목표를 설정한다. 이러한 다문화주의의 사전적 의미는 '한 나라 안에서 몇 가지 문화가 공존'한다는 의미로서, 인간 사회의 다양성, 인구학적이고 문화적인 다양화를 강조하기 위해 사용된다(마르티니엘로, 2002).

특히, 다문화주의는 어떤 사회 안에 다양한 문화를 인정하는 입장으로 한 사회나 한 국가 안에서 복수의 문화가 있다는 사실을 받아들이고 각 문화가 갖는 고유한 가치를 존중한다는 것이다(박경태, 2007).

3. 다문화사회의 특징

가. 다양성과 특수성

다문화사회는 시민 또는 국민으로서 누릴 수 있는 사회적, 경제적, 문화적 권리를 취득하고 향유하는데 인종이나 민족이 차별의 근거가 되지 않는 사회이다(김혜순, 2008). 이러한 다문화사회는 이민자, 이주민 등 다양한 인종이 유입됨으로써 다양한 민족, 인종, 문화가 존재할 뿐만 아니라, 가족 형태, 학교 교육, 지역사회, 직장, 성, 연령, 신체 등에 있어서도 다양성과 특수성이 존재한다.

나. 집단 간 갈등

다양한 인종, 민족, 언어, 종교, 계층, 특성을 가진 집단이 공존하기 때문에 다문화사회는 집단간 욕구 충돌로 인해 다양한 유형의 갈등이 존재할 수 있다(<표 3> 참조).

〈표 3〉 다문화사회의 집단 간 갈등 유형

상호작용 주체 ＼ 갈등 원인	자원과 욕구 충족	가치관 차이	특징
내국인 집단	①	②	· 내국인 집단 중에서 주류 집단과 비주류 집단, 다수 집단과 소수 집단, 상류 계층과 하위 계층 등 간의 갈등
내국인 집단-유입 집단	③	④	· 제한된 일자리를 두고 내국인 집단과 이민자 집단의 갈등 · 프랑스 공립 학교에서 이슬람교의 전통 복식인 히잡 착용 금지 사례
유입 집단	⑤	⑥	· 이민자들이 종사하는 직종에서의 일자리 다툼 · 각기 다른 종교를 가진 소수 민족 간 상호 대립 갈등

자료: 구정화 · 박윤경 · 설규주(2009). 『다문화교육 이해』. 동문사.

다. 유입 집단에 대한 고정 관념

다문화사회에서는 내국인이나 기존의 유입 집단에 의해 새로 유입되는 집단에 대한 고정 관념이 형성되고 존재한다(전희옥, 2008). 이러한 유입 집단에 대한 고정 관념은 유입 집단 전체 또는 이주자 개인에 대한 의식적, 제도적 차별로 이어질 우려가 있다.

4. 다문화사회의 유형

다문화사회의 유형은 일반적으로 <표 4>와 같이 네 가지 유형으로 구분할 수 있다(강휘원, 2006).

〈표 4〉 다문화사회의 유형

구분	특징
유형 1	· 역사적으로 오랫동안 인종, 언어, 종교 등이 다양한 집단이 혼재하는 사회 · 안정된 민주 사회 · 벨기에, 핀란드
유형 2	· 비교적 최근에 대규모의 이주민이 유입된 사회 · 영국, 독일, 프랑스 등 동질적 문화를 가졌던 국가들에 이민자가 유입된 경우 · 기존의 토착민이 다수를 차지하고 이민자 집단은 소수로 존재하는 사회 · 안정된 민주 사회 · 영국, 스웨덴, 독일
유형 3	· 이주민이 원주민을 흡수 또는 대체하는 과정을 통해 형성된 사회 · 이민자들이 기존의 토착민보다 수적으로나 영향력으로나 지배적 지위를 차지하는 경우 · 미국, 캐나다, 호주 등
유형 4	· 인종, 언어, 종교 등이 다양한 집단이 혼재하는 가운데 과거 식민주의나 다른 억압에 의해 일부 집단의 목소리가 억제되었던 사회 · 변화를 겪고 있는 민주 사회 · 남아프리카 공화국

특히, 한 사회의 소수자가 주류 문화에 적응하는 유형을 제도적 조건과 문화적 조건에 따라 <그림 1>과 같은 유형으로 구분할 수 있다(한승준, 2008).

각 유형별로 특징을 살펴보면 <표 5>와 같다.

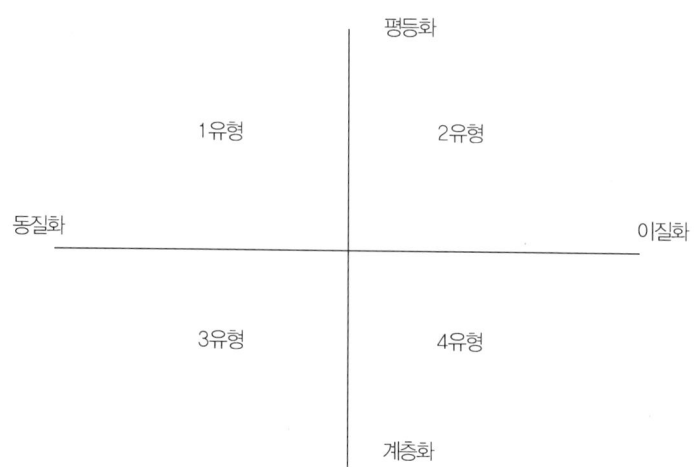

〈그림 1〉 소수 집단이 주류 문화에 적응하는 유형

〈표 5〉 소수 집단이 주류 문화에 적응하는 유형의 특징

구분	특징
유형 1	· 제도적 차별은 없고 문화적으로 주류 집단의 생활 방식에 동화되어 있는 경우 · 미국에서 앵글로-색슨계에 통합되어 있는 독일계, 아일랜드계 백인들, 프랑스 속의 포르투갈계
유형 2	· 제도적으로 평등하지만 문화적으로 고유 문화를 고수함으로써 주류 사회와 동떨어진 경우 · 미국의 아시아계 이민 1세대
유형 3	· 문화적으로 동화되어 있지만, 정치, 경제적 지위를 충분히 보장받지 못하고 있는 경우 · 미국 내 다수의 흑인들
유형 4	· 정치적, 경제적, 문화적인 면에서 모두 주류 사회와 분리되어 주변부의 위치를 차지하고 있는 경우 · 서유럽 국가들 속에 있는 아랍계 이민자들

5. 다문화주의의 유형

다문화주의는 자유주의적 다문화주의, 조합적 다문화주의, 급진적 다문화주의 등 <표 6>과 같이 구분할 수 있다(이용승, 2007).

<표 6> 다문화주의의 유형

구분	특징
자유주의적 다문화주의	· 사회통합을 위해 문화적 다양성을 허용하여 민족 집단의 존재 인정하지만 시민생활과 공적 생활에서 주류 사회의 문화, 언어, 관습을 따를 것을 요구 · 차별 금지, 기회 균등이 지속적으로 보장되면 주류와 비주류 사이의 불평등 구조가 점차 소멸할 것이라는 가정 · 최종적인 문화융합 사회로 가기 위한 일시적, 과도기적 방편
조합적 다문화주의	· 차별 금지, 기회 균등 외에도 사회적 소수자가 구조적으로 경쟁에서 불리한 위치에 있다는 것을 인정하고 이들의 사회 참여를 위한 재정적, 법적 지원을 통해 결과의 평등 · 공적 생활에서도 다문화 방송, 다언어 문서 활용, 다언어 교육, 다언어 통역 등 시행 · 소수 민족 학교나 소수자 공동체에 대한 지원은 소수 문화의 영속성을 보장하기 위한 수단으로 활용 · 적극적 차별 시정 조치나 쿼터제를 통해 사회적 소수자에게도 인구 비례에 따라 교육 및 직장에서의 일정한 몫을 보장해 주는 것
급진적 다문화주의	· 소수자 집단의 자기 결정권 인정 · 문화적 공존을 넘어 소수 민족 집단만의 공동체 지향하는 것 허용 · 사회적 분쟁과 갈등이 발생할 소지 사전 방지 · 이질적 문화들 사이의 분쟁을 방지하면서 하나의 국가를 유지하기 위한 방법인 연방제 활용 가능

Ⅱ. 다문화교육

1. 다문화교육의 개념

가. 다문화교육의 필요성

다양한 인종, 민족이 한국 사회에 유입되면서 인구 구성 측면 뿐만 아니라, 문화적 차원에서도 다양성이 증가하고 있는 실정이다. 그러나, 한국 사회의 소수 집단을 형성하고 있는 다문화가정은 한국 사회에 적응하는데 많은 어려움을 겪고 있고 대다수가 낮은 경제적 지위에 있어 편견, 차별, 인권 침해 등을 경험하고 있다(최충옥 외, 2010). 이러한 문제점을 해결하기 위해서는 학교 교육인 공교육의 교육과정에서 다루어 새로운 교육방법 및 교수 - 학습

전략을 도입할 필요성이 있다.

특히, 다문화가정의 자녀들은 언어 능력의 부족, 기초학습 능력 부진, 정서적 불안 등과 같은 내적 요인 및 불안정한 학습 환경, 또래의 편견과 놀림, 교사의 인식 부족 등 환경적 요인에 의해 학업성취가 부진한 경우가 많다(조영달 외, 2006). 또한, 다문화가정이 증가함에 따라 다문화가정의 자녀 교육 지원뿐만 아니라, 다문화가정 자녀와 함께 살아가는 다수자 자녀들의 시민적 자질 육성을 위한 교육도 체계적으로 실시해야 한다. 이러한 시민교육이야말로 다문화적 사회의 구성원들이 주체적이고 능동적으로 살아가기 위해서는 꼭 필요한 교육적 과제이다.

나. 다문화교육의 개념

다문화교육은 소수 집단에 대한 포용과 지원, 상호존중, 공존, 기존 주루 집단과 자녀에 대한 다문화적 공동체에 적합한 시민성을 육성하기 위한 교육으로 보수적 다문화교육과 비판적 다문하교육으로 <표 7>과 같이 구분할 수 있다(최충옥 외, 2010). 또한, 다문화교육은 반편견교육, 다민족교육, 국제이해교육, 세계이해교육 등으로 부르고 있는데, 학자들마다 정의하는 바가 조금씩 차이가 난다(<표 8> 참조).

<표 7> 보수적 다문화교육과 비판적 다문화교육

구분	다문화의 개념
보수적 다문화 교육	· 자기 문화에 대한 성찰 없이 문화적 다양성이나 타 문화에 대한 이해를 부가적으로 추구 · 기존 문화 체제를 손상하지 않는 범위 내에서 문화적 다양성 인정 · 소수 문화가 지배 문화에 동화, 포섭되는 것 전제 · 용광로 이데올로기
비판적 다문화 교육	· 다른 문화들이 가지고 있는 상대적 가치를 인정하면서 자기 문화의 가치와 전통에 대해 비판적 성찰 · 다양한 구성 요소들이 상호 공존하며 고유의 특성을 유지하면서 서로 조화되어 또 다른 통합성을 이루어 내는 것 · 다양한 문화 간의 이해, 존중, 관용, 대화, 신뢰 등을 바탕으로 다문화적 정체성 수립 · 샐러드 그릇 이데올로기

<표 8> 다문화교육의 개념

학자	다문화교육의 개념
장영희(1997)	· 문화적 다양성을 가치 있는 자원으로써 지원하고 확장하는 교육 · 서로의 차이점을 뛰어 넘어 서로의 가치를 존중하고 공정하게 대할 수 있는 교육
이기숙 외(2001)	· 사람은 누구나 가치 있는 존재라는 인식 하에 유아 자신의 문화적 정체감을 확립함은 물론, 다른 민족이나 인종에 대해 올바른 지식을 구성하도록 돕고 다양한 차이를 편견 없이 받아들임으로써 다문화사회에 적합한 가치와 태도를 습득하는 교육
박성연(2001)	· 다양한 문화, 민족성, 사회적 계층의 배경을 가진 유아들에게 다양한 문화나 사고 방식 을 존중하고 서로 다른 문화로 인한 행동의 차이를 수용하고 이해함을 강조하는 교육
김영옥(2008)	· 각기 다른 인종, 성, 언어, 계층 등을 이해하고 존중하도록 유도하여 아동과 그 가족의 삶을 긍정적으로 변화시킴으로써 아동들이 공동의 목표를 향해 생활하고 의사소통하는 지식, 태도, 기술을 가지도록 준비하는 교육
유흥옥 외(2009)	· 다양한 문화, 역사, 생태가 존재하고 있는 사회에 속한 아동 및 가족들이 자신의 정체 성을 확립하면서 타인에 대한 이해와 존중에 필요한 지식, 기술, 태도 등을 습득함으로 써 서로 공존할 수 있는 역량을 증진할 수 있도록 지원하기 위한 교육활동
최충옥 외(2010)	· 교육과정 및 교육제도를 개혁하여 다양한 계층, 인종, 민족 집단의 학생들에게 균등한 교육기회를 제공하는 개혁운동 · 사회 정의의 원리를 추구함으로써 학교와 사회의 모든 종류의 불평등에 도전하며 모든 학생들의 지적, 개인적, 사회적 잠재력을 최대한 실현하는 교육
Banks & Banks(2004)	· 다양한 인종, 민족, 계층, 문화 집단의 학생들에게 균등한 교육적 기회를 보장하는 것 을 목표로 하는 교육 · 다원화된 민주 사회에서 효율적으로 기능하고 다양한 집단의 사람들과 상호작용, 협상, 의사소통을 하는데 필요한 지식, 기능, 태도를 습득하여 공동선을 추구하는 시민 공동 체의 건설을 돕는 것에 초점

2. 다문화교육과 유사한 용어

가. 집단 간 이해교육

다문화교육의 개념이 등장하기 전에 집단 간의 갈등을 해소하고 사회통합을 추구하는 교육적인 노력으로 집단간 이해교육을 실시하였다. 이러한 집단 간 이해교육은 소수계 학자들과 교육자들을 중심으로 집단간 관계 개선 프로그램을 통해 인종적, 민족적 편견과 오해를 축소하고 인종적, 민족적 소수 집단에 대한 정확한 지식과 이해가 집단간의 갈등과 긴장을 완화시킨다는 것을 가정을 한다.

나. 국제 이해교육

국제 이해교육은 지구촌이라는 세계 공동체를 기본적인 범주로 설정하고 세계 문제의 해결과 상호 이해를 지향으로써 국가 외부에 존재하는 행위 주체에 대한 이해와 국가 간에 발생하는 분쟁과 관련된 쟁점, 세계 평화와 발전 등을 주요 이슈로 다룬다. 이러한 국제 이해교육은 우리 사회 외부에 존재하는 다양한 문화에 대한 이해를 통해 그들과의 상호작용을 촉진시키는데 큰 의의가 있다. 따라서, 국제 이해교육은 국가 내부가 아니라 국가 밖의 다양한 문화, 제도, 그들과의 상호연관성을 탐구하는 교육이라 할 수 있다.

다. 다민족교육

다민족교육은 다문화교육이라는 개념을 본격적으로 사용하기 전 일시적으로 사용한 개념으로서, 미국에서 아시아계 미국인, 미국 원주민, 남미계 미국인과 같은 다양한 문화 집단 출신의 학생들이 평등한 교육 기회를 경험하도록 교육 제도를 재구성하기 위해 계획된 교육개혁 운동이다(최충옥 외, 2010). 이러한 다민족교육은 다양한 인종, 민족 집단의 유산과 공헌을 이해하고 학생들이 자신의 문화 뿐만 아니라, 주류 문화에서도 잘 기능할 수 있도록 하는 것을 목표로 한다.

라. 반편견교육

반편견교육은 기존의 편견, 고정 관념, 왜곡, 다양한 차별주의에 대응하는 능동적이고 적극적인 접근을 나타내는 용어로서, 학생들이 성, 다문화, 인종, 민족, 장애, 사회계층, 종교 등에 상관 없이 모든 사람들에 대해 편견을 갖지 않고 존중하며 이러한 편견에 적극적으로 대응하는 능력을 길러주기 위한 교육을 의미한다(구정화 · 박윤경 · 설규주, 2009).

3. 다문화교육의 구성 요소

Banks(2008)에 의하면 다문화교육의 구성요소는 내용 통합, 지식 구성 과정, 편견 감소, 공평한 교수법, 학생 역량 강화 학교 문화 등 다섯 가지로 구분할 수 있다(<표 9> 참조).

〈표 9〉 다문화교육의 구성 요소

구분	특징
내용 통합	· 교사들이 자신의 교과에 나오는 주요 내용을 가르치기 위해 다양한 문화 및 집단에서 자료와 정보를 가져와 활용하는 정도
지식 구성 과정	· 학자들이 지식을 창조하는 절차 · 특정 학문 영역의 암묵적인 문화적 가정, 준거 틀, 관점, 편견 등이 해당 학문 영역에서 지식이 형성되는 과정에 어떠한 영향을 미치는지에 대한 내용 · 교사는 학생들의 지식이 어떻게 만들어지고 그것이 개인과 집단의 인종, 민족, 성, 사회계층 등과 같은 지위에 의해 어떠한 영향을 받는지 이해할 수 있도록 돕는 역할 담당
편견 감소	· 학생들의 인종적 태도를 파악하고 학생들이 보다 긍정적인 인종적, 민족적 태도를 습득할 수 있도록 활용할 수 있는 전략
공평한 교수법	· 교사가 다양한 인종, 민족, 사회계층 집단 학생들의 학업성취도를 향상시키기 위해 사용하는 기법과 교수법 · 다양한 집단의 학습 특징과 문화적 특징에 적합한 교수기법 사용
학생 역량 강화하는 학교문화	· 다양한 인종, 민족, 언어, 사회 계층 집단 학생들이 교육적 평등을 경험하도록 학교의 문화와 구조를 재구성하는 과정 · 모든 학생들에게 공평한 평가 방법을 만들어 내고 능력별 분반제를 폐지하며 인종, 민족, 사회 계층에 관계 없이 모든 학생들이 높은 학업성취를 이룰 수 있다는 신념

지금까지 살펴본 다문화교육의 구성 요소를 그림으로 나타내면 <그림 2>와 같다.

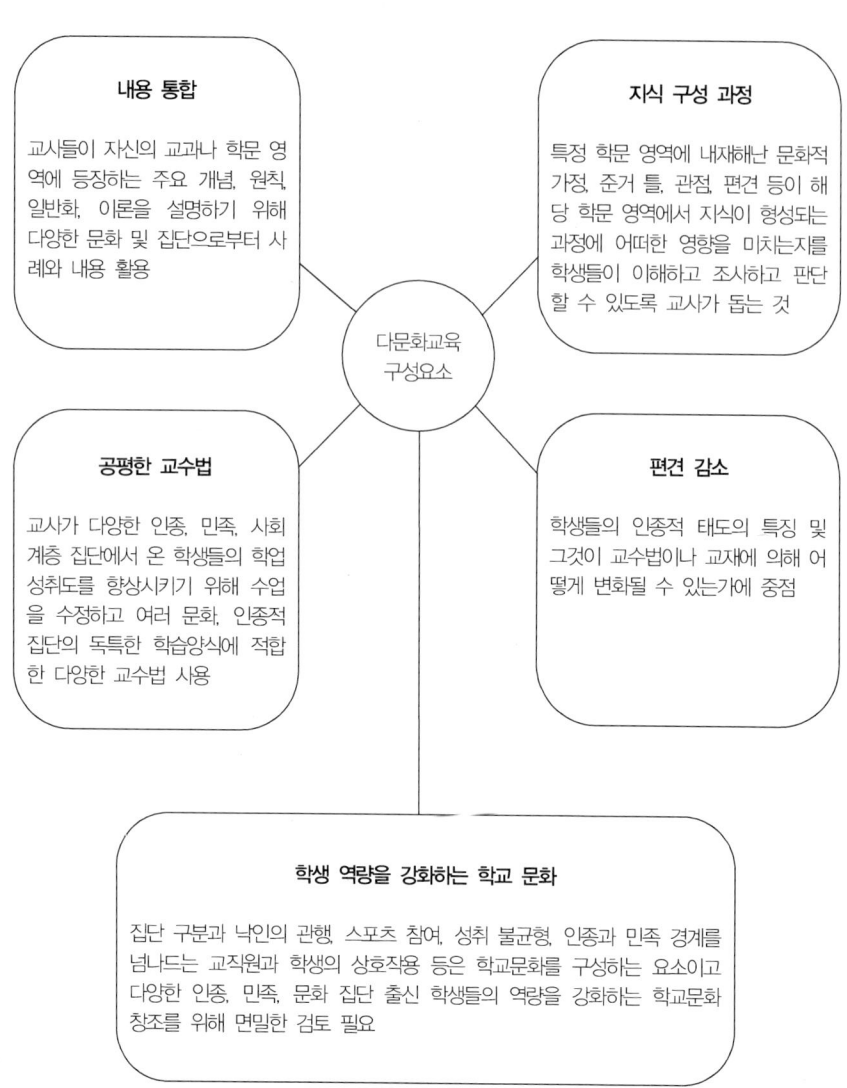

내용 통합

교사들이 자신의 교과나 학문 영역에 등장하는 주요 개념, 원칙, 일반화, 이론을 설명하기 위해 다양한 문화 및 집단으로부터 사례와 내용 활용

지식 구성 과정

특정 학문 영역에 내재해난 문화적 가정, 준거 틀, 관점, 편견 등이 해당 학문 영역에서 지식이 형성되는 과정에 어떠한 영향을 미치는지를 학생들이 이해하고 조사하고 판단할 수 있도록 교사가 돕는 것

다문화교육 구성요소

공평한 교수법

교사가 다양한 인종, 민족, 사회 계층 집단에서 온 학생들의 학업 성취도를 향상시키기 위해 수업을 수정하고 여러 문화, 인종적 집단의 독특한 학습양식에 적합한 다양한 교수법 사용

편견 감소

학생들의 인종적 태도의 특징 및 그것이 교수법이나 교재에 의해 어떻게 변화될 수 있는가에 중점

학생 역량을 강화하는 학교 문화

집단 구분과 낙인의 관행, 스포츠 참여, 성취 불균형, 인종과 민족 경계를 넘나드는 교직원과 학생의 상호작용 등은 학교문화를 구성하는 요소이고 다양한 인종, 민족, 문화 집단 출신 학생들의 역량을 강화하는 학교문화 창조를 위해 면밀한 검토 필요

자료: 모경환 외 역(2008). 다문화교육 입문. 아카데미 프레스.

〈그림 2〉 다문화교육의 구성 요소

4. 다문화교육의 지침

다문화교육을 위한 구체적인 지침은 <표 10>과 같이 12가지의 원리를 소개할 수 있다(Swiniarski & Breitborde, 2003).

<표 10> 다문화교육의 지침 원리

구분	지침 원리
기본교육	· 교육과정의 요소와 내용에 다른 나라 및 세계와 관련된 정보, 이슈, 관심사 등이 총체적으로 포함되어 있는가? · 교육과정이 학생들에게 기본적인 교양을 제공해 주는가? · 교육과정을 계획, 검토, 평가, 실행, 개정하고 관련된 교재 교구를 구입할 때 세계적인 관계들을 고려하는가?
평생교육	· 교육과정이 학생들로 하여금 다른 연령의 사람들과 함께 학습할 수 있는 경험의 기회를 제공하는가? · 학교나 센터의 전문성 발달 프로그램들이 성인교육을 위해 세계 다른 분야의 교육자들과의 연구, 움직임이나 이동, 의사소통을 포함한 세계적 이슈들을 제공하는가? · 부모와 지역사회의 구성원들이 학교나 센터의 생활에 학습자, 교사, 의사결정자로 참여하는가?
협동학습	· 교육의 실제에 아이들이 함께 활동하고 서로에게 배울 수 있는 의미있는 기회가 포함되어 있는가? · 효과적인 협동을 위해 필요한 사회적 기술들을 직접 가르치는가? · 교사와 학부모가 아이와 함께 배우는가?
모든 내용 포함	· 학교나 센터의 정책들이 가족 형태 간 차이를 존중하는가? · 교육 단체 및 기구는 다른 집단들과 정기적인 상호작용을 하는가? · 교육자료와 교육과정의 내용이 모든 학습자들에게 공평한가?
사회적 행동을 위한 교육	· 교육과정은 지역사회 서비스 기회를 아이들에게 제공하는가? · 교사와 행정가들은 지역적, 국가적, 세계적 관심사를 옹호하는가? · 학생들에게 지역적, 국가적, 세계적 상황을 개선하려는 성인들의 노력에 대해 가르치는가?
경제교육	· 교육과정에 학생을 위한 경제교육이 포함되어 있는가? · 학교나 센터의 아이템 구매자들은 지역, 국가, 세계 사람들의 삶과 복지에 필요한 구매 성향을 고려하는가? · 학생들과 교직원이 자원을 현명하게 사용하도록 격려하는가?
테크놀로지 포함	· 학생들은 학습을 위한 새로운 테크놀로지에 공평한 접근이 가능한가? · 세계 사람들과의 의사소통을 강화하기 위해 테크놀로지가 사용되는가? · 특별한 요구가 있는 학생들의 학습 문제를 개선하기 위해 테크놀로지가 사용되는가?
비판적, 창의적 사고 요구	· 학생들에게 정보를 분석하고 종합하고 검토하도록 강화하는가? · 교육과정은 아이들로 하여금 문제를 제기하고 가설을 세우고 해결책을 찾아내도록 강화하는가? · 학생들에게 창의적인 아이디어와 프로젝트가 야기되고 수행될 수 있도록 하는 중요한 기회가 주어지는가?
다문화적	· 학생 가구를 구성하는데 있어 해당 지역 및 지방의 문화를 반영하는가? · 교육과정이 학생들로 하여금 자신의 풍부한 문화유산에 대해 배우고 각자 문화적 배경에 자부심을 지닐 수 있도록 하는가? · 학생들이 자신과 문화적 배경이 다른 학생들과 주기적이고 실질적으로 어울릴 수 있도록 기회를 많이 제공하는가?
도덕교육	· 학교나 센터는 서로 존중하고 보살피며 지원하는 분위기를 지지하는가? · 학생들은 그들의 행동이 타인에게 주는 영향에 대해 고려하고 책임감에 대해 배우는가? · 학교나 센터 내에서 윤리와 도덕에 관한 문제들이 성인들 간, 아이들 간에 정기적으로 논의되고 있는가?

지속적인 환경 지지	· 학교나 센터는 주변 환경을 존중하고 보호하기 위한 활동을 모든 시설의 내부 및 외부에서 전개하는가? · 교육과정에 물리적 세계를 보호하고 보존하기 위한 노력과 환경적인 이슈들을 다루고 있는가? · 학교나 센터는 재활용, 식수, 운동장 유지보수 등과 같은 지역사회의 프로젝트에 참여하는가?
교수와 학습의 정신 강화	· 학교나 센터가 교직원과 학생 각각의 독특한 공헌을 존중해 주는가? · 학생들은 물론, 교직원들도 교육 절차에 반영되도록 격려되는가? · 학생 교직원들도 도전적인 질문을 하고 해결책을 추구하도록 격려되는가?

5. 다문화교육의 유형

가. Gibson의 유형

Gibson(1976)은 다문화교육의 유형을 소수집단 학생 교육, 문화 차이 이해 교육, 문화 다원주의 교육, 두 문화 교육, 일상적인 인간 경험으로서의 다문화교육 등 <표 11>과 같이 5가지로 구분하고 있다.

〈표 11〉 Gibson의 다문화교육 분류

구분	특징
소수집단 학생 교육	· 소수집단 학생들에게 동등한 학습 기회 제공 · 소수집단 학생들이 주류집단의 문화가 지배하는 학교에서 겪는 어려움에 관심 · 소수집단 학생들과 가정을 변화시키기보다 학교 문화 개선에 초점 · 소수집단 학생들의 학업성취 향상
문화 차이 이해 교육	· 모든 학생들에게 문화 차이와 다양성의 가치 교육 · 주류집단으로의 동화와 소수집단의 분리에 반대 · 인종 차별 및 편견 감소 및 사회 정의 증진에 기여 · 다수집단과 소수집단에 속한 모든 학생 대상 · 문화 차이 이해, 다양성 존중, 차별과 편견 감소
문화 다원주의 교육	· 소수집단 학생들의 권한 강화 및 문화 다원주의 보존, 확장 · 한 사회 내에서 문화 다양성을 유지하는 것은 특정 소수집단의 생존을 위해 필수 · 소수집단의 문화 보호 및 권한 증대 · 주류집단 구성원 권한의 약화 및 변화

두 문화 교육	· 학생들이 두 개의 문화 속에서 성공적으로 생활하도록 교육 · 동화 및 융합의 관점에 반대 · 소수집단 학생과 주류집단 학생에게 적용 · 모든 학생들을 대상으로 자신이 속한 문화와 그 외의 문화 속에서 성공적으로 살아갈 수 있는 능력 배양
일상적인 인간 경험으로서의 다문화교육	· 모든 사회 구성원들에게 한 사회의 다양한 문화를 충분히 누릴 수 있는 역량 강화 · 종족 정체성에 따라 획일화하지 않고 다른 종족 집단 학생들 사이의 차이점과 유사성 탐색 · 소수 문화와 주류 문화의 이분화된 도식에 반대 · 모든 학생들이 자신이 발휘할 수 있는 문화적 역량의 범위 인식 및 문화 다양성을 충분히 누릴 수 있도록 돕기

나. Sleeter와 Grant의 유형

Sleeter와 Grant(2007)은 다문화교육의 유형을 소수집단 학생을 위한 교육, 인간관계 접근법, 단일 집단 접근법, 다문화교육, 다문화사회정의 교육 등 <표 12>와 같이 5가지로 구분하고 있다.

〈표 12〉 Sleeter와 Grant의 다문화교육 분류

구분	특징
소수집단 학생들을 위한 교육	· 능력 및 인종, 종족 특성이 다른 소수집단 학생들이 주류 사회에서 효과적으로 성공할 수 있도록 돕기 · 소수집단 학생들이 가정문화와 학교문화 차이로 인해 학교에서 어려움을 겪고 있기 때문에, 학교가 문화적 차이를 수용 · 소수집단 학생들에게 주류집단 학생들과 동일한 인지적 기능과 지식 교육 · 소수집단 학생들의 문화적 차이를 반영한 교수 방법 사용
인간관계 접근법	· 모든 학생들을 대상으로 소수집단에 대한 편견과 고정 관념을 감소시키고 이질 집단 학생들 사이의 긍정적 감정 증진 · 모든 학생들에 대한 긍정적인 감정, 집단 정체성 증진, 소수집단 학생들의 자부심, 고정 관념 감소, 편견과 차별의 제거와 관련된 교육활동에 초점 · 개인 간 차이와 유사성, 다양한 집단의 사회적 기여, 소수집단에 대한 정확한 정보 등 교육내용 · 타자에 대한 수용을 돕기 위한 협동학습, 역할놀이, 직접 및 간접 경험을 활용하여 정의적 영역의 변화 강조
단일 집단 접근법	· 소수집단 학생들이 자신의 집단을 존중하고 사회적 지위를 향상시키는데 필요한 지식과 신념 획득 · 소수집단을 다수집단에 적응시키기보다 주류 사회 변화 강조 · 토론 및 자기 성찰의 방법을 통해 주류집단의 시각과 다른 소수집단의 관점에서 현상을 인식할 기회 제공

다문화교육	· 학교가 다양성을 수용하고 학생들에게 동등한 교육 기회 제공 · 인종, 언어, 문화, 성, 장애, 사회계층 등과 관련 · 억압받는 집단에 대한 편견과 차별 감소, 모든 집단의 동등한 기회 보장, 사회 정의를 위한 행동, 집단 간 동등한 권력 분배, 모든 학생들에게 도움이 되는 방향으로 학교 교육과정 개선 · 학교 교육 전반에 있어서 다양성 반영
다문화사회 정의 교육	· 학생들이 인종, 계층, 성, 능력 등에서 소수집단에 속한 사람들의 이익을 위해 사회적 행동에 참여하도록 준비 · 억압 및 사회 구조적 불평등에 대한 문제를 직접적인 교육내용으로 교육 · 다문화교육 접근법을 사회적 행동의 차원으로 확장

6. 다문화교육의 쟁점과 오해

가. 다문화교육의 쟁점

Araboglou(1996)는 다문화교육의 주요 쟁점을 다문화교육의 철학 및 방향, 다문화교육의 대상 및 범위, 다문화교육의 전략 및 효과 등 세 가지 영역 10가지 항목으로 <표 13>과 같이 정리하였다.

〈표 13〉 다문화교육의 쟁점

구분	쟁점
다문화교육 철학 및 방향	· 다문화교육의 철학은 용광로 철학과는 반대되는가? · 다문화교육은 국가 고립 또는 세계 시민성을 증진시켜야 하는가?
다문화교육 대상 및 범위	· 다문화교육은 소수자만을 위해 마련되어야 하는가? · 다문화교육은 다종족, 이중 언어 교육으로 한정되어야 하는가? · 다문화교육은 학교 교육과정에 포함되어야 하는가? · 다문화교육은 교육과정 전반에 반영되어야 하는가? · 다문화교육에서 잠재적 교육과정과의 관련 속에서 논의되어야 하는가?
다문화교육 전략 및 효과	· 교사들은 다문화교육에 적합한 특정 교수법을 사용해야 하는가? · 다문화교육의 교육내용 및 목표상의 초점은 무엇인가? · 다문화교육은 학생들의 학업성취에 효과적인가?

나. 다문화교육의 오해

Bennett(2007)는 다문화교육에 대한 오해를 문화 다양성에 대한 오개념, 다문화교육의 필요성 및 현황에 대한 잘못된 인식, 다문화교육의 대상·주제·교수전략·교육자료에 대한 오해, 다문화주의 및 다문화교육의 사회적 영향에 대한 비판 등 네 가지 영역 15가지 항목으로 <표 14>와 같이 정리하였다.

〈표 14〉 다문화교육의 오해

구분	오해
문화 다양성에 대한 오개념	· 같은 국가 및 지역 출신 같은 언어를 사용하는 사람들은 같은 문화 공유 · 같은 문화 집단의 가족들은 같은 가치 공유 · 대부분 사람들은 단지 단일한 문화 정체성 보유
다문화교육 필요성 및 현황에 대한 잘못된 인식	· 단일문화 또는 이중문화에서 다른 문화 학습할 필요 없음 · 우리 사회는 이미 사회의 다양성을 인정하고 있기 때문에 다문화교육은 필요 없음 · 기존 교육과정 속에 이미 다문화교육 수용되어 있음
다문화교육 대상·주제·교수전략·교육자료에 대한 오해	· 다문화교육은 종족이나 인종적 이슈 다룸 · 다문화교육은 하나의 독립된 교과로 교육 · 다문화교육은 어린 학생들에게 부적합하고 나이 든 학생들을 대상으로 시행 · 다문화교육의 전략으로 여행자 접근법이 적합 · 다른 문화를 다룬 어린이 책들은 일반적으로 그 문화를 정확하게 기술 · 다문화교육과 관련하여 쓸 만한 교육자료 불충분
다문화주의 및 다문화교육의 사회적 영향에 대한 비판	· 다문화주의는 분열을 일으키는 사조 · 다문화교육이 실행되면 사회의 공통성 상실 · 다문화교육에서 역사적 정확성 훼손

참고 문헌

강휘원(2006). “한국 다문화사회의 형성 요인과 통합 정책”, 『국가정책연구』, 20(2), 5 - 34.
구정화 · 박윤경 · 설규주(2009). 『다문화교육 이해』, 동문사.
김영옥(2008). “다문화사회에 대응한 유아교육의 방향”, 제32회 유아교육학술대회 및 연수, 53 - 74.
김영옥 · 서현 · 박형신 · 정상녀 · 윤경선 · 박미자 · 이나영(2008). 『유아 다문화교육의 통합적 적용』, 학지사.
김혜순(2008). “결혼이주여성과 한국의 다문화사회 실험”, 『한국사회학』, 42(2), 36 - 71.
노선하(2004). “초등 사회과에서 다문화교육을 위한 교수 - 학습 방안에 관한 연구”, 석사학위논문, 청주교육대학교 교육대학원.
마르티니엘로, 마르고(윤진 옮김)(2007). 『현대사회와 다문화주의』, 서울: 한울.

모경환 외 역(2008). 『다문화교육 입문』, 아카데미 프레스.

박경태(2007). "이주, 소수자, 그리고 우리 안의 다문화", "다문화 교실을 위한 국제이해교육", 『2007 APCEIU 한국교원연수 자료집』.

박도순(2002). "한국 교육의 현실과 미래 전망: 세계화, 지식 정보화 사회에서 교육의 과제", 『교육학연구』, 40(6), 1 - 15.

박성연(2001). "그림책을 활용한 다문화교육 프로그램이 유아의 인종 및 타문화에 대한 태도에 미치는 효과", 석사학위논문, 성균관대학교 대학원.

서혁(2007). "다문화 가정 현황 및 한국어 교육 지원 방안", 『인간연구』, 2, 1 - 24.

양옥승(1997). "유아교육과정 연구의 재개념화 Ⅲ. 다문화주의의 적용", 『교육연구』, 5, 49 - 66.

유흥옥 · 강대옥 · 김은정(2009). 『유아를 위한 다문화교육』, 양서원.

이기숙 · 이경미 · 강경미(2001). "요리활동을 통한 다문화교육", 『교과교육학연구』, 5(2), 21 - 39.

이용승(2007). "호주 다문화주의의 역진", 『민족연구』, 30, 26 - 50.

이혜진(2009). "한국의 다문화교육정책, 글로벌시대의 다문화교육", 『대구교육대학교 · 경상북도 공동주최 국제학술대회 발표집』, 325.

장영희(1997). "유아를 위한 다문화교육의 개념 및 교수방법에 대한 이론적 고찰", 『성신연구논문집』, 35, 295 - 314.

전희옥(2008). "다문화 사회환경 변화에 따른 학교 사회과교육과정의 방향", "다문화 - 세계화 교육환경에 따른 학교교육과정의 대응", 『한국초등교육학회』, 191 - 216.

조영달 외(2006). "다문화가정의 자녀 교육 실태 조사", 교육인적자원부 정책연구과제 2006 - 이슈 - 3.

지종화 · 정명주 · 김도경(2009). "한국의 다문화 국기 현상과 새로운 정책 모형", 『지방정부연구』, 13(2), 109 - 136.

최재선(1998). "문화적 관점에서 본 인성교육의 과제", 『연세교육연구』, 11(1), 83 - 108.

최충옥 외(2010). 『다문화교육의 이해』, 양서원.

최현덕(2009). 『다문화사회와 국제이해교육』, 동녘, 유네스코 아시아 · 태평양 국제이해교육원.

한석실(2008). "다문화시대 유아교육자의 역할", 제32회 유아교육학술대회 및 연수, 97 - 116.

한승준(2008). "동화주의 모델 위기론과 다문화주의 대안론", 『한국정책학회 하계학술대회 자료집』, 3, 99 - 126.

Araboglou, A.(1996). *The challenge of multicultural education: Prospects for our schools*, In B. G. Massialas & R. F. Allen(Eds.), *Critical issues in teaching social studies* K - 12(pp. 253 - 284). Belmont: Wadsworth.

Banks, J. & Banks, C.(Ed.)(2004). *Handbook of Research on Muticultural Education*. Jossey - Bass.

Banks, J. A.(2008). *An Introduction to Multicultural Education*(4th ed.). Allyn & Bacon.

Bennett, C.(2007). *Comprehensive multicultural education: Theory and practice*(6th ed.). Boston: Allyn & Bacon.

Gibson(1976). Approaches to multicultural education in the united states: Some concepts and assumptions, *Anthropology and Education Quarterly*, 7, 7 - 18.

Sleeter, C. E. & Grant, C. A.(2007). *Making choices for multicultural education: Five approach to race, class, and gender*(5th ed.), Hoboken: Wiley.

Swiniarski, L. B. & Breitborde, M.(2003). *Educating the global village: Including the child in the world*, Upper Saddle River, NJ: Merrill Prentice Hall.

 다문화주의와 교육과정

Ⅰ. 다문화교육과정 운영 실태

1. 다문화교육의 운영 현황

  1990년대 이후, 국제 결혼 이주자, 외국인 근로자, 유학생 등이 증가하면서 단일 민족이라 여기던 우리나라 사회도 인구 구성이 다양해지고 다양한 문화가 공존하게 되었다. 특히 국제 결혼으로 인한 자녀의 출산으로 초등학교에서 다문화가정의 학생 수가 증가하고 있는 추세이다. 국제 결혼이 빈번한 농촌지역 뿐만 아니라 대도시의 학교에서도 다문화가정의 학생을 볼 수 있다. 위와 같은 사회·환경적 변화에 발맞추어 학교에서도 다양한 인종과 문화가 공존하는 사회 속에서 살아가야하는 학생들을 위해 다문화교육의 필요성이 대두되고 있다.

  다문화교육은 다양한 인종뿐만 아니라 민족, 사회적 지위, 언어, 성별, 종교 등과 같이 서로 다른 집단의 문화를 존중하여 가치롭게 인식하고 학생들이 자신이 속해 있지 않은 다른 문화를 올바르게 이해하도록 하기 위한 지식,

태도, 가치 교육을 제공하는 것이다(장인실, 2006).

교육과학기술부는 다문화교육의 지속적인 운영을 위해 2006년 5월 '다문화가정 자녀 교육지원 대책'을 수립하였고 이를 계기로 학교에서 다문화교육이 이루어질 수 있도록 '교사용 지도 보완자료'를 발간 배포하고 시범학교를 운영하였다. 또한 시도교육청과 함께 그동안의 정책연구를 바탕으로, "다문화가정 학생 교육 지원방안"(교육과학기술부, 2008)을 마련하였다.

시대적 상황에서 점차 강조되고 있는 다문화교육은 제 7차 교육과정을 수정·보완한 2007년 개정 교육과정에서는 35개에 이르는 범교과 학습 주제 중 하나로 제시되어 있다(교육인적자원부, 2007). 아울러 교과서도 다문화 인권을 강조하는 교과서로 개정하는 방안을 제시하였고 다문화 이해교육의 강화를 위해 사회, 도덕 등의 교과와 개정 교육과정에서 타문화 이해와 존중, 편견 극복 및 관용을 위한 성취목표가 반영(2007.2 고시)되었다.

하지만 초등학교의 즐거운 생활 과목에서 다문화교육과 관련한 지도 중점으로 '다문화가정의 다양한 놀이와 춤, 활동을 제시하여 소외된 학생들의 사기를 진작시킨다'를 제시하고 있다. 이는 여전히 학생들에게 다문화교육을 외국인 근로자나 국제결혼 자녀들에 대한 관용적 태도를 길러주기 위한 교육으로 인식하고 있음을 보여준다고 할 수 있다(양영자, 2008).

2009 교육과정에서 다문화교육 관련 내용은 2007 개정 교육과정에 비해 다문화교육에 대한 관심의 폭이 커졌고 중요성도 강조하고 있지만 국내 다문화교육 관련 교육활동과 교육 정책 등을 살펴보면, 다문화교육을 단순히 다문화가정 자녀를 대상으로 하는 한국어 교육, 한국문화교육, 한국적응 교육에 바탕을 두고 행사 위주의 교육이 이루어지는 경향이 있다. 교과서 속에서도 다른 나라 미술작품 감상하기, 외국곡 익히기, 지구촌의 의미 알아보기, 외국 친구에게 편지쓰기 등 다른 나라의 문화를 소개하는 내용으로 구성되어 있다.

현재 각 시도 교육청 홈페이지에는 다문화교육센터, 다문화교육, 다문화 홈페이지 등의 다양한 이름으로 다문화교육 관련 메뉴를 운영하거나 다문화

관련 홈페이지를 링크시켜 두고 있다. 대전시교육청의 경우, 지역 대학교와 연계해 다문화교육센터를 운영하고 있었다. 이는 학교에서 다문화교육이 이루어지기 위한 긍정적인 현상으로 볼 수 있으나 실제 운영되고 있는 사이트들은 다문화교육 관련 자료를 회원들이 탑재하여 공유하는 정보공유의 장으로 활용되고 있어 체계적인 관리와 운영이 필요할 것으로 보인다.

2. 다문화교육의 운영 실태

다문화 연구학교와 일반학교의 교육과정 재구성 실태, 운영 사례 분석(박재의, 2009; 문미숙·박창언, 2009)등 현재 다문화교육의 운영실태 파악을 위한 연구가 이루어지고 있다. 위 선행연구를 분석하여 현재 이루어지고 있는 다문화교육의 운영 현황을 개념, 대상, 내용 측면에서 제시한다.

가. 다문화교육의 개념

다문화교육과 유사한 개념들로 집단 간 이해교육, 국제 이해교육, 다민족교육, 반편견 교육 등이 있다. 이들은 서로 연관되어 있으면서도 강조점이 조금씩 다르다. 현재 연구학교에서는 다문화교육을 명확하게 개념화하지 못한 채, 위에서 제시한 유사한 여러 가지 개념을 혼합하여 사용하고 있다. 대부분의 연구학교에서는 다문화교육과 국제이해교육을 동일한 것으로 보고 있으며 문화다원주의자 관점을 취하고 있다. 상대적으로 일반학교에서는 동화주의자 관점을 가지고 있었다.

나. 교육대상

2007년 교육인적자원부 초등학생용 '교과서 보완 지도자료'에서는 다문화

사회를 위한 외국인 정책에서 질 높은 사회 통합을 위해 ①다문화에 대한 이해증진, ②결혼이민자의 안정적 정착, ③이민자 2세의 건강한 성장 환경 조성, ④동표의 역량발휘를 위한 환경 조성전략 비전을 제시하고 있다. 각 항목의 영역을 살펴보면 다문화교육의 대상을 결혼 이민자, 이민자 2세, 일반 학생 등 다양하게 규정하고 있음을 알 수 있다.

학교에서 다문화교육대상은 일반학생과 다문화가정 자녀들, 다문화가정 자녀의 학부모를 모두 포함하고 있다. 연구학교에서는 국제 결혼자와 그 자녀 및 외국인 근로자 자녀를 우선적으로 고려한 것으로 보이며 일반학교에서도 다문화가정 학생들을 대상으로 하는 교육이 주를 이루고 있다(박재의, 2009). 이는 다문화교육의 대상을 다양하게 규정하고 있지만 실제로는 국제 결혼자 녀를 주요 교육대상으로 파악하고 있다고 볼 수 있다.

다. 교육 내용

다문화교육내용은 크게 소수자 적응 교육, 소수자 정체성 교육, 소수자 공동체 교육, 다수자 대상의 소수자 이해교육의 네 가지 차원으로 구분할 수 있다(<표 1> 참조).

〈표 1〉 다문화교육내용의 차원

차원	특징
소수자 적응 교육	· 동화주의자 관점에 기초함 · 소수자의 주류 사회로의 동화에 초점을 둠 · 기초학습능력, 한글능력 향상, 한국문화 이해에 관심
소수자 정체성 교육	· 다문화주의자의 관점에 기초함 · 소수자의 정체성 함양에 초점을 둠 · 소수자의 고유한 특성을 인정함
소수자 공동체 교육	· 소수자의 정서적 지지를 위한 정서적 지원망 확보에 초점을 둠 · 소수 인종 문화 집단 간, 소수 집단 내의 갈등 발생 시 갈등을 경감, 사고의 지평 확대에 초점을 둠
다수자 대상의 소수자 이해 교육	· 다수자를 대상으로 소수자에 대한 차별과 편견의식을 극복하는데 초점을 둠

1) 소수자 적응 교육

소수자 적응 교육은 주류 사회가 새로운 이주자를 받아들이는 첫 단계에서 사회 통합을 위해 보편적으로 행해지는 교육으로 학교에서 가장 많이 행해지는 교육 모델이다. 결혼 이민자, 국제 결혼자녀와 같이 소수자들이 한국 문화에 잘 적응하도록 하여 사회적 통합성을 유지하도록 하기 위한 내용을 포함하고 있다. 주로 기초학습능력, 한글능력 향상, 한국 전통음식 요리, 한국예절, 한국전통문화 등에 관한 내용 및 학교생활 적응 방안을 주요 교육 내용으로 한다.

2) 소수자 정체성 교육

소수자 정체성 교육은 소수자의 정체성 함양에 초점을 맞추고 있다. 언어를 정체성 형성의 중요한 요소로 보고 소수자들을 새로운 가능성을 지닌 존재로 평가하여 한국에 적응하도록 강요하기 보다는 한국어와 소수자 출신 국가 언어를 모두 가르치는 이중 언어교육을 장려한다. 또한 소수자 출신 국가의 문화를 가르치는 것도 주요 교육 내용으로 한다.

3) 소수자 공동체 교육

소수자 공동체 교육은 문화적 소수자와 다수자 사이의 바람직한 관계 형성에 초점을 둔다. 이는 소수자와 다수자 뿐만 아니라 다양한 문화적 소수자들 간의 관계맺음을 위해서도 매우 중요하다. 따라서 한국 사회라는 공통적인 공간에서 더불어 살아가는 소수자 공동체들 간에도 타문화를 문화상대주의적 태도로 바라보며 상호 존중하고 인정할 수 있도록 하는 것을 주요 교육 내용으로 한다.

4) 다수자 대상의 소수자 이해 교육

다수자를 대상으로 하는 소수자 이해 교육은 소수자에 대한 차별과 편견의식을 극복하고 인종, 계층, 성, 종교, 언어, 거주지 등의 다양성을 존중하는 교육을 하는데 초점을 둔다.

다문화사회에서 함께 어울려 살아가기 위해서는 다수자나 소수자 어느 한 쪽의 노력만으로 되는 것은 아니다. 소수자는 소수자로서 적응과 통합을 위해 노력해야 하고 다수자는 다수자로서 인정과 포용을 위해 노력해야 한다. 즉 다문화사회에서 교육은 소수자에게만 필요한 것이 아니라 다수자도 역시 필요하다.

II. 다문화교육의 방향

1. 학교 다문화교육의 방향

학교에서 이루어지고 있는 다문화교육은 연구시범학교를 중심으로 운영 방법이나 프로그램이 개발되고 있다. 또한 각 시·도교육청을 중심으로 다문화교육우수사례가 발굴되어 장학자료의 형태로 보급되고 있다. 국가수준 교육과정에서도 범교과 주제의 형태로 제시하며, 교과 속에서도 다문화 관련 내용을 포함하여 제시하고 있다.

하지만 현재 이루어지고 있는 다문화교육의 내용은 다문화가정과 그 자녀를 대상으로 한국어 교육, 기초학습, 지역문화체험, 한국 전통음식 만들기, 다문화가정과 일반가정의 결연활동, 국제결혼가정 학부모 만남의 날 추진 등 일회성 행사 위주의 프로그램, 교과서 속에서도 다른 문화를 소개하고 체험해 보는 정도의 내용으로 이루어져 있어 다문화교육과정에 대한 심도있는 연구는 미흡한 실정이다(황규호·양영자, 2008; 민용성·최화숙, 2009).

우리나라의 경우, 동질적인 문화를 가진 사회에 국제 결혼 이주자, 외국인 근로자 등 다른 문화를 가진 사람과 함께 다른 문화들의 유입되어 다문화사회가 형성되고 있다. 미국과 달리 우리나라의 특수한 사회적 상황 속에서 다문화사회에 대한 인식이나 공감대+가 형성되지 못한 채 다문화사회로 진입하고 있으며 학교 현장에서도 다문화교육에 대한 대비가 거의 이루어지지 못했다.

즉, 서로를 이해하고 포용할 충분한 준비가 되지 않은 상태에서 일회성 프로그램만으로는 나와 다른 사람, 다른 집단의 문화를 존중하며 올바르게 이해할 수 있는 능력을 기르는 실질적인 다문화교육이 이루어지기 어렵다. 체계적이고 실질적인 다문화교육을 위해서 지금까지와는 다른 교육적 방향의 모색이 요구된다.

무엇보다 지속적이고 체계적인 다문화교육을 위해서는 다문화교육과정 개발이 필요할 것이다. 교육과정을 개발할 때에는 교육목적을 어떻게 규정하느냐에 따라 교육의 방향, 교육 내용, 교육 방법이 결정되게 된다. 따라서 다문화교육을 바라보는 다양한 학자들의 관점을 살펴보고 학교 나름의 다문화교육과정 목적을 설정할 필요가 있다.

다문화교육을 바라보는 관점은 학자마다 다양하다. 박상철(2008)은 다문화사회에서의 다문화교육은 민족과 인종 계층 거주지, 연령 능력. 면에서의 특수성, 종교, 언어, 성별 등의 차이에도 불구하고 차별없이 교육받을 수 있도록 하는 활동 또는 그 차이에도 불구하고 바람직한 문화적 정체성을 형성할 수 있도록 돕는 활동이어야 한다고 제안하였다.

Banks(2001) 다문화교육은 인종 뿐만 아니라 다양한 문화 집단에 속해 있는 서로 다른 사람들의 상호 이해와 평등 관계를 중시하고 서로 다른 집단의 문화가 동등하게 가치로운 것으로 인식하며 학생들이 자신이 속해 있지 않은 다른 문화에 대한 편견을 줄이고 다양한 문화를 올바로 이해시키기 위한 지식, 태도, 가치 교육을 제공하는 것이라고 하였다.

장인실(2008)은 다문화교육의 목적 중 하나는 평등교육으로 모든 학생이 지적, 사회적, 개인적 발달이 이루어질 수 있도록 그들의 잠재력을 최고조로 길러 주는 것이며 따라서 자신이 속한 문화에 대한 긍정적인 정체성 확립을 기초로 서로 다른 집단의 문화가 동등하게 가치로운 것으로 인식하는 지식, 태도, 가치 교육을 해야한다고 제안하였다.

위의 여러 학자들의 견해를 종합해보면 다문화교육은 하나로 정의 내리기에는 어려움이 있지만 평등을 추구하는 철학적 개념이 교육과정 속에 적용되어야 한다다는 시사점을 찾을 수 있다. 다문화교육과정은 국제결혼 자녀, 외국인 근로자 자녀뿐만 아니라 함께 어울려 살아가야 하는 모든 학생을 위한 교육과정이어야 한다. 즉, 학교에서는 학교 구성원들과 충분한 협의를 통해 다문화교육과정 목적을 설정하고 체계적이고 내실있는 다문화교육과정을 개발할 필요가 있다.

Ⅲ. 다문화교육과정 개발 모형

1. 다문화교육과정 개발의 필요성

단위 학교에서 이루어지고 있는 다문화교육은 학교 특색 사업으로 지정되어 공동체 의식 함양, 정체성 및 태도의 변화 등의 주제로 프로그램을 구성하여 운영하거나, 재량활동의 한 영역으로 다양성, 정체성과 반편견 교육을 내용으로 편성 운영하고 있다. 혹은 방과 후 학교 프로그램으로 개설되어 운영되기도 한다(박재의, 2009). 이제 한 걸음 더 나아가 일회적인 체험 프로그램에서 벗어나 각 교과 속에 다문화교육을 실시하기 위해 교과서에 다문화 관련 내용을 포함시키기 위한 노력이 이루어지고 있다. 하지만 다문화교육 내용을 개정 교육과정에 포함시키는 과정에서 다문화교육과 관련된 교육과정이나 교과서의 한계점들이 제시되었다. 예컨대, 학교 교육과정에서의 다문화적 감수성의 결여, 문화적 우위를 기준으로 한 편향된 내용 선정과 왜곡된 서술,

유럽과 중국 중심의 차별적이고 배타적인 시각, 한국사와 한국문화에 대한 자민족 중심주의적 접근 등이다.

현재와 같은 형태의 다문화교육으로는 진정한 다문화교육의 목적을 달성하기 어려울 것이다. 따라서 일회적 프로그램에서 탈피하여 다문화교육의 내실있는 운영을 위해서는 체계적인 교육과정 편성이 필요할 것이다. 또한 교육목표, 교육 내용, 교수 학습 방법이 다문화교육에 맞도록 변화되어야 할 것이다. 즉, 다문화교육과정은 이러한 다문화교육의 목표를 실현할 수 있는 가장 중요한 부분이다.

Bennett(2007)은 다문화교육의 범주를 다문화교육의 범주를 평등교육, 교육과정 개혁, 다문화적 능력, 사회정의를 향한 교육으로 구분하였다. 다문화교육에 관한 위의 네 가지 범주는 다문화교육이 무엇인가 하는 문제와 무엇을 다루어야 하는가에 관한 관점을 제시해 주고 있다(장인실, 2008). 각 범주별 특징을 살펴보면 <표 2>와 같다.

<표 2> 네 가지 범주별 특징

범주	특징
평등교육	· 다문화교육의 가장 핵심적이고 중요한 철학적 개념임 · 인종, 경제, 사회적으로 불리한 소수 집단의 모든 학생들이 공평한 교육적 기회를 성취할 수 있도록 하는 것이 목적임
교육과정 개혁	· 주류 문화 중심의 전통적인 교육과정을 개편하는 것을 목적으로 함
다문화적 능력	· 교사가 학교에서 가르치기 위해 필요한 기본 기술임 · 열린 마음, 인종과 문화적 편견 타파, 다양한 문화집단, 민족 집단 간의 다양성과 인정을 포함함
사회정의를 향한 교육	· 사회 기관에서 공평한 접근, 참여, 성취측면을 강조함

2. 다문화교육과정 개발을 위한 접근 방법 및 모형

다문화교육과정을 개발하기 전에 다문화를 어떻게 정의하느냐에 따라 다문화교육의 목적이 달라지며 그에 따라 교육 내용, 대상, 방법 등이 달라지게 된다. 또한 각 지역이나 학교, 학생의 특성 및 교육적 상황을 고려하여 교육과정이 개발되어야 할 것이다. 따라서 본 장에서는 하나의 다문화교육과정을 제안하기 보다는 다양한 교육과정의 접근 방법 및 유형을 제시하고자 한다.

가. 다문화주의 교육에 대한 접근 방법

Haberman과 Post(1994)는 다문화사회에서 학교 교육과정에서 무엇을 강조해야 할 것인지에 대해 접근 방법을 8가지로 구체화하였다. 박재의(2009)는 Haberman과 Post(1994) 접근 방법에 따른 학교 교육과정의 특징을 <표 3>과 같이 제시하였다.

<표 3> 다문화주의 교육에 대한 접근 방법

접근 방법	학교 교육과정의 특징
문화투쟁으로서의 다문화주의	계속 서구문명이 학교교육과정의 기초가 되어야 하는가?
개인적 가치, 인간의 차이, 생활선택으로서의 다문화 주의	공통적인 사회적 관심을 계속 가정해야 하는가?
다양한 문화집단들의 국가로서 다문화주의	다문화사회의 문화적 다양성을 강화하고 존중할 것인가?
사회정의와 평등으로서의 다문화주의	지금 이대로의 사회를 반영할 것인가?
효과적인 교수·학습과정으로서의 다문화주의	다문화적 교육과정은 본질적으로 새로운 내용의 다양한 형태를 배우도록 할 것인가?
전체적인 학교 풍토로서의 다문화주의	다문화적 교육과정은 학교프로그램의 어떤 구성요소인가?
세계적인 환경적 협동으로서의 다문화주의	매우 소모적인 생활양식에 대한 반응으로 세계의 자연자원을 용이하게 하기 위한 자연적 권리를 강조하는가?
세계경제 적응을 위한 학습으로서의 다문화주의	미국 경제에서 수행해야 할 직무와 경력을 준비시키는가?

나. 통합된 다문화 기본 기능 모형(IMBS)

Gay(1979) 통합된 다문화 기본 기술 모형(Intergrative Multicultural Basic Skills, IMBS)을 구안했다. 이 모형은 일반 교육과정과 다문화교육과정 사이의 상호 관계를 나타내기 위해 상호 보완적이고 역동적인 세 개의 동심원으로 구성되어 있다. 첫 번째 원은 교육과정의 중심으로 문해, 문제 해결, 비판적 사고 등의 일반적인 기본 기능을 나타낸다. 두 번째 원은 교육자들이 교육 과정 생성에 있어 필수적인 활동 - 요구결정, 수업 내용과 자료선택, 학생 교사 행동 확인, 평가도구와 기법 선택 - 을 포함한다. 세 번째 원은 다문화 자원을 나타내며 교육과정 계획과 수행에 생태학적 환경과 지침을 제공한다. 이 세 동심원은 서로 맞물려 교육과정을 구성하게 된다(장인실, 2006: 45).

다. 다문화교육과정 개혁을 위한 접근법(Banks의 교육과정 조직 원리)

Bank는 초등학교와 중등학교 교육과정에 민족 내용을 통합하여 학생들에게 가르치기 위해 기여적, 부가적, 개혁적, 실행적 접근의 네 가지 접근법을 제시하였다. 네 가지 접근법은 아래 <그림 1>과 같다.

제4수준
실행적 접근
학생들로 하여금 중요한 사회적 이슈에 대하여 판단을 내리게 하고 그 문제를 해결하기 위하여 실지로 행동할 수 있도록 돕는다

제3수준
개혁적 접근
학생들이 개념, 이슈, 사건, 그리고 주제를 다양한 인종적 문화적 집단의 관점에서 바라볼 수 있도록 교육과정의 구조를 바꾼다.

제2수준
부가적 접근
교육과정의 구조에 변화를 주지 않는 한도 내에서 내용, 개념, 주제 그리고 관점을 부가하여 가르친다.

제1수준
기여적 접근
위인, 국경일이나 명절 등의 공휴일, 그리고 이런저런 문화적 요소에 초점을 맞춘다.

〈그림 1〉 다문화교육과정 개혁을 위한 접근법

1) 기여적 접근

기여적 접근법은 소수 집단들이 주류 사회에 기여한 점을 부각시켜서 그들의 자긍심을 길러주고자 한다. 이 접근법은 소수 집단들이 경험하는 인종주

의, 억압, 불평등과 같은 사회구조적인 문제에 대해 간과하므로 미봉책에 가깝다고 볼 수 있다.

2) 부가적 접근

부가적 접근법은 교육과정의 기본적인 구조, 목표, 특성을 변화시키지 않으면서 소수 집단과 관련된 내용, 개념, 주제, 관점을 교육과정에 추가하는 것이다. 이러한 접근법은 여전히 기존 교육과정의 기준에 의거하여 교육내용을 선택하게 된다.

3) 개혁적 접근

개혁적 접근법은 교육과정의 근본적인 목표, 구조, 관점의 변화가 수반된다. 전혀 새로운 관점에서 교육과정을 변혁하여 재구성한다. 이러한 접근은 소수 집단을 사회의 예외적 측면으로 파악하는 것이 아니라 필수적인 부분으로 수용하여 교육과정을 구성한다.

4) 실행적 접근(사회 행동적 접근)

실행적 접근법은 제3단계 개혁적 접근의 요소에 더하여 학생들의 의사결정, 실천과 행동을 강조한다. 이 접근법의 주요 목적은 학생들의 비판 의식, 의사결정력, 사회변화를 추구하는 태도의 육성에 있다. 이러한 접근은 사회변화에 필요한 지식, 가치, 기능을 함양하도록 하고 인종적, 민족적, 문화적으로 소외된 집단들에게 참여 기회를 부여함으로써 보다 민주적인 사회를 건설하고자 하는 목표를 가진다.

라. 다문화교육과정 접근 모형

이원희는 Banks의 다문화교육과정 개혁 모형을 근간으로 다문화교육과정 접근 모형을 <표 4>와 같이 설정하였다. 다문화교육과정 접근 모형은 단일성과 다양성의 축과 자기중심과 타자중심의 축을 근간으로 네 가지 유형의 다문화교육과정을 이룬다. 즉, Banks가 제시한 기여적 접근과 부가적 접근은 국제이해 교육과정, 개혁적 접근과 사회적 행동 접근은 다문화주의 교육과정과 관계가 있다.

〈표 4〉 다문화교육과정의 접근 모형

구분	단일성	다양성
자기중심	동화주의 교육과정	국제이해교육과정
타자중심	세계주의 교육과정	다문화주의 교육과정

1) 동화주의 교육과정

동화주의는 소수문화를 다수문화 속에 흡수시키거나 동화시키려는 경향이다. 동화주의는 이민을 쉽게 받아들이고 개방적이기는 하지만 이민자들이 새로운 국가에서 권한을 취득함과 동시에 자국민과 같은 존재로 여긴다. 따라서 동화주의 교육과정에서는 소수자가 주류 나라의 언어를 사용해야 하며 주류 문화를 받아들이는 것을 당연시한다(경기도다문화교육센터 외, 2009).

이런 관점의 동화주의 교육과정은 주류인 다수자의 관점이 반영된 교육과정이다. 이 교육과정에서는 소수민족의 문화적 특수성이 무시되고 소수자가 다수자의 주류 문화에 무조건 동화되기를 기대한다. 소수민족을 위한 내용구성보다는 방법적 운영에 초점을 맞추어 주류 문화로 빨리 진입하게 하는 것을 주요 교육 목표로 설정한다.

2) 국제이해 교육과정

Unesco는 진정한 세계 평화가 실현되려면 국가 간 정치노력만으로는 어렵고 각 국민들이 상호 이해를 촉진하는 교육이 선행되어야 한다고 보고 국제이해교육을 제창하였다. 즉, 각 국민간의 문화교류에 의해 인류의 지적, 정신적 연대의 확립이 세계평화의 필수조건이라고 보았다(경기도다문화교육센터 외, 2009).

국제이해 교육과정은 자신이나 자국의 입장에서 소수민족 또는 다른 나라를 폭넓게 이해하기 위해 구성하고 운영되는 교육과정 유형이며 Banks의 기여적 접근과 부가적 접근에 통용될 수 있다. 기여적 접근은 초등학교 단계에서 주로 이루어지며 부가적 접근은 교과, 창의적 체험활동 어느 시간에나 활용 가능할 것이다.

3) 다문화주의 교육과정

다문화주의란 한 사회가 인종, 성별, 성적취향 등에 따라 구별되는 이질적인 주변문화로 이루어져야 하며 적어도 이들을 포용해야 함을 옹호하는 입장이다. 즉, 자국 내에 존재하는 다양한 소수문화를 포용하고 이해하는 것을 의미한다.

다문화주의 교육과정은 다른 민족의 문화도 가치롭게 여겨 여러 소수민족의 문화를 인정하고 타자의 관점에서 문화를 이해하는 것을 교육의 목표로 삼는 유형이다. 한 국가 안에서 소수자들의 문화적 권리를 존중하고 정치적, 사회적, 경제적, 문화적 불평등을 없애려는 정책 목표를 지니며 이민자에게 출신 문화를 버리고 주류 문화에 동화하도록 요구하지 않고 오히려 출신 문화를 유지하도록 지원하기도 한다.

4) 세계주의 교육과정

세계시민교육은 국경을 초월하여 전 세계인이 하나의 공동체적 시각을 가지고 세계문제를 이해하고 해결해 가는 방법을 찾는 교육이다. 국가 외부에 존재하는 국가간의 이해증진과 의사소통이라는 국제이해교육의 목표를 넘어 보다 포괄적인 이념을 추구, 국가 간의 이해 뿐만 아니라 국제사회에 존재하는 정치적, 경제적, 문화적 불평등, 세력 불균형, 인권 침해 등을 인식하고 이를 해결하고자 하는데 초점을 두는 교육과정이다.

Ⅳ. 다문화교육과정 개발의 구성요소

1. 다문화교육의 목적

Bennett(1990)은 국제 다문화 관점을 위한 모형의 핵심 가치를 만들었다. 네 가지 주요 민주주의의 가치는 (1)문화 다양성 수용, (2)인간 존엄의 존중, (3)국제 사회의 존중, (4) 지구의 존중이다. 이는 다문화교육의 목적 설정에 근간이 된다. 또한 다문화교육의 목적은 학자들마다 조금씩 다르게 제안하고 있다(<표 5> 참조).

〈표 5〉 학자들의 제시하는 다문화교육의 목적

학자	다문화교육의 목적
박재의 (2009)	· 인류의 보편적 가치에 기반을 둔 차이의 인정과 다양성의 존중, 편견의 제거와 차별철폐로 평등과 정의를 추구하는 다문화적 통합을 이루기 위한 지식, 기능, 태도를 기르는 것
Banks (2008)	· 개인이 다른 문화의 관점을 통해 자신의 문화를 바라보게 하여 자기 이해를 증진 시키기 · 학생들에게 문화적 민족적 언어적 대안들을 가르치기 · 모든 학생들이 다문화사회에서 요구되는 지식과 기능, 태도를 습득하도록 돕기 · 소수민족집단이 겪는 고통과 차별을 감소시키기 · 학생들이 전 지구적 세계에서 살아가는데 필요한 읽기, 쓰기, 수리적 능력의 습득을 돕기 · 학생이 자신의 속한 공동체에서 재구실을 하는데 필요한 지식, 태도, 기능을 습득하도록 하기
차윤경 (2008)	· 다문화 상황을 인식하고 수용할 수 있는 개방적 태도 및 감수성과 전 인류 차원의 보현적인 문화 원리에 비추어 다양한 하위 집단의 문화를 비판적으로 성찰하고 재조명할 수 있는 능력 배양에 초점을 둠
Bennett (2007)	· 세계 공동체에 대한 책임, 지구에 대한 존중, 문화적 다양성 인정, 인간 존엄성과 보편적 인권이 핵심 가치로 두고 핵심 가치를 둘러싸고 있는 다양한 역사적 관점의 발달, 문화적 의식 강화, 간문화적 역량 강화, 인종차별, 성차별, 기타 모든 차별이나 편견과의 투쟁, 지구의 현 상태와 전세계적 역동성에 대한 이해 증진, 사회적 행동기술
Klein & Chen(2001)	· 자신과 다른 사람의 문화와 가치 존중하도록 기르기 · 다문화적, 다인종적 사회에서 성공적으로 기능하도록 돕기 · 피부색과 같은 인종주의에 영향받은 아동들의 긍정적인 자아개념 발달시키기 · 문화적으로 다양한 사람들의 차이점과 유사점을 긍정적인 방법으로 경험하도록 돕기 · 다양한 문화의 사람들과 함께 하는 경험을 지원하고 강화하기
Banks & Banks(2001)	· 성, 사회적 계층, 인종적 또는 문화적 특성과 상관없이 학교에서 동등하게 배울 기회를 제공하기

자료: 김영옥(2002). 유아 다문화교육 프로그램 모델 개발 연구를 바탕으로 내용을 선별, 추가하여 재구성한 것임.

2. 다문화교육의 교육내용

다문화교육을 통해 가르쳐야 할 교육내용이 무엇인지를 결정하는 데 있어서 중요한 고려 사항의 하나는 다문화교육의 의미나 성격 또는 그 목적을 어떻게 규정해야 할 것인가의 문제이다. 일반적으로 교육내용의 선정이나 그 정당화 문제가 교육의 개념이나 교육의 목적에 대한 논의에 의존할 수밖에 없다(황규호·양영자, 2008).

학자들이 주장하는 다문화교육의 내용은 <표 6>과 같다.

〈표 6〉 학자들이 주장하는 교육 내용

학자	교육 내용
차윤경(2008)	자유, 평등, 민주주의, 인권 등
오은순(2008)	자문화와 타문화의 공통점과 차이점, 다문화 경험, 다문화적 주제와 사건 다루기 및 문제 해결
정정희(2006)	문화, 협력, 편견, 정체성 형성, 평등성, 다양성
Klein & Chen(2001)	다문화, 주류, 소문화, 인종, 민족성, 성, 사회경제적 지위, 종교, 연령, 언어, 지리적 지역, 무능력, 고정관념
Banks & Banks(2001)	성, 인종, 민족성, 언어, 사회적 계층, 종교, 예외성
Melendez, Beck, & Fletcher(2000)	국적, 종족/인종성, 종교, 사회 계층, 언어, 성, 예외성, 연령

자료: 김영옥(2002). 유아 다문화교육 프로그램 모델 개발 연구를 바탕으로 내용을 선별, 추가하여 재구성한 것임.

위의 교육 내용 중 정정희(2006)의 내용 구분이 교육과정의 준거로 가장 많이 사용되고 있다. 정정희의 영역별 구체적인 교육내용은 <표 7>과 같다 (박재의, 2009).

〈표 7〉 영역별 교육내용

영역	교육내용
문화	· 각 문화 간의 유사성 차이점의 특징 알기 · 각 문화에 대한 이해 및 존중심 기르기 · 문화 간 긍정적 태도 발달시키기

협력	· 다양한 사람들과 상호작용 및 협동 능력 증진하기
편견	· 선입견, 편견, 고정관념에 비판적 사고 형성하기 · 문제 상황에 대처능력 기르기
정체성 형성	· 긍정적 개념 기르기 · 정체감 및 집단 정체감 형성하기
평등성	· 국가, 민족, 성, 능력, 계층에 대한 긍정적 태도 가지기 · 인간이 평등하다는 가치 형성하기
다양성	· 다양한 개인과 집단의 존재 인정하기 · 다양성 존중하는 마음 갖기

설규주(2010)는 자신의 2009년 연구에서 지식, 기능, 가치·태도로 구분한 다문화교육의 내용을 영역을 보완하여 다음과 같이 제시하고 있다.

지식 영역은 문화 일반, 다양한 문화 현상, 한국의 문화적 사회적 상황 이해를 범주로 두고 있다. 첫째, 문화 일반 이해 범주에서는 공통적인 생활 양식으로의 문화와 문화의 기능과 의의를 살펴보며 생활 양식으로 문화를 익히도록 한다. 둘째, 다양한 문화 현상 이해 범주에서는 세계화가 가 다문화 현상에 미친 영향, 협력과 공존이 요청되는 상호의존적인 세계, 문화 상대주의적 인식을 가지도록 다문화 현상의 원인으로 세계화와 다원화를 살펴볼 것을 제안한다. 셋째, 한국의 문화적 사회적 상황 이해 범주에서는 고유한 한국 문화의 구성 요소와 특징, 다양한 다른 문화의 특징을 살펴보도록 하여 공존하는 다양한 문화를 한국이라는 공간적 배경 속에서 다문화를 이해시킬 것을 제안한다.

기능 영역은 의사소통 기능, 다문화 현상 조사 및 해석 기능, 대인 및 집단 기능의 세 범주로 이루어져 있다. 첫째, 의사소통 기능 범주에서는 다문화가정 자녀들에게 가장 급한 부분 중의 하나인 언어와 관련되어 있다. 의사소통을 위해 한국어를 익히는 것이 중요하지만 다문화가정 자녀에게 한국어를 강제하기 보다는 한국어를 포함한 학생의 모국어도 존중하는 태도가 요구된다. 둘째, 다문화 현상을 조사하고 해석하는 기능 범주에서는 다문화 현상을 이해하기 위한 자료를 수집하고 문화적 요인에 의해서 지녔던 고정관념이나 편견에 대한 사실을 확인할 필요가 있다. 아울러 다양한 관점에서 다문화 현상을 분석해보고 해석할 수 있도록 배려해야 할 것이다. 셋째, 대인 및 집단 기능 범주에서는 민주적 절차 준수, 의사결정, 갈등 해결, 협력을 하위요소로 둔다. 서로 다른 문화를 가진 구성원끼리 민주적 절차를 준수하면서 의사결정을 하는 과정을 경험하도록 하여 의사결정 능력을 키워주어야 한다. 이 과정을 거쳐 문화적 갈등을 겪을 때 지혜롭게 대응할 수 있게 될 것이다.

가치·태도 영역은 정체성 확립 및 상호존중, 다름에 대한 인정과 존중, 민주적 공동체 지향을 범주로 두고 있다. 첫째, 정체성 확립 및 상호 존중 범주에서는 자신에 대한 긍정적 자아상을 확립하고 더불어 타인의 정체성을 존중하는 태도를 기르고 자국 문화에 대한 자부심을 확립시켜준다. 둘째, 다름에 대한 인정과 존중 범주에서는 나와 다른 이질적 외모에 대한 거부감 및 편견을 해소하고 타문화에 대한 편견을 없애고 문화적 차이에 대한 상대주의적 태도를 가지도록 한다. 또한 사회적 소수자를 존중하는 태도를 기르도록 한다. 셋째, 민주적 공동체 지향 범주에서는 다문화사회 속에서 인간의 존엄성, 자유와 평등의 가치를 지향하도록 하며 다양한 집단들의 합리적이고 능동적인 참여를 하도록 참여의식을 길러주도록 한다. 또한 다양성 존중과 사회 통합 사이의 균형을 추구하는 태도를 함양할 수 있는 내용이 포함되어야 한다.

설규주(2010)가 제시한 위의 다문화교육 내용의 세 범주와 각각의 하위요소를 간단히 그림으로 나타내면 다음과 같다. 지식, 기능, 가치·태도의 순으로 지도되어야 하는 것은 아니며 영역 간, 영역 내의 범주와 하위 요소들이 서로 넘나들 수 있다(점선으로 표시함). 즉, 실제 수업에서는 상황에 따라 적절히 조정할 수 있다.

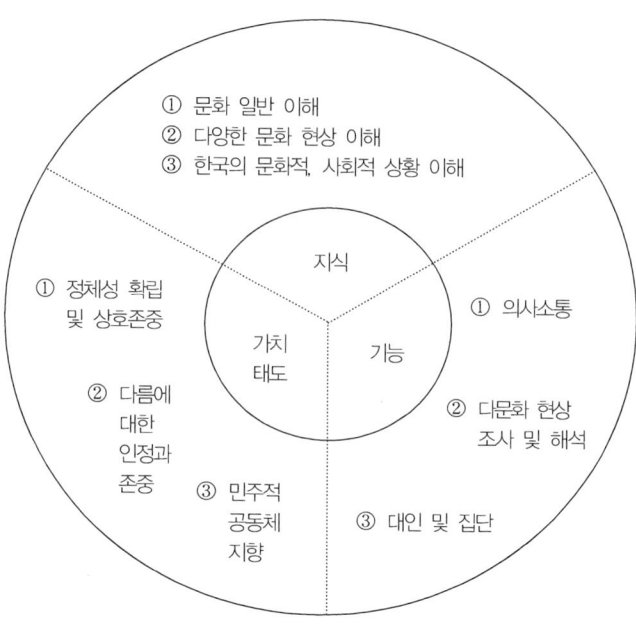

① 문화 일반 이해
② 다양한 문화 현상 이해
③ 한국의 문화적, 사회적 상황 이해

① 정체성 확립 및 상호존중

② 다름에 대한 인정과 존중

③ 민주적 공동체 지향

지식

가치 태도

기능

① 의사소통

② 다문화 현상 조사 및 해석

③ 대인 및 집단

〈그림 2〉 다문화교육 내용의 영역 및 하위 요소

3. 다문화교육의 방법

다문화교육을 하는 방법에는 한 가지 정답이 있을 수 없다. 학자들마다 다양한 교육방법을 제시하고 있다(<표 8> 참조).

〈표 8〉 학자별로 제시하는 다문화교육의 방법

학자	다문화교육의 방법
김용신 (2009)	· 이해중심 다문화교육
양영자 (2008)	· 학생들이 자신의 목소리를 다양한 방법으로 말할 수 있는 것과 자신의 목소리에 대해 다른 집단의 청중이 이해할 수 있고 해설할 수 있다는 것을 가르치는 것 · 토론식 수업방법을 강조
오은순 (2008)	· 프로그램의 운영 방법 : 다문화적 학교 행사 개최, 외국인과의 접촉, 다문화적 학생 활동 · 구체적인 교수 · 학습방법 : 협동학습, 역할극, 자기주도 학습, 다문화 교수 · 학습 단계의 설정 등 · 프로그램 방법의 원리 · 원칙 : 통합적 접근, 교사의 다문화적 태도

신영민 (2005)	· 과정중심적인 교육이어야 함 · 단편적인 소재나 활용보다는 포괄적이며 통합적인 방법이어야 하며 고정화되고 정형화된 문화에 대한 접근 방식은 지양 되어야 함

Banks &
Banks
(2001)
	· 다양한 문화로부터 적절한 예와 내용을 통합적으로 제시하기
	· 지식이 구성되는 방법에 영향을 주는 훈련 내에서 문화적 가정, 참고물의 프레임, 시각, 편
	  견들을 함축하는 방법을 이해 조사, 결정하도록 돕기
	· 아동의 인종적 태도의 특성에 대하여 적절한 방법과 자료를 사용하여 가르침으로써 편견
	  수정하기
	· 다양한 인종적, 문화적, 성, 그리고 사회적 계층 집단의 학생들의 학문적 성취를 촉진시키
	  도록 교사 자신들의 교수방법을 수정하는 평등 페다고지의 실천
	· 그룹핑, 실제 명명하기, 스포츠 참여, 성취의 불균형 그리고 민족과 인종을 넘어선 직원과
	  학생간의 상호작용을 통한 학교문화 강화하기

Sleeter & Grant (1999)	· 학생의 학습 양식 형성하기 · 학생의 기술 수준에 맞추기 · 학생을 사고하기와 분석하기에 적극적으로 참여시키기 · 협동적 학습 사용하기

자료: 김영옥(2002). 유아 다문화교육 프로그램 모델 개발 연구를 바탕으로 내용을 선별, 추가하여 재구성한 것임.

V. 결론

　현대 사회는 다양성이 공존하는 다문화사회이다. 작은 사회라고 불리는 학
교도 다문화사회로 변화되어가고 있다. 현재 학교에서는 다문화가정 자녀와
학부모 등을 대상으로 소수자 적응교육, 소수자 정체성 교육이 일회성 행사
위주의 프로그램으로 주로 이루어지고 있다.

　진정한 다문화사회를 이루기 위한 다문화교육은 변화가 필요하다. 즉, 다문
화가정의 자녀와 부모를 사회에 적응시킬 뿐만 아니라 그들을 인정하고 포용
할 수 있도록 일반 사람들과 학생들의 인식의 변화가 무엇보다 요구된다. 다
문화교육이 제대로 이루어질 때 일반 사람들과 학생들의 인식 변화가 이루어
질 것이다.

　현재와 같은 일회성 체험 행사 프로그램 위주의 다문화교육에서 변모하기
위해서는 체계적인 다문화교육과정 개발이 무엇보다 필요하다. 하지만 다문

화교육과정에는 하나의 정답이 있는 것은 아니다. 각 학교의 실정과 학생의 특성, 지역사회 상황 등을 고려하여 다문화교육의 목적을 바르게 정립하고 그에 따라 내용과 방법을 결정해야 할 것이다. 또한 다문화사회의 구성원이라면 누구나 다문화교육의 대상이 되어야 한다. 소수자만이 아니라 일반 학생 모두를 위한 다문화교육과정을 개발하고 편성 운영하도록 해야 할 것이다. 다문화교육과정이 위와 같은 점을 고려하여 개발되고 운영될 때, 우리는 진정한 다문화사회로 한 걸음 더 나아가게 될 것이다.

참고 문헌

경기도다문화교육센터 외 10인(2009). 『다문화교육의 이론과 실제 개정판』, 서울: 양서원.
구정화 · 박윤경 · 설규주(2010). 『다문화교육의 이해와 실천』, 동문사.
김영옥(2002). "유아 다문화교육 프로그램 모델 개발 연구", 『아동교육학연구』, 6(2). 5 - 38.
김용신(2009). 『다문화교육론 서설』, 서울: 한국학술정보(주).
문미숙 · 박창언(2009). "다문화 연구학교 교육과정 재구성 실태 분석", 『초등교육연구』, 22(2), 363 - 386
민용성 · 최화숙(2009). "다문화 사회에 대응하는 학교 교육고정 개발 방향 탐색", 『학습자 중심교과교육연구』, 9(3), 231 - 258.
박상철(2008). "다문화 사회에서의 학교 교육과정 정책", 『초등교육연구』, 21(2). 1 - 19.
박재의(2009). "초등학교 다문화교육과정 발전 방향 연구", 경북대학교 박사학위논문.
서범석(2009). "한국의 선진화를 위한 학교정책의 기본방향", 『초등교육연구』, 22(4), 1 - 26.
양영자(2008). "한국 다문화교육의 개념 정립과 교육과정 개발 방향 탐색", 이화여자대학교 대학원 박사학위논문.
엄선희 · 정영근(2009). "초 · 중학교 교육과정에 나타난 다문화교육의 기본 방향 고찰", 『교육연구』, 1 - 20.
오은순(2008). "다문화교육을 위한 교수 · 학습 지원 방안", 『교육연구정보』, 제52호. 강원도 교육과학연구원.
이원희(2008). 『다문화 시대의 초등 교육과정』, 대구 다문화교육, 대구광역시교육청.
장인실(2003). "다문화교육이 한국 교사 교육과정 개혁에 주는 시사점", 『교육과정연구』, 21(3), 409 - 431.
장인실(2006). "미국 다문화교육과 교육과정", 『교육과정연구』, 24(4), 27 - 53.

장인실(2008). “다문화교육을 위한 교사 교육 교육과정 모형 탐구”, 『초등교육연구』, 21(2), 281 - 305.

조영달 외 5인(2010). “학교 다문화교육의 실태 분석”, 『시민교육연구』, 42(1), 151 - 184.

차윤경(2008). 『한국 다문화교육의 전망과 과제』, 한국사회과교육연구학회, 3 - 20.

최충옥 외 9인(2010). 『다문화교육의 이해』, 서울: 양서원.

황규호 · 양영자(2008). “한국 다문화교육 내용선정의 쟁점과 과제”, 『교육과정연구』, 26(2), 57 - 85.

Banks, J. A(2008). *Introduction to Multixultural Education*, 모경환 최충옥 김명정 임정수(역)(2008). 『다문화교육 입문』. 서울: 아카데미프레스..

Bennett, C.(2007). *Comprehensive multicultural education: Theory and practice*(6th ed.), PEARSON. 김옥순 김진호 신인순 안선영 이경화 이채식 전성민 조아미 최성호 최순종(역)(2009). 『다문화교육 이론과 실제』, 서울: 학지사.

Gay, G(1979). On behalf of children: A curriculum design for multicultural education in the elementary school, *Journal of Negro Education*, 48, 324 - 340.

 한국의 다문화사회와 다문화교육

Ⅰ. 한국 사회의 변화와 다문화사회의 진입

1. 한국 사회 변화의 흐름

세계화 시대라고 일컬어지는 21세기는 정보 통신 기술과 대량 운송 기술의 발달로 전 세계가 하나의 생활공간으로 바뀌어 지구촌(global society)이라는 거대한 공동체를 이루며 다양한 문화를 접하며 살고 있다. 전 세계 지구촌이 하나의 커다란 공동체를 이루며 생활하는 울타리 없는 사회가 된 것이다. 전 세계가 지구촌 일일생활권이 되어 정보 및 상품이 국경을 쉴 새 없이 넘나들게 되었고, 우리나라 사람들도 세계 여러 나라들을 아주 편리하게 자주 찾아가고 있다.

우리나라는 매우 급속한 속도로 다문화사회로 진입 · 전개되고 있다. 이른바 외국인 100만명 시대, 이주 노동자 40만명, 국제 결혼 비율이 전체의 13%, 새터민 유입의 급증 등으로 우리 사회는 급속도로 다문화사회화되고 있다. 이제 우리나라는 세계 각국 사람들이 생활하는 터전이며 다양한 문화가 공존하는 현실을 외면할 수 없게 되었다. 그렇기 때문에 이제 우리나라는 바람직한 다문화사회로 발전을 도모하기 위한 범국민적 노력을 전개하여야 한다. 즉, 이들을 포용하고 외국 문화와 우리 문화의 차이를 이해하며, 외국의 문화를 적극적으로 수용하려는 노력이 필요하게 되었다.

우리나라는 이미 민족, 언어, 문화, 생활 패턴 등이 다양해지고 복잡해진 것을 알 수 있다. 또한 100만 명이라는 숫자가 보여주듯 우리의 주변에서 피부색이나 다른 언어를 쓰는 사람들을 만나는 것은 특별한 일이 아니다. 다양한 나라로부터 우리나라로 들어온 다양한 사람들이 우리들의 이웃에 함께 살고 있다는 것은 더 이상 단일 민족 국가가 아닌 여러 피부색, 여러 가지 문화를 가진 여러 인종과 국적의 사람들이 어울려 함께 살고 있는 다문화사회로 빠르게 변화하고 있음을 반증하는 것이다.

우리 사회가 다문화사회로 진입함에 따라 각급 학교급별로 다문화교육이 커다란 이슈(issue)가 되고 있다. 다문화교육 대상자에 대한 내실 있는 교육이 교육 정책의 지향점이 되고 있다. 다문화가정의 자녀는 우리나라 국적을 가진 국제결혼 가정의 자녀는 물론, 우리나라에 장·단기 거주하는 외국인 가정의 자녀, 불법체류자의 자녀까지도 포함한다. 이들은 모두 우리나라 학생들과 같이 동등한 교육을 받을 권리가 보장되어 있다. 그러나 각기 문화적 배경과 교육적 배경, 부모의 사회적, 경제적 여건, 아동의 한국 사회 적응 정도와 한국어 능력 등에 따라 교육의 성과를 보장하기는 어려운 실정이다. 또한 이들을 담당한 교사들이 다문화가정 자녀와 그 주변의 학생, 가족들을 효과적으로 지원할 수 있는 역량을 함양하는 것이 급선무이다. 아울러 유·초·중·고교와 대학교 등 각급 학교급에서 다문화가정 자녀에 대한 다양한 지원과 함께 각 학교급별로 창의적이고 특색 있는 다문화교육 구안·적용에 각별한 관심을 갖고 노력하고 있다.

현재 정부와 여러 사회 단체에서 다문화교육에 관심을 가지고 다양한 활동을 하고 있지만 다문화교육과정과 교육내용이 무엇이어야 하는지에 대해서

진지한 고민이 필요하다. 현재 이루어지고 있는 다문화교육 내용의 성격도 대체로 동화주의에 머물고 있다. 우리의 다문화교육 연구가 초기 단계에 있으므로 국민 모두의 관심과 동참 속에서 관련 다문화교육의 교육과정에 대한 분석적인 성찰과 종합적 진단이 이루어져야 하는 것이다.

이와 같은 바탕 위에서 세계화 시대라는 시대적 특성을 고려한 우리나라 다문화교육의 바람직한 방향을 고찰하고 모색하여야 할 것이다. 세계적 모델의 모방(模倣), 전용(轉用)이 아니라 우리나라 현실에 적합한 '한국적 다문화 모델'의 창안(創案)을 위해 함께 고민하고 노력하여야 할 것이다.

개방화 · 국제화 · 세계화가 본격적으로 진행됨에 따라 한국 사회는 빠른 속도로 다인종 · 다민족 · 다문화사회로 진입하고 있다. 우리와 피부색이 다르고 언어가 다르며 사회문화적 배경이 다른 외국인을 접하는 일은 이제 더 이상 드문 일도 아니고 특별한 일도 아니다. 과거 유명 관광지에서나 '구경' 할 수 있었던 외국인들을 이제는 우리 주변에서 어렵지 않게 볼 수 있게 된 것이다. 가깝게는 우리가 살고 있는 거주지와 지역사회에서부터 학교와 직장, 도시와 농촌 할 것 없이 다양한 나라에서 온 다양한 사람(민족, 인종, 국민 등)들이 우리의 이웃으로 우리와 함께 살고 있다.

2. 다문화사회의 진입

과거에는 길거리에서 외국인을 만나게 되면 한편으로는 당황하기도 했고, 다른 한편으로는 신기하게 느끼기도 하였다. 하지만, 최근에는 다문화사회로의 급속한 전환은 시대적 흐름을 가장 민감하게 반영하는 매스컴을 통해서도 쉽게 감지할 수 있다. 불과 몇 해 전만 하더라도 TV를 통해 우리나라에 거주하고 있는 외국인을 볼 수 있는 경우는 비정규 프로그램으로 추석 명절에 한차례 방영되곤 했던 '외국인 장기자랑'이 유일하다시피 했다. 그러나 이제는 TV에서 외국인이 등장하는 프로그램을 거의 하루도 빠짐없이 볼 수 있다. 방송사마다 이들이 고정적으로 출연하는 정규 편성물을 가지고 있으며 출연자의 인종, 민족, 국가, 체류 사유도 무척 다양하다. 프로그램의 종류와 내용 역시 하루가 다르게 다양해지고 있다. 이외에도 영화, 다큐멘터리와 같은 영상물이나 각종 도서 및 출판물 등을 통해 이들을 만나는 일도 흔한 일이 되고 있다. 요컨대 다양한 대중매체를 통한 다문화 관련 콘텐츠의 폭발적인 증가 역시 우리 사회가 다문화사회의 문턱을 넘어서고 있음을 알리는 신호탄과 같다.

다문화사회는 다양성과 역동성을 특성으로 한다. 광역과 협역 차원의 동일한 공간과 장소에 여러 가지 문화가 존재하면 서로 다른 생활양식과 준거가치가 함께 작동하여 일상을 꾸려 나가게 된다. 이때 상호 이해 우선이냐 통합 우선이냐의 문제가 발생한다. 이해 우선이란 글로벌 다문화 상황을 인정하고 새로운 질서에 관한 지식 구축을 허용하여 통합에 도달하려는 노력이며, 통합 우선이란 기존의 주류 지식에 따라 다문화를 해석하여 중심 문화 속으로 들여오려는 시도이다. 어느 것이나 문제는 있으나 '다른 것'을 인정하는 방식을 취해야만 자아와 타인의 공존이 가능하다는 민주적 원리가 해결의 중심 잣대가 되어야 할 것이다.

다문화사회에서 이해와 통합의 문제를 논하는 핵심 개념이 문화적 정체성 또는 종족성이다. 문화적 정체성(cultural identitiy)은 서로에게 지속적으로 영향을 미치는 다양한 문화집단들의 귀속의식에서 비롯된다. 이러한 문화집단의 정체성은 사회의 지배집단과의 상호 작용과 여타 집단들 간의 권력관계에 영향을 미친다(Gollnick & Chinn 2002, 21). 따라서 개인의 정체성은 권력관계 속의 지위(position)의 영향을 받는다. 백인 남성은 백인 여성과는 다른 지위를 가진 것으로 여겨지며, 마찬가지로 백인 여성은 흑인 여성과는 다른 지위를 가진 것으로 평가된다. 지위 차이는 다른 집단 구성원들을 보는 관점을 구속하는 것이다. 이러한 지위성(positionality)이라는 렌즈로 세상을 조망하면, 어떤 사람의 렌즈도 다른 사람을 판단할 수 있는 표준으로 간주될 수는 없다(Tiedt & Tiedt 2005, 7). 그러므로 인간은 누구든지 자신이 가진 문화적 정체성이라는 렌즈의 한계를 인식하고 현상을 해석해야 하는 것이다.

문화적 정체성과 같은 맥락에서 종족성(ethnicity)은 문화집단 구성원들이 그들 자신과 다른 사람들을 판단할 때 결정적 영향을 미치는 정서라고 말할 수 있다. 그래서 종족성이 심화되면 자신의 문화와 최선이라고 생각하는 자민족중심주의(ethnocentrism)에 경도될 수 있다. 자민족중심주의는 자기와 '문화 렌즈'를 통해서 다른 문화를 보려 하기 때문에 극단적인 경우 객관적인 판단을 불가능하게 한다(Maxim 2006, 53). 이러한 경향을 반영한 개념이 종족 정체성(ethnic identity)이다. 종족 정체성은 동화되기보다는 유지되는 속성이 강하므로 종족 정체성에 대한 존중과 이해가 선행되어야 효과적인 시민형성이 이루어 질 수 있다.

그러나 다원주의적 민주주의 사회에서 문화적 정체성 혹은 종족 정체성이 항상 이해되고 존중되는 것은 아니다. 민주주의의 실천 과정에서 나타나는 필연적인 현상은 모든 시민들이 자유, 연대, 정치 참여에 대한 특수 권리를 확장하려 한다는 것이다. 이때 다원주의적 방식으로 그들이 소중히 여기는 다른 삶의 방식을 진전시키거나 방어하려는 권리를 사용하려 한다면 민주주의는 위험에 처할 것이다(Callan 997, 9). 즉 문화적 정체성이 자유로부터 도출되는 자율성(antonomy) 개념과 연계되어 과잉 강조될 경우, 개인이 자신의 생활을 스스로 통제한다는 민주주의의 자기규제 정치원리는 (Harrison 1993, 162) 왜곡되어 특정 문화집단의 렌즈만 참을 조망할 수 있다는 거짓 논리에 빠질 수 있다.

이럴 경우 다양한 문화적 정체성을 우월한 하나의 정체성 중심으로 동화시키려는 통합 우선의 관점이 설득력을 가질 수 있다. 하지만 통합 우선 논리가 가지고 있는 문제점은 민주주의의 중요한 가치인 평등의 실현을 저해한다는 것이다. 평등의 실현을 방해하는 중요 요인은 편견과 차별이다. 편견은 특정 집단 구성원에 대한 불신, 증오, 공포, 분노 등의 감정으로 나타난다. 차별은 편견과는 달리 태도보다는 행동에 주목하는 개념이다. 차별이 발생하는 이유는 개별적으로 그들이 강한 특권을 갖고 있다고 믿기 때문이며, 사회가 제도적으로 그것을 요구한다고 생각하기 때문이다(Gollnick & Chinn 2002, 39 – 40). 이런 편견과 차별의 속성상 먼저 민주적 평등을 저해하는 원인을 제공할 가능성이 높은 것은 이주에 의한 다문화사회의 도래 이전부터 전통적으로 주류 중심 문화를 지켜 온 우월적 다수 집단과 개인들이다. 이들은 편견과 차별에 의해 '강요된 하나'(imposed unum)를 강조함으로써 기존의 특권을 유지하려 할 것이며, 다른 문화집단의 종족 정체성을 무시하거나 없애려고 시도할 것이다.

이러한 이해 우선, 통합 우선의 문제는 월드런(Waldron)의 논의를 통해서 풀어 볼 수 있다. 월드런(1996)은 종족 다양성이라는 맥락에서 문화와 정체성의 관계를 두 가지 두 가지 모형으로 설명한다. 첫째는 '일인, 일문화(one persom, one culture)' 모형으로 단일문화 모형으로 지칭된다. 이것은 각각의 개인들은 자기가 속한 특정 집단이나 공동체의 문화를 뜻하는, 하나의 문화 구조 내부에서 정체성을 형성한다는 주장이다. 둘째는 '일인, 다조각(one person, many fragments)' 모형이다. 개인들은 자기가 살고 있는 광범위한 사회의 영향을 받으면서 정체성을 형성한다는 전제를 가진다. 만일 사회가 다문화적이라면 개인이 정체성도 여기저기로부터 다양한 문화 조각들을 포괄하게 될 것이다. 이것은 다문화 모형으로 표현할 수 있을 것이다. 단일문화 모형에서 개인의 문화적 정체성은 하나의 집단에 의해 결정되므로 사실상 이해 논리가 투영될 여지가 이론적으로는 없다. 자신만의 문화 렌즈만 사용할 것이기 때문이다. 따라서 강력한 정치적 단일성을 요구하는 통합 우선의 논리가 선호될 것이다. 그러나 다문화 모형은 정체성 형성에 다양한 문화가 관여한다는 입장이므로 통합이 우선될 필요가 없다. 이미 다른 문화적 정체성에 대한 이해가 전제되므로 문화적 혼합형태의 단일성에 도달할 수 있기 때문이다.

결과적으로 다문화사회에서의 문화적 정체성은 소수자에 대한 이해 중심의 통합으로 진행되어야 정치적 민주주의의 구현에도 실적적으로 기여할 수 있다는 논리가 성립된다. 이것은 문화적 다양성의 존중이라는 차원에서도 정당화될 수 있는 소결이다. 실제로 다원주의적 민주주의자들은 특정 공동체와 전통이 갖고 있는 정체성이 청소년들, 특히 주류사회로의 동화 압력을 받고 있는 이주 청소년들의 건전한 심리적 성장에 도움이 된다고 주장한다. 소수집단 청소년들은 종종 우월한 지배문화로의 동화를 열망하며 노력한다. 하지만 그들은 소수문화와 지배분화 사이에 있는 자신을 발견하며, 동시에 그들의 가족과 공동체로부터 분리되어 있는 자신을 발견한다. 사회적 부적응과 갈등 양상이 외부로 표출되며 집단화되는 단초가 마련되는 것이다. 따라서 다문화사회에서 문화적 다양성에 대한 존중은 주류사호의 역사와 전통을 존중하는 것만큼이나 중요하며, 오히려 주류사회의 발전을 위해서도 선행될 필요가 있다. 문화적 다양성이란 생물의 종 다양성처럼 인간사회를 풍요롭게 해 준다는 점에서 하나의 필수적 자원으로서 존중되어야 할 것이다.

Ⅱ. 한국의 다문화사회 동향(Trend)

1. 세계화 시대와 한국 사회의 변동

가. 한국 사회의 변동과 다문화사회화

우리가 살고 있는 지구촌은 세계화되고 있고 세계화는 지구촌을 빠르게 변화시키고 있다. 세계화의 가속화는 국가 간의 인적 · 물적 교류를 증대시킴으로써 개인과 사회 나아가 국가의 정체성과 미래가 과거와는 본질적으로 다른 새로운 양상으로 전개되고 있다. 따라서 단일 민족 문화를 중요시하던 한국인에게도 다문화주의적 입장에서 세계를 인식하고 세계의 모든 사람들과 더불어 공존할 수 밖에 없는 새로운 가치관과 태도, 행동 양식을 요구하고 있다.(최충옥, 2008).

이제 우리 주변에서 다양한 피부색과 외모를 가졌거나 언어나 억양이 다른 사람들을 발견하는 것은 어렵지 않다. 과거에는 체류 외국인과 그들 자녀의 수가 극히 제한적이어서 큰 사회적 문제가 되지 않았던 반면 오늘날의 한국 사회는 다문화사회로서의 새로운 양상으로 전개되고 있음을 알 수 있다. 한국에 거주하는 외국인 수가 증가하고 다문화가정 자녀들의 취학률이 높아짐에 따라 우리 교육 현장에서도 다문화교육의 필요성이 대두되어 2006년부터 다양한 유형의 다문화교육 활동이 실시되고 있다. 하지만 다문화가정 학생들이 언어 능력과 학습의 부진 및 학교 부적응, 정체성 혼란 등을 경험하는 비율이 일반 학생들보다 상대적으로 높게 나타나고 있다(충청남도교육청, 2009).

글로벌시대의 사회 변화를 인정하고 전통적인 민족교육에서 벗어나 다인종 다문화사회에서 다름의 이해와 차이의 극복은 물론 다문화가정 학부모와 자녀들을 다중언어를 구사하는 글로벌 인적자원으로 육성할 필요가 있다. 또한 문화적 개방성을 지향하여 우리와 다른 문화의 특수성을 이해 존중하고 비판적으로 수용할 수 있는 안목을 키워 우리의 문화가 역동적이고 창조적인 문화로 거듭날 수 있는 계기를 마련해야 할 것이다.

나. 다문화사회의 특성

다문화사회의 특성을 파악하기 위해서는 우선 문화에 대한 개념을 살펴볼 필요가 있다. 이는 다문화사회가 일반적인 문화의 개념을 총체적으로 포함하고 있기 때문이다.

문화(culture)란 한마디로 그 시대 사람들의 생활 방식과 생활 양식이다. 생존과 환경에 적응하기 위한 측면에서 볼 때 문화란 한 민족의 생활양식의 총체적 표현이라고 할 수 있으며, 공통된 생활양식으로 인해 다른 민족들과 구분되는 귀속감을 가지게 한다고 볼 수 있다. 문화란 고정된 것이 아니라 주위상황이나 환경으로 인해 변화되고 발전하는 것이다. 문화는 포괄적인 의미로 개인, 집단, 사회별로 독특한 생활양식을 구성한다. 이러한 것들이 모여서 국가와 집단의 전체적 이미지인 문화를 형성해 나간다.

따라서 같은 집단이라도 나름대로 분절되고 독특한 양상의 문화 형태들이 조합을 이루어 하나의 공동체를 이루고 있다. 이것은 모든 동일한 문화를 지니고 있다고 단정 지을 수 없는 근거를 마련해 준다. 이처럼 다양한 문화가 모여 조합을 이루며 구성된 사회를 다문화사회라고 볼 수 있다(노선화, 2004).

결국 다문화사회란 서로 다른 인종이 한 집단을 형성하여 독특한 문화를 서로 조합하여 함께 어울려 사는 사회라고 말할 수 있다. 다문화의 범위는 한 국가나 사회 내에 존재하는 종교·민족·인종·성별·사회계층·직업 등에 따른 다양성을 포함하는 것이다. 그리고 그것은 문화 간의 같음을 찾는 것이 아니라 다름을 이해하는 과정인 것이다.

2. 한국 사회의 다문화사회화(Socialization)

가. 외국인 유입 증가

2007년 8월 단기 체류 외국인을 포함한 국내 체류 외국인이 사상 처음으로 100만 명을 돌파하여 1,000,254명에 이르고 있다. 이는 우리나라 총 인구 약 4,913만 명의 약 2%에 해당하는 비율이다.

〈표 1〉 국내 체류 외국인의 변화 추이

(단위: 명)

연도	1955	1997	1999	2001	2003	2005	2006	2007	2008
외국인수	23,988	386,972	381,116	566,835	678,687	747,467	910,149	1,000,254	1,090,542

자료: 통계청, 국가통계포털(www.kosis.kr).

<표 1>에 의하면 처음 인구통계가 작성되던 1955년 국내에 체류하던 전
국의 외국인수가 2만여 명이던 것이 반세기가 지난 2008년 현재 외국인 100
만 명 시대를 열었다. 2007년의 국내 체류 외국인이 2006년에 비해 9.9% 증
가하였으며 1997년 38만 7천여 명이던 외국인 체류자수가 2007년에는 100만
여 명으로 늘어났다. 10년 사이에 158%씩이나 증가한 것이다. 이는 우리사회
가 다인종·다문화사회로 나아가고 있음을 나타내는 지표라고 할 수 있다.

우리나라에 입국한 외국인 중에서 관광객 등 단기 체류자를 제외한 90일 이상
머물고 있는 장기체류 외국인 곧 등록 외국인의 수도 계속해서 증가하고 있다.
이를 표로 나타내면 <표 2>와 같다(통계청, 국가통계포털, www.kosis.kr).

〈표 2〉 외국인 등록 인구 변화 추이

(단위: 명, %)

구분	1995		2000		2005		2007		2008		
	사람수	%	사람수	증감	사람수	증감	사람수	증감	사람수	증감	%
서울특별시	45,072	36.4	61,920	37.3	129,660	109	229,072	76.6	255,207	11.4	2.2
부산광역시	9,092	7.3	15,886	74.7	19,547	23	27,662	41.5	31,499	13.8	0.9
대구광역시	7,388	6.0	13,959	88.9	14,530	4	19,409	33.5	19,877	2.4	0.8
인천광역시	9,059	7.3	16,552	82.7	31,683	91.4	45,464	43.4	48,521	6.7	1.8
광주광역시	1,501	1.2	3,303	200	6,361	92.5	10,016	57.4	11,923	19	0.8
대전광역시	3,351	2.7	4,904	46.3	7,897	61	12,177	54.1	14,056	15.4	0.9
울산광역시	–	–	3,936		7,457	89.4	12,804	71.7	14,472	13	1.3
경기도	22,044	17.8	60,670	175	155,942	157	234,030	50	256,827	9.7	2.3
강원도	1,512	1.2	4,354	187	7,989	83.4	11,994	50.1	12,892	7.4	0.9
충청북도	2,845	2.3	7,209	153	12,871	78.5	20,731	61	22,700	9.4	1.5
충청남도	2,985	2.4	8,630	189	19,849	130	30,553	53.9	35,254	15.3	1.7
전라북도	3,049	2.5	7,245	137	10,165	4	16,151	58.8	18,749	16	1.0
전라남도	1,244	1.0	4,015	222	9,260	130	15,126	63.3	19,690	30	1.0
경상북도	5,544	4.5	16,373	195	23,409	42.9	33,721	44	35,731	5.9	1.3
경상남도	8,637	7.0	14,261	165	26,679	87	42,389	58.8	51,707	21.9	1.6
제주도	558	0.5	955	71	2,178	128	4,130	89.6	4,902	18.6	0.9
전국	123,881	100	244,172	97.1	485,477	98.8	765,429	57.6	854,007	11.5	

※ 주: 2008년 두 번째 %는 그 지역의 내국인과 외국인을 모두 합친 수에 대한 외국인의 구성비임

<표 2>에서 1995년의 %는 전체 외국인 수에 대한 지역별 구성비를 나타낸 것이다. 이 표에 의하면 전국에서 가장 낮은 구성비를 보이는 제주도가 그 지역의 내국인과 외국인을 모두 합친 수에 대한 외국인의 구성비에서 더 높은 것으로 나타난 유일한 지역이다. 1995년도에 12만여 명이던 외국인 등록자 수가 2008년에는 85만여 명으로 13년 사이 거의 7배가 늘어났다. 2만 명 이상의 집단 거주를 하는 지자체의 수도 2005년 4곳에서 2008년 8곳으로 배로 증가하였다. 2008년 현재 지역별 거주 현황을 보면 경기와 서울이 가장 많고 그 다음 경남, 인천, 경북, 충남, 대구 지역의 순으로 나타났다. 경기와 서울이 전체 외국인 등록자 수의 60%에 해당하는 512,034명으로서 수도권 지역에 편중되어 거주하는 것을 알 수 있다.

나. 국제결혼 증가

최근 몇 년 사이에 국제결혼의 비율이 급증하여 우리나라 전체 결혼 비율의 10%를 상회하고 있다. 2006년 결혼 총 건수 332,752건 중 국제결혼이 39,690건으로 우리나라 결혼의 11.9%에 해당된다. 2005년도 13.6%에 비하면 다소 둔화된 것으로 보이나 2000년의 1만 2천여 건에 비해서는 3배 이상 증가한 것이다(통계청, 국가통계포털, www.kosis.kr).

<표 3>에서 국제결혼의 비율은 총 결혼 건수에 대한 국제결혼의 비를 나타낸 것이다. 이 표에 의하면 2000년도 총 결혼 건수의 3.7%인 12,319건이던 국제결혼 건수가 2004년을 기점으로 우리나라 결혼자의 10%대를 넘고 있다. 외국인 여자를 신부로 맞이한 경우가 남성에 비해 3배 이상을 차지하고 있다. 2008년 현재 국제결혼 건수는 총 결혼 건수의 11%인 36,204건이며 외국 여성과 결혼은 77.8%인 28,613건을 차지한다. 2005년을 기점으로 국제결혼이 줄어든 것을 볼 수 있다. 이러한 현상은 보건복지부(2005)의 실태조사에서 이주 여성의 31.0%는 지난 1년 동안 언어폭력을 경험했으며 26.5%는 신체적 폭력에 시달렸고 23.1%는 성적학대나 18.4%는 위협을 받고 있다고 한다. 이

들의 과반수가 심각한 빈곤 문제에 직면해 있으며 여성결혼이민자의 23.6%
는 실질적인 의료보장체제의 혜택을 받지 못하고 있는 등 결혼이주여성들의
어려움이 나타나고, 국제결혼 가정의 이혼이 2002년 1,866건, 2004년 3,400
건, 2006년에는 6,280건으로 증가하였다.

〈표 3〉 국제결혼 건수 변화 추이

(단위: 건, %)

연도	총 결혼 건수	국제결혼			외국인 아내		외국인 남편	
		결혼건수	%	증감	결혼건수	증감	결혼건수	증감
2000	334,030	12,319	3.7		7,304		5,015	
2001	320,063	15,234	4.8	23.6	10,006	36.9	5,228	4.2
2002	306,573	15,913	5.2	4.5	11,017	10.1	4,896	△6.4
2003	304,932	25,658	8.4	70.0	19,214	74.4	6,444	31.6
2004	310,944	35,447	11.4	38.1	25,594	33.2	9,853	52.9
2005	316,375	43,121	13.6	21.6	31,180	21.8	11,941	21.1
2006	332,752	39,690	11.9	△8.0	30,208	△3.2	9,482	△20.6
2007	345,592	38,491	11.1	△3.1	29,140	△3.6	9,351	△1.4
2008	327,715	36,204	11.0	△6.0	28,163	△3.4	8,041	△24.1

자료: 통계청. 국가통계포털(www.kosis.kr).

다. 다문화가정 자녀 증가

1) 국제결혼 가정 자녀

2000년 이후 증가세가 지속되고 있는 가운데 해가 갈수록 국제결혼이 늘어
났다. 따라서 이들의 자녀가 학교에 입학 하는 수도 증가하고 있다(교육과학
기술부, 2009).

<표 4 >에 의하면 2008년 국제결혼가정 자녀는 모두 18,778명으로 2007년
대비 39.6% 증가하였다. 학교급별 비율은 초등학교 84.2%, 중학교 11.7%,
고등학교 4.1%로 초등학교 재학생 비율이 월등히 높다. 지역별 비율은 경기
20.7%, 서울 12%, 전남 10%, 경남 8.2%, 충남 7.9% 순이다. 부모의 국적별
비율은 일본 41.0%, 중국 22.3%, 필리핀 14.3% 순으로 나타났다.

〈표 4〉 국제결혼 가정 자녀 변화 추이

(단위: 명, %)

구분	합계		초		중		고	
	사람수	증감(%)	사람수	증감(%)	사람수	증감(%)	사람수	증감(%)
2005	6,121		5,332		583		206	
2006	7,998	30.6	6,795	27.4	924	58.5	279	35.4
2007	13,445	68.1	11,444	68.4	1,588	71.9	413	48.0
2008	18,778	39.6	15,804	38.1	2,213	38.9	761	84.0

자료: 통계청. 국가통계포털(www.kosis.kr).

2) 외국인 근로자 가정 자녀

1987년 6,409명이 국내에 유입된 것을 시작으로 해마다 그 수가 꾸준히 증가하고 있는(안경식 외, 2008). 외국인 근로자 자녀의 취학을 보면 <표 5>와 같다(교육과학기술부, 2008).

〈표 5〉 외국인 근로자 가정 자녀 변화 추이(학교급별)

(단위: 명, %)

구분	계		초		중		고	
	사람수	증감(%)	사람수	증감(%)	사람수	증감(%)	사람수	증감(%)
2005	1,574		995		352		227	
2006	1,391	△11.6	1,115	12.0	215	△39.0	61	△73.1
2007	1,209	△13.0	755	△32.3	391	81.9	63	3.3
2008	1,402	15.9	981	29.9	314	△19.7	107	69.8

자료: 통계청. 국가통계포털(www.kosis.kr).

<표 5>에 의하면 외국인 근로자 가정 자녀가 2005년 1,574명이었는데 계속 줄어들다가 2008년 1,402명으로 늘어났다. 2007년 대비 15.9% 증가한 것이다. 학교급별 비율은 초등학교 70.0%, 중학교 22.4%, 고등학교 7.6%로 나타났다. 지역별 비율은 서울 38.2%, 경기 30.6%, 전북 8.0%, 경남 7.7% 순이다. 부모의 국적별 비율은 몽골 26.2%, 일본 22.0%, 중국 20.3% 순으로 나타났다. 상대적으로 아시아권 국가의 비율이 매우 높게 나타났다.

3. 한국의 다문화사회 인구 구성

　우리 사회의 이주자 인구 구성과 관련하여 다음과 같은 세 가지 측면에 초점을 맞추어 특징을 종합해 볼 수 있다.

　첫째, 한국사회가 놀라울 정도로 다양한 국가 출신의 이주민이 공존하는 사회로 이행하고 있다는 점이다.

　둘째, 그럼에도 이주민 대부분은 몇몇 국가 출신이 압도적으로 많다.

　셋째, 국내의 체류하는 외국인들은 출신 국가와 직종에 따라 명확히 구분되며 이들의 한국 내 생활 영역은 동일한 기준에 의해 차별화 된다는 것이다.

　한국 사회의 다문화 인구 구성은 크게 보면 두 가지 점에서 고려할 문제가 있다. 하나는 다문화 특성을 보이는 인구의 증가가 급속하게 이루어지고 있다는 점이다. 법무부 자료를 보면 2008년 현재 한국 전체 주민등록의 2%를 차하는 체류 외국인의 비율이 2020년에는 5%에 도달할 것으로 예측하고 있다. 또한 국제결혼에 의한 다문화가정도 지속적으로 늘어나고 있는데, 2000년에 비해 2007년의 결혼이주여성의 비율이 4.5배나 늘었는데, 이 비율도 지속적으로 늘어날 전망이다. 일반적으로 한 사회에서 이주민 구성원이 2%를 차지할 때 다문화사회에서의 다양한 문제제기로 논의가 시작되며 5%에 도달하게 되면 이주국가로 분류된다는 점에서 한국 사회에서의 다문화사회 논의는 이제 본격적인 단계에 도달한 셈이다.

　다문화사회의 본격적인 논의와 관련하여 가장 관심 있기 보아야 할 것이 바로 한국 사회의 외국 이주민에 대한 데니즌과 마지즌 개념에 근거한 계층적 차별이다. 한경구 외는 특히 위의 특징 중 세 번째 특성을 이야기하면서 '데니즌(denizen)'과 '마지즌(margizen)' 개념을 사용한다(김현미, 2005; 한건수, 2006; 한경구 · 한건수, 2007). 이른바 데니즌은 주로 전문직에 종사하는 사람들로 일시적 이주를 통해 타국에 머물더라도 출신국의 시민권을 포기하지 않으며 체류국가에 영주할 의사가 없는 이주민을 말한다. 반면에 마지즌은 이주노동자처럼 체류 국가에서 법적·정치적·사회문화적 권리를 보장받지 못하고 주변적인 범주에서 살아가는 사회경제적 취약자를 일컫는 말이다. 한국 사회의 경우 외국인 이주민은 이 두 가지 범주로 구별되고 단순한 인종 차별 이상의 계층적 차별을 경험한다는 것이다.

이러한 데니즌과 마지즌 개념에 기초한 차별은 한국의 현실적인 삶의 모습에서 이미 나타나고 있다. 한국민의 외국인 이주민에 대한 차별은 인종이나 민족의 조건에서만 나타난 것이 아니고 이에 더하여 경제적인 조건도 결합되어 복합적으로 나타난다. "좋은 옷, 좋은 가방, 좋은 신발을 입거나 신어야 아이들도 미국 사람이라고 좋아하고, 가게에서 물건을 살 때도 친절하게 대해주이요. 옷을 허름하게 입으면 아무리 백인이어도 부모들이 아이를 우리곁에 오지 못하게 하고, 가게에서도 불친절해요." 라는 말에서 느끼듯이, 자신보다 잘사는 서유럽이나 북미의 백인들에게는 약하고, 다른 지역의 백인이나 동남아시아인, 흑인에 대해서는 편견을 가지고 적나라하게 차별하는 것이 한국의 모습이다.

이외에도 민족과 인종 개념에 계층적 차별까지 더한 모습은 다양한 연구에서도 나타난다. 결국 한국에서의 다문화 인구 구성과 그에 따른 논의는 단순히 인종과 민족의 개념을 떠나 계층적 문제까지 복합적으로 구성된 측면에서 보아야 하며 다문화사회 논의에서도 민족과 인종의 논의 만큼이나 계층이라는 개념까지 복합적으로 결합된 문제로 보아야 할 것이다.

Ⅲ. 다문화교육의 목표와 내용

1. 다문화교육의 개념

일반적으로 문화는 공동체 생활을 유지해온 한 집단의 생활양식의 총체적 표현, 즉 특정 집단의 '삶의 존재 방식'을 의미한다. 이처럼 문화는 특정 집단의 삶을 표현하는 생활 양식이므로 다른 집단과는 서로 다른 귀속감을 가지면서 삶의 조건 변화에 따라 변화해 간다는 특징을 가진다. 따라서 각 집단은 살아가면서 서로 다른 문화와 만나고 부딪치면서 상호간에 영향을 주게 되는 과정에서 또 다시 새로운 문화를 형성하게 되며 다문화가 생겨나게 된다.

다문화란 용어는 서로 다른 여러 가지 문화가 밀접한 관계를 맺는 가운데, 주 문화와 하위 문화 간에 또는 하위 문화 간에 상충하면서 발생하는 여러 유형의 문제를 조화롭게 극복하고자 하는 의도에서 생겨난 용어인 것이다(장영희, 1997).

다문화교육 역시 이러한 맥락에서 이해될 수 있다. 즉 문화 간의 만남과 접촉이 빈번해지면 긍정적인 영향과 함께 상충되는 갈등과 문제가 야기될 수밖에 없으며, 이러한 갈등과 문제점을 극복하기 위하여 다문화교육이 필요하게 되었다.

다문화교육을 뱅크스(Banks)는 커리큘럼(curriculum)과 교육 제도의 재구성을 주요 골자로 하는 개혁운동으로 다양한 성별, 언어, 사회 계층, 인종 집단에 속한 사람들이 동등한 교육적 기회를 갖도록 하는 노력이라고 하였고, 미국 교육백과사전(1996)에서는 문화적, 인종적 사회적 집단들이 사회에 서로 다양하게 기여한다는 사실을 강조하고 이를 가르치는 교육과정을 채택, 실행하는 것이라고 정의하였다.

종합적으로 다문화교육 개념은 다양성과 다원주의(phuralism)에 기초를 두고 있으며 자신이 속한 문화에 대한 긍정적인 정체성 확립을 기초로 서로 다른 집단들의 문화가 동등하게 가치로운 것으로 인식하는 지식·태도·가치교육인 동시에 자신의 문화와 다른 문화에 대한 편견을 없애고, 다양한 문화 집단의 사람들과 상호 이해 및 평등 관계를 중시하는 교육이다.

2. 다문화교육의 필요성

전통적으로 우리나라는 단일 민족 국가를 강조하여 왔다. 우리나라가 다문화사회로 변모하고 있음에도 불구하고 우리 국민의 단일 민족의식은 유별난 면이 많았다. IMF 금융위기 때 보여준 금 모으기 운동이라든가, 2002년 월드컵 때의 축구경기 '붉은 악마' 응원전 등이 그 사례이다. 또한 태안 기름 유출 사고 당시 자원 봉사자의 행렬이 끝없이 이어진 것 역시 우리의 민족적 에너지가 표현된 것이라고 볼 수 있다. 이처럼 단일 민족 의식은 우리나라가 어려움에 처해 있을 때나 함께 뭉쳐야 하는 일이 있을 때 국민의 내재적 에너지를 결집시키는 긍정적 힘으로 작용하는 경우가 많았다.

하지만 오늘날 우리나라가 단일 민족국가라는 점에 자부심을 갖는 것이 긍정적인 의미만을 가지고 있는 것은 아니다. 단일 민족 의식은 민족적 에너지의 결집이라는 순기능과 동시에 배타적이고 폐쇄적인 역기능을 지니고 있다는 점을 알아야 한다.

전통적으로 단일 민족의식을 갖고 이는 한국인의 관점에서는 외국인과의 결혼에 대한 인식이 그리 곱지 않은데다가 국제결혼 중개업소와 같은 상업적 루트를 통한 성급한 국제결혼가정에서는 많은 문제를 발생시키고 있다.

이제 전통적인 맹목적 민족교육에서 벗어나 다인종 다문화사회에서 다름의 이해와 차이의 극복을 통하여 다른 피부색, 다른 언어, 다른 종교를 가진 사람들과 더불어 살아갈 수 있는 자질과 능력을 갖춘 미래 세대를 길러내기 위한 다문화교육으로 발상의 변화를 꾀해야 한다. 한국어 능력 부족과 한국문화 부적응으로 인한 사회적 편견과 정체성 혼란을 겪는 다문화가정 학생들에게 교육의 기회를 제공하여 학교교육 및 사회생활에서의 소외감과 이질감을 극복할 수 있도록 하고 다문화가정의 학부모 및 자녀들을 다언어를 구사하는 글로벌 인적자원으로 육성할 필요가 있다.

3. 다문화교육의 목표와 내용

가. 다문화교육의 목표

다문화교육의 목표는 다문화교육의 개념에 따라 여러 가지로 나타날 수 있다. 노선화(2004)는 다문화교육의 목표는 다양한 사람들이 상호의존적인 세계에서 각기 스스로를 존중하는 태도를 갖게 하고 나아가 다른 사람들을 이해하고 수용하는 관계 속에서 긍정적인 개인적, 문화적 정체감을 갖도록 하는 것이다. 또한 공동체 일원으로서 역할을 담당할 수 있는 민주적인 시민의 자질 기르기, 다른 사람들에게 애정을 갖고 자신의 역할을 잘 수행할 수 있는 능력을 발달시키는 것이라고 한다.

켄달(Kendal, 1996)은 다문화교육의 목표를 다섯 가지로 설명하고 있다. 첫째, 자신의 문화와 가치를 존중하듯이 자신과 다른 문화와 가치도 존중할 수 있게 가르친다. 둘째, 다문화사회에서 성공적으로 살아갈 수 있는 태도와 능력을 기른다. 셋째, 인종주의에 의한 영향을 많이 받는 유색 인종의 아이들이 긍정적인 자아개념을 형성할 수 있도록 가르친다. 넷째, 문화적인 다양성과 인간으로서의 공통성을 긍정적으로 경험하도록 한다. 다섯째, 다문화 공동체 사회에서 특정 부분을 담당하고 있는 다양한 문화 집단을 경험한다.

뱅크스(Banks, 1993)는 다문화교육의 목표를 다음과 같이 제시하였다. 첫째, 다른 문화의 시각에서 자신을 바라보며 자신을 더 잘 이해할 수 있게 하는 것이다. 둘째, 문화적, 인종적 대안 책을 시민들에게 제공하는 것이다. 셋째, 다문화교육은 모든 학생들에게 그들 인종의 문화 주류 문화, 세계 다른 모든 문화권 안에서 생활하는 필요한 기술, 지식, 태도를 제공하는 데 있다. 넷째, 소수 인종 집단에 대한 고통과 편견을 줄이고 사회적 계층, 종교, 성별이 다양한 집단에 속한 사람들이 개인의 고유성을 확인하고 자부심을 갖도록 하는 것은 매우 중요하다(김선미 · 김영순, 2008).

이상의 내용을 종합해보면 다문화교육의 목표는 다른 문화를 가진 사람들과 경험을 통해서 다른 문화에 대한 차이점을 인정하고 자기 스스로를 존중하는 태도를 가지며 나아가 다른 사람을 이해하고 긍정적인 자아 정체감을 갖도록 하며 사회의 편견이나 고정 관념에 대한 비판적 사고와 행동을 돕는 것이라고 할 수 있다.

나. 다문화교육의 내용

다문화교육에 대한 목표가 다양함에 따라 그에 따른 내용도 여러 학자들마다 약간의 차이가 난다. 양영자(2008: 75 - 84)는 교육내용을 소수자 적응교육, 소수자 정체성 교육, 소수자 공동체 교육, 다수자 대상의 소수자 이해교육으로 분류하였다. 소수자 적응교육은 사회 통합을 위해 가장 보편적으로 행하는 교육으로 동화주의자(assimilationist)의 관점에 기초하여 주류 사회의 동화에 초점을 맞추는 것이다. 이것은 한국의 다문화교육에서 가장 지배적인 교육 유형으로 기초학습 능력, 한국 문화 정체성 함양, 한글 능력 향상, 한국 문화 이해의 심화 등이 교육의 주된 내용이 된다. 이주자들을 대상으로 하는 대부분의 다문화교육은 이들이 살아가는데 의사소통의 어려움의 덜어주고 한국 문화를 이해하여 적응을 잘할 수 있게 돕는 것을 당면과제로 설정하고 있다.

소수자 정체성 교육은 소수자들만의 고유한 특성을 지닌 것으로 인정하면서 교육하는 것을 말한다. 소수자들로 하여금 자신들의 문화적 정체성과 개인적 태도를 명확히 하며 자신들이 속한 문화와 문화 집단에 대해 긍정적인 태도를 가지게 하거나 자부심을 가지게 하는 것이다.

소수자 공동체 교육은 두 가지 측면에서 요구된다. 하나는 소수자들의 정서적 지지를 위한 정서적 지원망 확보에 도움을 줄 수 있다는 것이고 다른 하나는 소수 인종 문화 집단 간, 혹은 소수 집단 내에 갈등이 생길 때 요구되는 교육으로서 집단 간 이해를 도모하여 긴장과 갈등을 경감시키고 이들의 집단 간 사고의 지평을 확장시켜 주는 데 초점을 두는 교육이다.

다수자 대상의 소수자 이해 교육은 다수자를 대상으로 소수자에 대한 차별과 편견의식을 극복하고자 하는데 초점을 맞추는 것이다. 다문화교육을 인종, 계층, 성, 종교, 언어, 거주지 등의 다양성을 존중하는 교육으로 보는 관점이다. 소수자에 대한 편견 제거와 차별철폐를 이루려면 다수자 대상의 소수자 이해교육을 통해 다수의 인식의 변화를 꾀할 수 있어야 한다.

교육과정 설계에서 주로 다루는 내용을 정정희(2006)는 6가지, 즉 문화, 협력, 편견, 정체성 형성, 다양성 등으로 제시한다. 이것을 정리하면 <표 6>과 같다.

〈표 6〉 다문화교육의 교육과정의 내용

구분	교육과정 주요 내용
문화	각 문화 간의 유사점과 차이점의 특징 알기 각 문화에 대한 이해 및 존중심 기르기 문화 간 긍정적 태도 발달시키기
협력	다양한 사람들과 상호작용 및 협동 능력 증진하기
반편견	선입견, 편견, 고정관념에 비판적 문제 상황에 대처 능력 기르기
정체성 형성	긍정적 개념 기르기 정체감 및 집단 정체감 형성하기
평등성	국가, 민족, 성, 능력, 계층에 대한 긍정적 태도 가지기 인간이 평등하다는 가치 기르기
다양성	다양한 개인과 집단의 존재 인정하기, 다양한 존중 마음 갖기

결국 다문화교육의 내용은 여러 가지로 나누어지는데 중요한 것은 하나의 영역에만 치우치지 말고 여러 영역을 적절하게 분배하여 학생들이 골고루 학습할 수 있어야 한다. 통합 교육이 전제되어야 하는 것이다. 즉 다문화교육의 내용은 여러 가지로 나누어지는데 중요한 것은 하나의 영역에만 치우치지 말고 여러 영역을 적절하게 분배하여 학생들이 골고루 학습할 수 있어야 한다. 즉 다문화교육의 내용은 문화에 대한 개념과 태도의 발달을 고려하여 특정 편견이나 고정관념을 가지지 않게 하고 다양성을 존중할 수 있게 여러

내용을 골고루 선정하여 결국은 서로 더불어 살아가는 공동체의 구성원임을 알려주는 것이라고 할 수 있다.

4. 다문화교육의 교육과정 모형

한국에서 다문화교육 내용이 국가 교육과정에 반영된 직접적 계기는 2006년 교육인적자원부의 다문화가정 자녀교육지원으로부터 비롯되었다고 할 수 있다. 그러나 이주자의 증가에 따라 우리나라기 다문화 시대로 이행하고 있다는 생각 아래 정부차원에서 다양한 관련 정책들을 수립해 가는 가운데 다문화교육이 범교과 차원의 수용이라는 형태로 교육 과정상에 도입된 것이라고 할 수 있다. 2007년 2월 28일자로 고시된 '2007년 개정 교육과정'에서는 35개의 범교과 학습 중 하나로 다문화교육 이라는 주제가 초·중등학교 교육과정 총론에 포함되었다(양영자, 2008). 다문화교육과정은 서로 다른 문화적 배경을 가진 사람들을 포용하고 서로의 문화를 공유하며 그들에게 우리 문화를 올바르게 인식 시키고 우리도 다른 나라의 문화에 대해 개방적이고 수용적인 태도를 가지도록 하기 위한 프로그램을 의미한다. 이렇게 볼 때 다문화교육과정은 소수자만을 위한 프로그램이 되어서는 안 되며 모든 학생들이 다문화사회에서 사회를 이해하고 책임 있는 시민으로 살아가기 위해 지식, 가치·태도, 기능을 가지게 하는 것을 목표로 하는 다문화주의에 바탕을 두고 설계할 필요가 있다.

뱅크스(Banks, 2004)는 다문화교육과정 개혁에 대한 4가지 수준별 접근 즉 교육과정 설계시 주류 교육과정에 삽입형 설계, 추가형 설계, 융합형 설계, 의사 결정을 통한 문제해결형 설계로 활용될 수 있는 4단계의 기여적 접근, 부가적 접근, 변혁적 접근, 사회적 접근의 개혁 모델을 제시하였다.

다문화교육은 특정 유형의 교육과정을 선택하여 그 유형에 맞추어 교육과정을 구성하고 운영하는 것이 아니다. 다문화교육과정은 각 유형마다 기본적인 가정과 철학, 장점과 문제점을 지니며 사회적 배경을 달리하기도 한다. 그래서 각 지역이나 학교 또는 학급에서는 각기 다른 다문화교육과정을 편성할 수 있다.

한편, 세계 각국에서 교육 평등의 증진이라는 목표 아래 강조되고 있는 다문화교육의 원리는 다음과 같은 점에 초점을 맞추고 있다.

첫째, 다문화교육은 문화적 다원주의 이론을 원리로 삼고 있다. 모든 집단이 각기 고유의 문화를 보유할 수 있는 민주적 권리가 있음을 인정하며 평등, 사회 정의, 인간의 존엄성, 인권 등에 기반을 둔 사회를 추구한다.

둘째, 다문화교육은 편견 및 차별의 종식과 사회적 정의 달성의 이념을 추구한다. 즉, 인종차별주의, 성차별주의 등과 같은 사회의 부정의(不正義)에 관심을 갖고 구조적 불평등 해소에 기여하기 위해 노력한다.

셋째, 다문화교육은 교수·학습 과정에서 문화 그 자체를 강조한다. 문화는 특정 사회가 공유하는 신념, 가치, 세계관, 행위의 표준이다. 따라서 학생들이 갖고 있는 문화적 배경에 적합한 교수·학습 방법을 적용하여야 한다.

넷째, 다문화교육은 모든 학생들을 위한 교육적 평등과 수월성을 지향(指向)한다. 학생들의 잠재력은 다양하며, 따라서 학생 각자의 차이를 존중하고 적절한 배려가 이루어져야 한다.

다문화교육의 궁극적인 관점은 평등, 자유, 참여 등과 같은 민주주의의 보편적 가치의 증진에 있다. 따라서 시미의 자유 및 사회적 자유의 증진을 위한 개혁과 참여를 중시하는 실천적인 노력을 강조한다. 다문화교육은 각종 차별을 배격하고, 사회 정의를 위해 행동할 수 있는 통찰력과 기능을 갖춘 민주 시민의 육성을 추구, 강조한다.

5. 다문화교육의 기본 전략

일반적으로 다문화교육의 기본 논리는 동화주의, 다문화주의, 균형주의로 구분한다. 동화주의는 소수문화의 주류문화로의 일방적인 편입을 전제로 한다. 즉 동화(assimilation)는 이민자가 주류사회의 지배적 가치와 규범에 접근하는 것으로서 문화적 영향이라는 면에서는 일방적인 것이다. 이주민의 동화가 일어날 경우 주류사회 또는 이민을 받아들이는 호스트 사회는 일반적으로 심각한 변화를 겪지 않는 것으로 간주된다(유네스코 아시아 · 태평양 국제이해교육원 편, 2008: 91).

이것은 널리 알려진 것처럼 문화적 용광로(melting pot)를 지향하는 개념이다. 강력한 미국문화가 마치 용광로처럼 작용하여 여러 다양한 이주민들의 문화가 미국문화 속에 녹아 들어가서 더 새롭고 더 매력적인 문화를 만들어 낸다는 것이지만 기본적인 미국문화의 아이덴티티가 급격히 변화하는 것은 아니라는 점을 의미한다.

그러나 유의할 점은 용광로에 넣고 융화시키려는 시도가 역사적으로 경험적으로 실패해 왔다는 점이다. 오히려 소수문화의 정체성이 흐려지기보다는 뚜렷한 집단 정체성을 구성해 나가는 현상이 미국에서 발견되고 있다. 미국 인구의 약 18%가 소수언어를 가정에서 그대로 구사하고 있으며, 이러한 현상이 통계적으로 확대될 가능성이 크다는 점이 대표적인 사례이다. 또한 일방적인 주류사회로의 편입 추구는 주류사회 구성원뿐만 아니라 주변부 이민자 집단 구성원에게도 불필요한 갈등과 긴장을 조성하여 문화적 충돌을 불러올 수 잇다는 점이 고려되어야 할 것이다.

다문화주의는 흔히 샐러드 볼이나 모자이크, 피자 이론이라고 칭한다. 문화적 다양성과 고유성을 그대로 인정하고 이들이 정체성을 유지한 채로 주류사회와 소통하며 평화문화를 구축한다는 관점이다. 적극적인 다문화주의는 단순한 문화적 독립을 인정하는 차원이 아니다. 주류사회와의 동등성을 실현하기 위해서는 사회적 소수자 입장에 있는 학생들에게 형평교수 등 여러 가지 보상을 실행하는 전략이다.

따라서 다문화주의는 자칫하면 문화의 경계를 강조한 것으로 간주하는 등 철저한 상대주의로 흐르면서 분리주의를 조장하거나 문화적 게토를 만들어내기도 한다. 그리고 때로는 소수집단 내부의 독배를 예찬하는 결과를 가져오기도 한다(유네스코아시아·태평양국제이해교육원 편, 2008: 90). 이러한 부작용에도 불구하고 다문화교육의 본질에 가까운 것은 다문화주의라고 보는 것이 옳다.

한국적 다문화 상황에서 동화주의와 다문화주의는 장단점을 함께 지닌다. 통계적 측면에서 다문화 양상이 미미하므로 다양성을 단일성으로 자연스럽게 융화시켜 나가는 전략으로서의 단문화주의(monoculturalism)가 국민국가형성이 이르지 못한 한국 사회에 적합하다는 논리와 아울러, 다문화교육의 비용이 적게 소요된다는 경제적 논리가 성립될 수 있을 것이다. 한편, 다문화주의는 국제결혼가정과 외국인근로자, 새터민, 재외동포가정을 활용하여 국제이해교육을 추구하고 국위를 향상시킬 수 있다는 경쟁 논리를 가질 수 있으며, 긍정적이고 민주적인 사회 통합에 기여할 수 있다는 유용성을 기대 할 수 있다.

상식적 수준에서 언급되기로는 한국에서의 다문화교육은 소수자 대상 다문화교육으로 충분하고, 이것은 한국 주류문화로의 동화 과정이 되어야 한다는 주장이 있다. 실제로 교육과학기술부(2007)의 '다문화가정 자녀 교육 지원 계획'에서는, 언어문화 장벽 해소를 통한 사회 통합 기여, 사회적 귀속감 증대가 목표로 강조되고 있고, 한국어와 한국문화에 대한 조기 습득을 통해 학교 교육 및 사회생활에서의 소외감과 이질감 극복, 한국 사회를 구성하는 일원으로서 자아정체감 확립이 구체적인 항목들로 제시되어 있다. 이는 동화주의 노선을 분명히 하고 있는 내용으로 볼 수 있다(이원희, 2008: 38). 물론 이것이 일면 타당하기는 하나, 전통적인 다문화국가들이 경험했던 실패를 생각하면 일방적인 동화보다는, 동등한 교육기회를 실질적으로 보장하는 수준의 다문화주의 다문화교육이 실행되면서 정체성 유지로부터 나타날 수 있는 세계와 국가사회에 기여할 수 있는 능력을 함양시켜 나가는 전략적 접근이 필요하다고 본다. 균형주의는 이와 같은 관점에서 다문화 상황에 접근하는 논리를 가지고 있으며, 정의, 평등, 자유, 관용과 같은 민주적 원리의 정교한 실천을 요구한다.

이러한 균형주의를 반영한 새로운 다문화교육 이론이 문화민주주의이다. 문화민주주의(cultural democracy)는 민주주의 사회에서 개인이 누리는 자유와 평등, 기회균등의 원리들이 그대로 각각의 문화집단에 적용되고, 소수와 다수 집단들은 민주적 원리를 실천함으로써 국가사회의 발전에 기여한다는 관점이다. 문화민주주의는 학교 교육이 학생들의 문화를 존중하고 이해하는 것이 중요하므로 모든 청소년들이 성찰적이고 명료한 국가 정체성과 정의, 평등, 인간 존엄성과 같은 민주적 이상에 대한 의무를 발달시키는 것 역시 중요하다고 본다. 학교의 역할은 청소년의 사회화를 도움으로써 국가 시민 생활에 참여하는 데 필요한 태도, 가치, 기능을 발달시키도록 하는 것이다. 강한 민주주의를 유지하기 위해서 국가는 모든 집단들이 전념해야 할 최우선적이고 이상화된 가치의 조합을 가져야 한다(Banks, 2007: 124). 소수와 다수, 주류문화와 주변(변두리)문화, 개인과 국가, 학생과 학교가 민주적 원리에 따라 눈에 보이는 실제적 형평을 추구하는 것이 문화민주주의 접근이다.

6. 다문화교육 정책과 교육과정

가. 다문화교육 정책

한국 사회에 세계화 사회를 맞이하여 문화적 다양성이 심화되면서 소수 집단의 사회 적응을 지원하고 이러한 다양성을 포용하는 사회 풍토 조성이 중요한 과제로 등장하고 있다. 교육 영역에서도 다문화가정 자녀에게 보다 평등한 교육 기회를 보장하기 위한 다양한 대인들이 모색되고 있다.

한국의 다문화교육 정책은 다문화가정 자녀들의 적응을 돕는 한편, 타 문화에 대한 관용적인 태도를 함양하기 위해서는 성, 인종, 종교, 문화, 언어 등의 다양성을 수용하는 교육이 이루어져야 한다. 이를 위한 제도적인 노력이 활성화되고 있는 것은 매우 바람직한 현상이다. 다문화가정에 대한 사회적 관심이 급증하면서 교육과학기술부는 '다문화가정 자녀 교육 지원 대책'을 발표하였고, 각 시·도별로 다문화교육 센터를 설립하여 세부 사업을 시행하도록 하였다. 뿐만 아니라, 다문화가정 자녀 지녀 교육을 지원하기 위해 방과 후 학교 프로그램 개설, 대학생 멘토링 제도 도입, 교사와 또래 등과의 일 대 일 결연 사업 운영, 교원 연수 강화 등을 추진하고 있다. 기존의 우리나라 다문화교육 정책은 다음과 같은 문제점을 요약하면 다음과 같다.

첫째, 그동안 정부의 사회 문화적 소수 집단에 대한 대응이 미비하였다. 사실 정부보다는 오히려 시민 단체들이 더 많은 노력과 관심을 기울여 왔다.

둘째, 정부 정책이 주로 사회적 취약 계층에 대한 지원책에 국한되어 왔다.

셋째, 다문화사회에 대비하는 정책은 내국인에게도 필요한 것이지만, 현재의 정책들은 주로 외국인을 대상으로 하여 수립되고 시행되고 있다.

넷째, 정책이 주로 외국인 노동자나 이주 여성 및 국제 결혼 가정 자녀들의 한국 사회 적응 및 동화에 맞추고 있다. 즉 다문화교육을 위한 정책들이 소수 집단을 대상으로 하여 그들의 적응 문제를 다루는데 초점을 맞추고 있다. 그러나 다양한 문화의 공존을 위해서는 소수 집단의 적응을 지원하는 것뿐만 아니라 기존 시민의 소수 문화에 대한 이해와 존중, 관용의 태도를 함양하는 것이 더불어 이루어져야 한다. 다문화교육이 소수를 위한 교육이 아니라 모두를 위한 교육이라는 인식의 확립이 필요하다.

나. 다문화교육과정 조직

한국 사회의 문화적 다양성을 반영하고 타 문화에 대한 이해와 존중 및 관용을 함양할 수 있는 교육과정 개발 움직임이 이루어지고 있다. 기존 교육과정 및 교과서에서는 다문화사회에 적합하지 않은 민족적·문화적 배타성을 가지고 있다고 지적되고 있다.

이와 같은 교육과정의 문제점을 극복하기 위하여 제7차 교육과정에 이어 '2007년 개정 교육과정'에서는 과거 교육과정에서 강조되었던 단일민족주의 관점을 지양(止揚)하고 교과서에 다문화·인권 내용을 등을 강화하도록 하였다. 2007년 개정 교육과정에서는 다문화교육이 범교과 주제로 강조되고 있으며, 세계시민교육과 지구촌 교육, 국제이해교육 등과 연계되어 중시되고 있다.

다문화교육과정은 다문화교육의 철학을 직접적으로 구현할 수 있는 가장 핵심적인 부분이다. 다문화교육과정 연구자들은 기존 교육과정에서 문제시되는 부분을 찾아내어 개선하고, 소수 집단의 학생들에게도 평등한 교육 내용과 환경을 제공하고자 노력하낟. 이를 위하여 학생들의 다양한 문화적 배경과 역사·언어·종교 등을 탐구하고 학습한다.

뱅크스(Banks)는 각급 학교 교육과정에 다문화적 내용을 통합하기 위한 구성 원리를 네 단계로 분류하여 제시하였다.

제1단계인 기여적 접근(the contributions approach)은 소수 집단들이 주로 사회에 기여한 점을 부각시켜서 그들의 자긍심을 길러주고자 한다. 이를 위해 소수 집단의 영웅, 명절, 축제 등과 같은 문화적 요소를 교육과정 속에 포함시킨다.

제2단계인 부가적 접근법(the additive approach)은 교육과정의 기본적인 구조, 목표, 특성을 변화시키지 않으면서 소수 집단과 관련된 내용, 개념, 주제, 관점 등을 교육과정에 첨가하는 것이다. 보통 관련 단원이나 과목 등을 교육과정 내에 첨가하는 형태로 이루어진다.

제3단계인 변혁적 접근법(the transformation approach)은 교육과정의 근본적인 목표, 구조, 관점의 변화가 수반된다. 제2단계인 부가적 접근법에서는 기존 교육과정의 체제를 그대로 유지하면서 다문화적 내용이 첨가되는 방식이라면, 제3단계인 변혁적 접근법에서는 전혀 새로운 관점에서 교육과정을 변혁하여 재구성한다.

제4단계인 사회적 행동 접근법(the social action approach)은 제3단계인 변혁적 접근법의 요소에 덧붙여 실천과 행동의 문제를 강조한다. 수업 시간에 다루는 개념, 주제, 문제 등에 대하여 학생들이 스스로 결정하고 실천해 보도록 한다. 이 접근법의 주요 목적은 학생들의 비판 의식, 의사 결정력, 그리고 사회 변화를 추구하는 태도를 육성하는데 있다(차경수 · 모경환, 2009).

〈표 7〉 다문화교육과정 조직 방법

교육과정 조직 방법	기본 방향	교육과정에 대한 인식
기여적 접근 (the contributions approach)	해당 집단의 영웅, 명절 등과 같은 구체적인 문화적 요소들을 활용한다.	기본 구조나 규준을 바꾸지는 않는다. 다수 집단의 관점에서 내용을 선택한다.
부가적 접근법 (the additive approach)	기존 교육과정을 크게 변화시키지 않고 소수 집단과 관련된 내용, 개념, 주제, 관점 등을 부가한다.	
변혁적 접근법 (the transformation approach)	교육과정 구조를 변화시켜서 다양한 집단의 관점에서 개념, 이슈, 사건 등을 조망해 보도록 한다.	기존 교육과정의 규준, 패러다임, 기본적인 가정을 변혁시킨다. 지식이 개관적인 실체가 아니라, 사회적 구성물임을 인식하도록 한다.
사회적 행동 접근법 (the social action approach)	중요한 이슈와 관련하여 의사결정을 내리고 실천해 보도록 한다.	

Ⅳ. 한국 사회의 변화와 다문화교육 지향

일반적으로 문화란 '인간 생활에서 일정한 지역 공간, 시간 속에서의 가장 편리한 삶의 양식이자 삶의 방식'이다. 따라서 문화란 고정되어 있는 정체된 것이 아니라, 전수되고 학습되어 가는 과정에서 다른 문화와 접변 또는 충돌이 발생하기도 하면서 끊임없이 변화하는 생명력을 지니고 있는 것이다. 이에 따라 주류문화와 비주류문화의 구분은 변화하게 되고 개인이 속한 문화적 요소들도 역시 다양한 변화와 혼합의 과정을 거치면서 수정의 과정을 겪게 마련이어서 문화를 고정적인 시각에서 바라보고 판단해서는 안 될 것이다(김선미 외, 2008: 88) 다양한 문화를 지닌 개인과 국가의 발전을 도모해야 할 것이다.

최근의 한국 사회를 관찰하면 다음과 같은 변화를 엿볼 수 있다(유네스코 아시아·태평양국제이해교육원 편, 2008: 227).

첫째, 국제결혼이 늘어나면서 혼혈이 증가하고 민족의 정체성이 복잡해져 간다.

둘째, 이주노동자, 유학생, 파견근무자 등이 늘어나면서 외국인 구성비가 급격히 증가한다.

셋째, 우리나라를 찾는 외국 여행객이 나날이 늘어난다.

넷째, 부모의 유학이나 해외 근무 중에 외국에서 출생하여 자란 이른바 귀국 자녀들이 늘어난다.

다섯째, 장단기 여행, 외국 유학, 조기 유학 등으로 다른 언어/문화권의 체류 경험자가 증가한다.

여섯째, 세계화 물결을 타고 외국의 언어/문화 학습에 대한 사회적 요구가 급격히 늘어난다.

일곱째, 각급 학교에 다른 민족, 언어, 문화적 배경을 가진 학생들이 현저히 늘어난다.

위에 나타난 현상의 공통점은 정체성의 다양화와 외국문화와의 교류, 문화적 다양성에 대한 사회적 수요 등이다. 즉 다문화현상이 한국 사회에 전반적으로 작용하고 있으며, 다문화교육이 필수적으로 도입되어야 한다는 것이다. 그러나 다문화교육의 발상지라고 볼 수 있는 미국의 다문화교육과는 질적인 차이가 있다.

미국의 다문화교육은 1960년대 시민권 운동을 효시로 성장하였다. 아프리카계 미국인들은 이전에는 없었던 형태의 권리를 주장하였다. 1960년대 시민권 운동의 주요 목표는 공적 분배와 주택, 고용, 교육에서의 차별을 철폐하는 것이었다. 소수종족집단들은 학교와 교육제도에 그들의 경험, 역사, 문화, 관점을 반영하도록 요구하였으며, 그들의 아이들이 성공적인 역할모델을 가지도록 흑인과 혼혈인을 교사와 행정가로 고용하도록 요구하였다. 종족집단들은 인근 지역에 공동체의 통제가 가능한 학교를 설립하도록 하였으며, 미국사회의 다양성을 반영하는 교과서의 개정을 위하여 노력하였다(Banks & Banks, eds. 2007: 6).

이에 비해 한국의 다문화교육은 소수집단이 자발적으로 참여하는 사회개혁적인 권익추구 운동은 아니다. 다분히 국내 노동력의 불균형적 수요나 출산율의 저하 등 사회적 문제를 해결하기 위한 정책적 차원의 영향을 받고 출발하였다고 보는 것이 타당할 것이다. 또한 인구통계학적으로 미국은 32%, 한국은 2%로 다문화 수준에서 현저한 차이가 있으며, 미국은 자연스럽게 가정에서 고유 언어를 구사하는 인구가 약 4,700만 명으로 18%에 도달함에 비하여(Banks, 김용신 외역, 2009: 4), 한국의 경우에는 모계가 외국인 경우가 90.2%를 차지하고 있으므로 정체성을 유지할 수 있는 고유언어 사용이 거의 불가능한 실정이다.

따라서 한국의 다문화교육은 미국의 다문화교육 이론과 방법, 경험적 개념, 기법, 일반화 등을 면밀히 분석하여 참조는 하되, 전면적 차원에서 그대로 모방·적용해 나가는 것은 불필요한 인적·물적 자원의 낭비나 부작용을 생산할 가능성 있으므로 성찰과 재성찰을 거듭하면서 실행되어야 할 것이다. 현재, 한국에서의 다문화교육은 교육 목적, 교육 내용, 교육 방법 측면에서 조망할 수 있다(오경석 외, 2007: 212-223 참조).

먼저, 교육 목적 측면에서 가장 중요한 것은 한국 사회의 특수한 분단 상황과 다문화 상황에서 비롯되는 민족주의적 단일성과 문화적 다양성의 갈등과 조정 과제이다. 현재 이루어지고 있는 다문화교육은 소수자들이 한국 사회와 문화에 적응하도록 돕는 단일성 추구에 목적이 있다. 그러나 개정 교육과정에서는 국제결혼자와 외국인근로자 자녀들이 우리나라에서 살아가기 위해서는 다문화주의의 도입이 불가피하다고 보고 다문화교육을 지향하고 있다. 향후 새터민이나 재외동포 자녀를 대상으로 하는 민족정체성 교육과 외국인근로자와 국제결혼가정 자녀를 대상으로 하는 다문화교육의 이론적·경험적 조정 과정이 필요하다.

둘째, 교육 내용 측면에서 다문화교육은 대부분 한국 문화, 한국어교육 등 소수자의 적응을 중시하는 내용으로 구성되어 있으며 소수자의 정체성 문제에 관심을 기울이는 교육이다. 소수자 공동체 내에서의 관용 증진과 편견 제거에 대한 내용은 부분적으로 다루어지고 있다. 최근에는 2009 개정 교육과정의 도입과 적용을 통해 다수자 대상의 소수자 이해 증진을 위한 교육 내용이 교육과정과 교과서에 도입될 수 있는 계기가 마련되었다.

셋째, 교육 방법 측면에서는 분리교육과 통합교육의 문제가 거론될 수 있다. 기본적으로 한국의 다문화교육은 캠프나 방과 후 학교 등을 통한 분리교육이 실행되고 있다. 이것은 의사소통과 문화 차이로 인한 정서적 불안, 학력 부적응 등이 나타나는 외국인근로자나 새터민 자녀에게는 타당하다. 그러나 국제결혼가정 자녀에 대해서는 같은 문제가 제기되기도 하지만 한국어를 제대로 구사하고 외모 차이가 나타나지 않는 중국, 일본계 자녀에 대한 분리교육은 세밀한 대응이 요청된다. 또한 궁극적으로는 분리교육의 근본 한계를 인식하고 다문화 협력학급과의 통합, 문화적 소수자 대안학교와 일반 대안학교 간 통합 등의 방법이 고려되어야 할 것이다.

글로벌 다문화사회에서 성장하고 살아갈 새로운 세기의 시민은 종족, 문화, 공동체 안에서 유효하면서 문화적 경계를 넘어서는 데 요청되는 지식, 태도, 기능이 필요하다. 그들은 도덕적인 국가 시민문화의 구축과, 보편적 인권선언에서 구체화된 것과 같은 민주적 이상과 가치가 실현되는 공정한 공동체를 만들기 위해 참여해야 한다. 따라서 다문화교육의 궁극적 지향은 다문화 시민성(multicultural citizenship)이 되어야 한다. 다문화 시민성은 문화, 국가, 글로벌 정체성 간 정교한 균형으로 이루어진다. 사회적 지식이 구성되는 방식을 이해하고, 지식 생산자가 되며, 더욱 인간적인 국가와 세계를 만들기 위한 시민행동에 참여하는 것이다(Banks, 2007: 19-20). 한국 사회의 다문화교육의 목표로서 다문화 시민성이란 새롭게 등장하고 있는 소수 종족 자녀들과, 이들을 포용하는 다수자 집단이 문화와 국가, 세계 사회의 경계 속에서 균형감을 가지고 함께 살아가도록 하는 능력을 말한다.

Ⅴ. 한국 다문화교육의 실제

1. 한국의 다문화교육 정책

2006년 8월 UN 인종차별철폐위원회(CERD)는 우리나라에게 단일민족 국가 이미지를 극복해야 한다고 권고 하였다. 이것은 우리나라가 단일 민족 체제로 어려서부터 주입된 반만년 역사의 단일 민족 국가라는 공교육과 타민족, 타문화에 대한 직ㆍ간접 경험의 부족과 혈통중심의 사회적 분위기에 의한 것이라고 볼 수 있다. 그러나 국제적으로 교류가 확대되고 국제결혼이 늘어남에 따라 다문화가정의 자녀수가 증가는 등 우리사회에도 언어적, 문화적 배경이 다른 구성원의 비중이 증가하고 있는 상황에서 문제를 의식하지 않을 수 없게 되었다. 교육부의 정책 변화로 이어져 2003년 초ㆍ중등교육법 시행령이 개정 되면서 미등록 이주노동자일지라도 거주 확인만 되면 자녀가 입학 할 수 있게 되었다(원은경, 2008).

정부는 2006년 4월 빈부격차차별위원회 주관으로 교육인적자원부, 법무부,

보건복지부, 여성가족부등이 참가한 가운데 '혼혈인 등 소수인종 사회통합대책'을 확대할 계획을 발표하였다. 이것은 시민권을 가진 혹은 곧 갖게 될 결혼이주자와 그의 자녀에 초점을 맞추고 있다. 교육인적자원부(2006)는 '다문화가정 자녀교육지원 대책'을 발표하여 주로 국제결혼자녀와 외국인 근로자 자녀의 교육소외 방지책을 마련하여 다문화가정지원을 위한 부처 간 협력 체계 구축, 지역사회의 다문화가정 지원 협력 체계를 구축하여 학교의 다문화가정 자녀 지원 강화를 위해 방과 후 학교 프로그램 개설 지원, 다문화가정 자녀 지원 강화를 위해 방과 후 학교 프로그램 개설 지원, 다문화가정 자녀 지도 상담교사, 선배나 또래 친구와 1:1 결연, 학교 홈페이지를 활용한 교육자료 제공, 다문화가정 자녀 교육을 위한 교사역량 강화, 현행 교과서에 포함되어 있는 민족적, 문화적 배타성 완화, 차기 교육과정 개정 시 다문화, 다인종 교육요소 반영, 대학생 멘토링 사업을 다문화가정의 자녀에 확대 등 종합 대책을 마련하였다.

교육과학기술부는 '다문화가정 자녀 교육지원 계획'을 발표하여 다문화 이해교육 강화를 위해 관련교과(사회·도덕) 및 개정교육과정에 다문화 이해 존중, 편견극복, 관용을 위한 성취목표를 반영하였고 언어 및 문화 장벽 해소와 사회적 귀속감 및 다문화 감수성 증대를 목표로 중앙다문화교육 지원센터와 시·도 다문화교육센터를 중심으로 지속적이고 체계적인 교육 지원이 이루어지도록 학교를 중심으로 한 학교 교육력 제고와 다문화 이해교육을 강화하여 주기적 평가를 통한 사업성과 제고, 지원 사업 모델 다양화 도모의 기본 방향을 제시하고 있다.

2009 개정 교육과정 총론에는 35개 범교과 학습주제 중 하나로 다문화교육이라는 주제가 포함되어 있다. 또한, 교육과학기술부(2009)는 '다문화가정 학생 교육 지원 계획'을 마련하여 '기관 간 연계 강화 및 학생 맞춤형 교육'이라는 기본 방향을 토대로 다문화교육 기반구축, 학교 중심의 맞춤형 교육 지원, 제도 개선 및 성과 확산이라는 추진과제를 제시하였다. 다문화교육기반 구축

을 위해 다문화교육지원 관련 부처 및 교육청과의 협의 강화, 시·도별 '다문화교육 지원협의회' 구성·운영, 다문화교육 지원을 위한 전문적인 연구·개발을 추진하였고 학교중심의 맞춤형 교육 지원을 위해 다문화가정 학생의 한국어·학습능력 향상 지원, 다문화가정 학생의 자아정체성 확립 지원, 일반 학생들의 다문화 이해교육 지원, 교사 연수 및 학부모 연수를 통해 다문화관련 이해교육을 실시하였으며 제도 개선 및 성과 확산을 위해 학교·지역별 다문화교육 정책 중장기 방향을 연구 실시하였다. 2008년 2월에는 외국인 근로자 및 결혼이민자 지원 방안에 대해 행정자치부, 여성가족부, 노동부, 문화관광부, 국가청소년위원회, 보건 복지부처 합동으로 회의를 하였다.

교육과학기술부는 2009학년도 1학기부터 초등교원 양성대학에서 다문화교육강좌를 개설 할 수 있도록 초등 교원 양성 대학 다문화교육 강좌를 개설토록 지침을 발표하였다. 다문화교육 강좌 개설과 연계하여 교·사대생들을 활용한 멘토링 사업도 병행할 계획을 밝혔다. 이것은 2009학년도부터 교·사대생이 추가 이수해야 하는 교육 봉사활동 2학점과 연계하여 예비교사가 다문화가정 학생의 멘토로 활동하도록 지원한다고 하였다(교육과학기술부 보도자료, 2009). 최근 논란이 되어 '미래형 교육과정'에서 명칭이 변경된 '2009년 개정 교육과정'에서도 시대 흐름에 따른 다문화교육을 크게 강조하고 있다.

이상과 같이 우리나라에서는 다문화사회에 접어들면서 사회 현상에 맞추어 빠르게 정부와 민간단체들이 다문화교육을 위해 노력하고 있음을 알 수 있다. 다문화교육은 단기성 사업도 복지사업도 아니기 때문에 다문화교육과 관련된 정책은 학교, 가정, 사회와 공조하여 실시되어야 한다.

2. 한국의 다문화교육 접근 방향

현재 한국 내에서 부분적으로 행해지고 있는 다문화교육은 대체로 동화주의적 관점에서 이루어진다고 할 수 있다. 다문화교육의 대부분은 한글 교육,

한국 사회에서의 적응 교육에 할애되고 있기 때문이다. 그러나 궁극적으로 한국 사회에서 다문화교육은 동화주의와 함께 문화적 다원성을 인정하는 다문화주의적 관점으로 이루어져야 한다. 동화주의에 입각한 다문화교육 정책은 평등과 다양성의 인정이라는 민주주의적 이상에 위배되기 때문이다(김현덕, 2007).

다문화교육은 다양한 문화적 차이를 지닌 학생들이 학교에서 평등한 성취 기회를 갖도록 교육의 구조를 바꾸기 위한 계속적 과정이다. 그러므로 다문화교육은 인권적 측면과 사회 전체의 갈등을 해소하고 사회 통합을 이룸으로써 더욱 건강하고 새로운 문화 창조의 전기를 마련하려는 이상적인 목표를 향하는 것이 바람직하다(조영달, 2007).

다문화교육의 방향과 아울러 다문화교육의 대상이 누구인지 명확히 규정할 필요가 있다. 많은 사람들은 다문화교육의 대상을 다문화가정의 자녀들에 한정시키는 경향이 있다. 사회적 약자인 다문화가정 학생의 교육을 지원하는 것은 다문화교육의 핵심 사항임에는 틀림이 없다. 그러나 그들의 교육을 지원한다고 해서 진정한 의미의 다문화교육이 이루어질 수는 없다. 우리의 다문화교육은 대부분 이주자를 한국 사회에 적응시키는 측면에서 실행되었고, 이주자들의 문화를 이해하고 적응하려는 교육과 다문화에 대한 편견을 극복하는 교육에는 소홀했었다. 앞으로 우리 사회에 필요한 것은 소수자 보호를 위한 다문화교육과 병행에서 다수자의 의식 변화를 유도하는 다문화교육이 절실하다.

한국의 다문화교육은 다음과 방향으로 전개되어야 한다. 사회의 다수자와 소수자를 모두 포함하는 방향, 다수자를 대상으로 소수 문화를 이해 포용하는 방향, 교육의 대상을 소수자로 정하면서 그들의 사회 적응과 인권을 확보해주는 방향이다.

〈표 8〉 다문화교육의 접근 방향

구분	세부 요소
다수자와 소수자 모두를 포함하는 다문화교육(통합 교육)	다문화적 사회 현실을 이해하기 위한 지식을 제공한다.
	평등과 정의의 가치에 대해 재확인한다.
	함께 살기 위한 새로운 능력과 문화 상대주의적 태도의 발전을 위한 교육 기회를 제공한다.
다수자를 위한 다문화교육	상호의존적 세계 현실에 대한 이해를 증진시키고 이런 현실 속에서 통합적인 행동 양식을 북돋운다.
	부정적 편견과 민족적 상투성을 극복해야 한다.
	차이와 다양성에 대한 긍정적인 평가를 고무시킨다.
	다문화 간 공통점을 찾고 강조한다.
	다른 사회와 문화, 개인들의 시선에 긍정적인 태도 양식 을 갖는다.
	사회적 연대의 원리와 시민의식에 기초한 행동 양식을 인지시킨다.
소수자를 위한 다문화교육	다수자를 위한 다문화교육의 방향을 포함한다.
	자신의 문화적 정체성을 잃지 않으면서 주류적 삶의 양식에 대한 배움을 포괄한다.
	다문화가정과 학생의 다양한 배경을 인정하고 삶의 질 향상 및 인간의 존엄성을 유지한다.

3. 다문화교육과 교사의 역할

다문화교육을 핵심적으로 수행하는 주체가 교사이므로 학교교육에서 다문화교육이 성공하기 위해서는 무엇보다도 교사의 다문화적 능력이 요구된다.

다문화적 능력이란 교사가 갖고 있는 다문화에 대한 신념과 가치 및 태도, 다문화와 관련된 풍부한 지식과 다양한 수업기술을 의미하는 것으로, 인종과 문화적 편견타파, 세계적 관점 및 다양한 문화 집단과 관련된 지식, 민족 집단 간의 다양성 인정 등을 포함한다.

교사의 다문화적 능력 가운데서 무엇보다도 중요한 것이 다문화에 대한 인식이다. 교육과정을 이해하고 수업을 담당하는 교사가 다문화교육에 대하여 어떻게 인식하고 있느냐에 따라 수업의 내용과 질이 달라질 수 있기 때문이다.

교육과정 속에 다문화교육에 관한 내용이 포함되어 있다고 하더라도 교사가 그 중요성을 제대로 인식하지 못하고 형식적으로 가르친다면 다문화교육은 성공하기 어렵다. 반면에 교사가 그 내용을 제대로 이해하고 정확하게 가르친다면 그 결과는 얼마든지 달라질 수 있다. 또한 다문화교육에 대한 교사의 인식과 태도는 학생들의 태도와 의식에 직접적인 영향을 미친다는 점에서 교사의 역할은 중요하다. 이러한 점에서 교사는 다문화교육을 성공적으로 수행하고, 학생들이 다문화에 대한 수용적인 태도를 발달시키는데 중요한 변인이 된다.

〈표 9〉 다문화교육의 측면(영역)별 지도 방안

구분(영역)	지도 방안(초점)	비고
교과 교육 측면	국어과 지도는 학생의 의사소통 능력, 읽기와 쓰기 능력을 파악한 다음 입문단계와 교과 단계로 나누어 지도하고, 낱자의 구성 원리에서 낱말, 문장, 문단, 글의 순서로 지도하면서 계속적으로 어휘력을 길러줌.	
	수학과는 기초학습평가와 기본학습 진단평가로 학생의 수준을 파악하고 수와 연산, 도형, 측정 영역의 기초학습 지도 후에 해당 학년의 교과학습을 지도하고 학생에 따라 영역별 수준차가 있으면 부진한 부영이나 지도 내용은 전단계의 내용을 반복 지도.	
	도덕과 사회과의 지도는 학생의 행동 관찰과 면담을 통해 수준을 파악하고, 개인, 학교, 사회, 국가생활의 지도는 주제별 통합 프로그램을 운영하며, 한국 문화 체험은 다문화가정 학생의 모국 문화와 연관 지워 토요 체험학습일 등을 이용하여 지도.	
	다문화가정 학생의 모국어와 문화를 유지하고, 신장시키기 위해서 부모의 도움을 통한 가정학습과 자율학습 시간을 이용한 부모와 외부 단체의 도움을 통한 지도를 모색.	교과 통합
생활 지도 측면	학교 생활에 필요한 모든 것과 기본생활습관 및 바른 인성 함양을 위해 반복 지도.	
	신체적, 정신적 건강과 결함, 운동 부족, 영양 상태, 위생 관념, 이 닦기, 목욕, 청결한 옷차림, 등 몸차림 때문에 다른 학생들에게 놀림을 당하지 않도록 세심하게 지도하고 성교육에도 관심과 배려를 함.	
	자신의 장래에 대해 탐색해 보도록 진로 지도를 하며, 성격 적성과 적응 문제 등 욕구 불만의 진단과 해석, 습관 교정, 심리적 장애의 진단과 치료 및 정서교육에도 관심을 갖고 지도.	
	학급에 소속감을 갖고 성취 욕구를 만족시켜 주기 위해서는 학생이 할 수 있는 역할을 주고, 왜 해야 하는지, 어떻게 해야 하는지에 대해 상세히 설명. 학생의 수행 결과에 대해 조언을 해줌.	
	대부분의 다문화가정 자녀는 주변의 친구나 지리, 문화 등이 낯설기 때문에 집안에서 주로 TV를 시청하거나, 컴퓨터 활용 등으로 여가를 보내는 경우가 많음. 교사는 대화를 통해 방과 후에 하는 일, 과제 수행, 여가생활 등을 수시 확인하여 여가를 즐길 수 있는 방법 및 장소, 친하게 지낼 수 있는 친구를 배려해 줌.	

Ⅵ. 한국 다문화교육의 방향

1. 한국 다문화교육의 문제점

한국 사회의 다문화교육은 세계적인 지구촌(global society) 요구에 알맞게 다양한 방향으로 전개되고 있으며 사회적 관심도 크게 증대되고 있다. 다만, 현재 한국 다문화교육은 대부분 그들로 하여금 한국 사회에 적응할 수 있도록 돕기 위한 내용에 방법에 편중되어 있어서 아쉽다.

특히 다문화가정의 2세들에게는 학교 교육에 적응하기 위한 방법만 우선시 함으로써 가정 교육과 학교 교육의 차이에서 오는 혼돈으로 정체성 혼란을 경험하는 사례가 많다.

다문화가정이 한국 사회에서 겪는 애로가 의사소통의 장애, 그들에 대한 사회적 편견과 고정 관념, 문화적 이질감에서 오는 갈등, 경제적 문제, 가정 폭력 및 여성 폭력, 정보 소외로 인한 사회적 활동 네트워크 형성과 사회 참여 기회의 상대적 박탈, 사법권 및 행정 기관에의 접근의 어려움, 그리고 자녀들의 양육과 교육 문제 등이다. 이로 인하여 사회 적응의 문제와 그 후 정착에 대한 어려움을 겪는다. 이들이 한국 사회의 구성원으로 자리잡기 위해서는 정보를 획득하고 처리할 수 있는 교육을 통한 성장 문화 형성이 바탕이 되어야 한다. 즉 다문화가정에 대한 체계적인 교육 프로그램이 필요하다.

외국인 근로자 가정의 경제적 소득이 낮고, 주거 환경이 열악함은 물론 가정의 교육 기능도 취약하여 또래 아이들에 비해 기초 학습 능력이 낮다. 또 배타적인 한국 사회의 특성이 외국인에 대한 지나친 편견과 차별로 나타나 외국인 자녀들의 조기 적응에 어려움을 겪고 있다. 학교장의 재량으로 이루어 지는 일반 학교에서의 외국인 자녀 입학 기피, 통합 교육 거부, 학교 내의 집단 따돌림 등을 경험하고 있어서 한국에서 상대적 박탈감과 정서적 불안을 경험하고 있다.

아울러 사회적으로 인권과 과련하여 가장 큰 문제로 등장하고 있는 불법 체류자 자녀의 경우, 신분상의 불안으로 정규학교 입학을 기피하거나, 입학 후에도 학교 생활 불안정으로 기초·기본 교육 마저 제대로 이루어지지 못하고 있는 실정이다. 때문에 우리는 일본이 특별한 사정이 있는 불법 체류 외국인에 대해 재량으로 일본 체류를 인정하는 체류특별허가제도(법무부 재량 행위)를 운영하고 있는 점을 고려해야 할 것이다.

한국 사회는 이미 단일 민족 국가를 뛰어넘어 다문화 국가로서 사회 구성원 및 문화가 다양해지고 있다. 하지만, 이를 명확하게 인식하지 못하는 사회적 분위기와 편견으로 인해 이들의 존재를 부정하고 이방인으로 취급하는 배타성이 잠재되어 있는 게 사실이다. 이처럼 한국에 대한 다문화 공생의 진입 장벽은 자신의 모국을 떠나 한국을 제2의 터전으로 생각하고, 정착을 희망하는 그들에게는 큰 혼란과 불안함을 야기한다. 그러나 현실적으로 그들은 고향으로 돌아가기가 어렵다.

다문화사회에서의 발전을 위해 해당하는 각 정부 부처뿐만 아니라 민간 단체, 시민 단체들로 제시되는 문제점들을 해결하기 위해서 다양한 정책들을 제시하고 있다. 하지만, 충분한 수준과 여건에 이르지는 못하고 있다.

2009학년도에 교육과학기술부에서 제시한 다문화가정 지원 정책 방향은 우리 사회가 우려하고 있는 다문화교육의 문제점을 보완하기 위한 제도 마련에 고심하고 있음을 보여준다. 그러나 다른 주제들 또한 제기되는 사회적 문제들을 바르게 인식할 필요가 있다.

이와 같은 점을 전제하고 한국 다문화교육의 구체적인 문제점을 요약하면 다음과 같다.

첫째, 다문화교육에 대한 개념의 혼란이다. 다문화교육이라고 하면, 한국에서는 외국인 근로자들이 한국의 문화를 배우고 제도를 따르게 하는 교육 장면을 떠오르게 된다. 즉 한국 문화 교육, 세계화 교육, 국제 이해 교육이 다문화교육과 동일시되고 있다. 이같은 개념 혼란으로 인해 다문화라는 것에 이것 저것 모두 담아 넣으려는 일종의 '잡화상식 교육'이 되고 있다.

둘째, 다문화교육에 대한 철학의 부재 및 결여이다. 다문화교육에 대한 철학이 정립되지 않은 상태에서 정부 부처, 지자체, 시민 단체들의 생색내기식 프로그램 남발과 유행처럼 번지고 있는 프로그램 나열이다. 자칫 다문화교육 프로그램이 백화점식 프로그램 나열에 그칠 개연성이 많다. 또 일부 프로그램들은 경제적인 여유가 있고, 한국 정부로부터 인정을 받은 소수 일부로 한정되면서 그들만의 잔치로 끝나게 된다. 반면, 신분상의 불안을 겪고, 한국 적응에 어려움을 겪으면서 정체성의 혼란을 경험하는 이들에게는 상대적 박탈감을 갖게 해 사회 혼란을 가중시킬 수 있다.

셋째, 다문화교육을 접한 자녀와 그렇지 못한 부모나 사회의 괴리감(乖離感)이다. 학교 교육이나 시민 단체, 종교 단체 등의 다양한 프로그램을 통해서 다문화가정의 자녀들과 한국 가정의 자녀들이 또래 집단을 형성하고 놀이 문화를 형성하더라도 다문화가정에 대한 충분한 이해 없이 일방적인 편견과 함께 교육의 기회를 접하지 못한 부모들을 자신의 자녀들을 다문화가정 자녀들과 어울리지 못하게 함으로써 다문화가정의 자녀들은 차별과 함께 소외감, 고립감을 경험하는 등 사회 부적응 요인으로 나타나고 있다.

넷째, 연구 기관 및 연구 인력의 준비 부족과 전문성을 갖춘 교사의 부족이다. 어떤 제도나 문화의 도입은 각 나라의 사회적·문화적 여건을 고려하여 무조건적인 수용이 아닌 정체성을 지니도록 하여야 한다. 하지만, 다문화 관련 전공 및 학문적 준비가 부족하다보니, 다문화 관련 외국의 이론과 정책에 대한 국내 이식을 주저하지 않는다. 선진 국가들이 하는 다문화 정책이나 프로그램들이 한국 사회에 그대로 이식되어 진행되면서 문화적 충돌과 사회적 문제가 생기게 되고 그 속에서 내국인들은 소수 이민자들에 대한 편견을 갖게 되고, 타 문화에 대한 이질감을 극복하지 못하고 있다.

또 다문화가정의 자녀들은 학교에 입학하여 일반 교육을 받는데, 교사들은 다문화교육에 대한 교수 방법에 대해서 충분한 자질과 지식을 갖추고 있지 못하다. 교사양성교육기관에서도 다문화교육에 대한 연구가 진행 중이지만, 실제적인 교육 내용이라기보다는 지식 전달 중심으로 이루어지고 있다. 또 교육이 실시되고 있는 현장에서는 교육과정 및 내용, 방법이 획일적으로 운영되고 있다. 그러나 입시 위주의 교육으로 인한 과도한 경쟁 중심의 사회적 풍토, 학교 여건 등과 함께 기본적으로 안일함에 빠져 획일적인 교육에서 벗어나려는 교사의 의식 및 태도의 변화 없이는 진정한 의미의 학생 중심 수업이 이루어질 수 없다. 그렇기 때문에 다문화가정 자녀들이 학교에 입학해도 다문화교육에 대한 지식을 갖추고 통합 교육을 해 줄 교사를 찾기란 어려운 실정이다. 즉, 자기 목소리 없는 다문화 담론(談論)이 재생산되고 있다.

다섯째, 다문화교육의 창조적 상상력 결여이다. 다문화교육은 서로 다른 문화, 차이의 문화가 상호작용을 통하여 새로운 창조의 문화로 이루어져야 한다. 그러나 한국의 다문화교육은 다문화가정의 교육 기회 보장, 한국 문화 익히기, 교육 복지의 충족 등을 통한 사회 적응 프로그램이다. 물론 정부, 지자체, ·시민 단체, 종교 단체들은 그들의 인권 보호와 함께 사회 통합을 위해 다양한 프로그램을 개발하고자 노력 중이다. 하지만 민관의 연결망의 형성이 미흡하여 다각적인 변화가 요구되고 있다. 다문화교육은 상상력의 활성화를 통하여 제3의 문화 창조로 이어지는 '문화적 사고'가 발생하여야 한다.

여섯째, 소수자만 다문화교육의 대상자로 삼아 한글 학교, 한국 문화 체험 등 한국 문화에 대한 일방적인 강요 교육 중심의 동화주의적, 자문화 중심의 입장이다. 다문화 주의는 소수자가 자시의 문화에 대한 자존감을 갖고 다수 문화의 일부분으로 참여하는 것이다. 진정한 사회 통합은상대주의적 관점에서 문화 간의 우열을 가르지 않고 상대 문화의 특수성을 인정하며 이루어가는 것이다. 그러나 우리 사회는 오랫동안 단일 민족 교육의 강조로 인하여 타 문화에 대한 거부 반응이 자리잡고 있다. 그래서 한국에 들어와 있는 소수자들은 자신들의 문화와 습관을 버리고 한국인으로 변화하려고 노력하고 있다. 또 현재 정부의 사회 통합 정책은 정부가 원하는 국민 만들기에 초점이 맞추어져 있다. 그렇다 보니 현재 국내에서 진행되는 사회 통합 정책의 진정성이 망각된 채 동화주의적 경향으로 흐르고 있다.

다문화교육은 공생이다. 즉, 한 문화를 일방적으로 강요하는 것이 아니라, 우리 문화를 이해시키면서 타 문화를 이해하는 관용과 배려의 정신이 필수적이다. 하지만, 다문화가정을 한국 사회에 정착시키기 위한 다양한 프로그램과 한국 문화에 소수 이민자들의 참여를 유도하고 익히도록 일방적인 교육이 진행되고 있다.

일곱째, 사회적 비용 증대로 인하여 교육비 투자가 열악하다. 시장의 개방과 인력 이동의 확대 이후 나타난 불법 취업 및 불법 체류 상태의 외국인 노동자가 증가하면서 발생하는 사회적 문제 해결과 다문화가정의 문화적 충돌에서 발생하는 문제들을 해결하기 위한 사회 제반의 제도 확충으로 사회 적응에 관련된 프로그램 개발 연구가 확대되고 있다. 그러면서 다문화가정의 경제적 어려움은 2세들의 교육 기회를 제공하지 못하고 있고, 제도화된 교육에 적응하지 못하는 그들의 어려움을 해결할 수 있는 교육 환경 개선 지원 비용의 투자는 아직 열악한 형편이다.

여덟째, 획일적인 중앙집권적 교육의 문제이다. 정부에서 실시하는 다문화교육 정책이 중심이 되어 지자체 및 각 단체들이 그 일환으로 다문화교육을 실시하고 있어서 획일적인 교육이 이루어지고 있다. 그렇기 때문에 내용과 방법이 비슷하고 반복적으로 이루어지고 있어서 다문화가정 자녀들이나 소수 이민자들이 제도 교육에 적응하지 못하고 있다. 그리고 수준도 향상되지 않아 실시되는 교육 제도들이 실효성을 잃고 있다.

세계화가 진행되면서 한국은 이제 세계 교류의 장이 되었다. 출산율은 세계 최저 수준을 기록하고 외국인 수는 점점 증가하고 있다. 이미 우리나라는 다민족·다문화가 공존하는 사회가 된 것이다. 하지만, 다문화가정에게만 한국의 문화를 이해하도록 강요하는 다문화교육 방식은 가난을 자녀들에게 물려 주고 싶지 않아 소위 '코리안 드림'을 꿈꾸며 이주한 노동자들이나, 가난한 집안을 살리고자 한국 남자와 결혼한 동남아시아 국가 여성들이 한국 사회의 편견과 차별로 인해 사회에 적응하지 못하는 원인이 되고 있다. 하지만 이들은 조국으로 돌아가도 한국에서 익힌 사회문화적 습관과 조국 문화 사이에 충돌을 겪게 되고, 취업 문제, 거취 문제 등이 발생하기 때문에 조국으로도 쉽게 돌아가지 못한다. 즉, 한국 문화와 모국 문화 사이에서 갈등과 불안을 경험하는 소위 경계인의 위치에 놓이게 된다는 점을 유념하여야 한다.

2. 한국 다문화교육의 개선 방향

우리 사회에서도 다문화교육에 대한 다양한 노력들이 전개되고 있다. 이러한 노력들이 더욱 활발하게 전개되고 사회적 편견과 차별을 해소하기 위한 실질적인 효과가 나타나기 위해서는 학교 교육의 역할이 지대한 것이다. 따라서 21세기 세계화 시대의 한국 다문화교육은 다음과 같은 방향으로 전개되어야 할 것이다.

첫째, 현재 한국의 다문화교육은 관심과 노력은 지대한데, 체계적이지 못하기 때문에 보다 체계적이고 일관적인 방향으로 나아가야 한다. 다문화교육의 중요성에 대해서는 국민 모두가 동의하고 있지만, 정부와 지방자치단체, 사회단체, 학교 등에서 중구난방(衆口難防)식 다문화교육이 이루어지고 있는데 이를 일관성, 통일성 차원에서 체계화할 필요가 있다.

둘째, 현대 한국 사회에 대한 다문화가정의 특징 분석과 한국 문화 형성의 전통적 배경 및 현대 한국 사회의 특성에 알맞은 한국 다문화교육 모델을 정립하고, 다양하게 수행하여야 한다. 따라서 맹목적으로 다른 나라의 다문화교육 모델을 도입하여 그대로 적용하기 보다는 우리나라 현실에 맞도록 재구성, 지역화하는 소위 '벤치마킹식' 적용이 요구된다.

셋째, 다문화교육의 대상 단위를 개인에서 가족 단위로 확대하고 다문화 관계망을 형성하는 문제나 학교, 교육과정, 교과서 차원의 다문화적 고려, 다문화교육의 정보화 등 문제들이 실질적으로 검토되고 효과적인 정책 집행이 이루어질 수 있을 것이다.

넷째, 공공 부문 및 학교와 민간의 다문화교육 노력들을 체계적으로 지원하기 위해, 전문 인력의 양성과 종합적 관리를 위한 민관의 협력 기구와 다문화교육 연구·연수 센터와 현직 교사들에 대한 재교육 제도가 필수적인 것으로 보인다.

다섯째, 획일적인 다문화교육에서 벗어나야 한다. 다문화교육에는 정형화된 교육 내용 및 교수법이 없다 다문화교육 자체가 상상력을 바탕으로 하는 창조의 과정이다. 교육을 통하여 정형화된 결과물을 얻도록 하는 것은 틀에 붓고 찍어내는 기계적인 교육이 될 수 밖에 없다. 다문화교육은 기존의 제품을 찍어내는 것이 아니라, 비교 우위를 논하지 않고 상대 문화의 우수성을 인정하고 자기 목소리를 가진 제3의 다양성을 창조해 내는 과정이다. 때문에 획일적인 교육을 통해서는 다양성이 공존하는 다문화사회의 과제를 해결하기 곤란하다.

여섯째, 한국 문화만 강요하는 입장에서 벗어나 내국인들이 다문화가정과 함께 하면서 그들의 문화를 이해하고 한국 문화에 수용하여 새로운 문화를 형성하려는 태도가 필요하다. 그리고 다양한 교육의 장은 서로 연결되어 학점은행제 등을 통한 체계적인 교육을 통해서 수준을 향상시켜야 한다. 즉, 지역 주민, 행정가, 교육자, 학생, 교수, 기업인, 시민 단체 등 모두가 평생교육 차원에서지역 사회와 함께 다문화교육을 접근해 나아가야 한다.

일곱째, 다문화가정 자녀의 인권 보호 및 사회 통합을 위한 학교 내 프로그램을 개설하여 일반 학생 및 학부모들에게 다문화에 관한 체계적이고 정확한 정보를 제공해 주어야 할 것이다.

여덟째, 다문화교육을 전적으로 외국인과 그 자녀에 국한하려는 경향이 있는데, 새터민과 그 자녀들에 대한 배려적인 다문화교육이 필수적이다. 이는 같은 민족의 차원을 넘어서 통일 교육, 통일 대비 차원에서 긍정적으로 접근하여야 한다. 다문화교육은 한반도 통일 이후를 길게 바라보고 차근차근 진행해 나아가야 한다.

사실 위로부터의 다문화교육이 주를 이루는 한국 사회에서는 아래로부터의 다문화 주의 운동도 중요하다. 특히 지역 사회에 기반을 둔 다문화 공간의 타 문화 간 소통의 확산, 다문화 시민권 운동의 확대를 위해서는 정부뿐만 아니라, 민간 기업과 시민 사회 등 다양한 주체들의 주도적인 역할과 파트너십(partnership)이 중요하다.

다문화주의는 국가와 시장의 경제적 필요성에서 뿐만 아니라, 차이의 인장과 소통을 통해 시민 사회가 타자와 자신을 성찰하도록 하고, 인권을 문화적 영역까지 확대시키고 공동체를 보다 평등하고 조화롭고 다양하고 역동적으로 만드는 것이기 때문에 국가, 시장, 시민 사회가 모두 지향하는 정책 이념이 되는 것이다.

사실 한국 사회에서는 현재까지 다문화주의 정책 담론이 일방적으로 이방인들에게 우리 문화를 수용하고 익혀서 우리가 만들어 놓은 제도에 익숙해지길 바라고 있을 뿐 자신들의 변화에는 관대하지 못했다. 또한 관 주도 하향식 정책이었다면, 미래의 다문화교육의 정책 입안과 실행은 민간 및 시민 사회의 다양한 연구와 이론들을 수용한 평등하고도 다양성이 존중되는 참여 민주주의 아래 추진되어야 할 것이다. 그리고 이와 같은 세계화 시대의 한국 다문화교육은 교육공동체를 포함한 전 국민들의 관심과 배려, 그리고 동참이 필수적임을 유념해야 할 것이다.

Ⅶ. 한국 다문화사회의 미래

1. 이주민(유입 인구)의 지속적 증가

한국의 이주민 비율은 2010년 현재 국민 대비 2%를 넘은 상태이며 2020년에 5% 수준의 이주민 국가가 된다는 전망을 고려하지 않더라도 한국에서의 이주민의 비율은 지속적으로 늘어날 것이다. 2009년 법무부는 한국인과 국제결혼한 사람들을 국적별로 보면 127개국이나 되며, 한국에 체류하는 외국인은 197개국이나 된다고 밝혔다. 기본적으로 지구화로 인한 세계인의 이주는 더 가속화 될 수밖에 없는 현실이지만 한국에서의 이주민이 더 늘어날 수밖에 없는 다양한 구조적인 이유는 여러 모양으로 존재한다.

첫째, 경제의 발전으로 다국적 기업이 증가하고 세계를 대상으로 하는 경제활동이 증가하면서 이주민이 증가할 것이다. 이미 국내의 몇몇 기업의 경우 다국적 기업으로 성장하고 있으며 국내에도 많은 다국적 기업이 들어와 있는 상황을 고려한다면 다국적 기업이나 조직은 더 늘어날 것이고 이로 인한 이주민은 증가할 수밖에 없다.

둘째, 현재 단순 노동력 공급을 위해 일정한 기간만 이주민으로 살다가 귀국해야 하는 이주민뿐만 아니라 고급 노동력 공급을 위한 이주민들이 생겨날 것이다. 최근 한국의 대학 졸업 비율이 85%에 육박할 정도로 높아져서 지속적으로 단순 노동력 공급을 위한 이주민만 들어올 것 같지만, OECD회원 국가들의 경우를 보면 경제가 발전할수록 고급 노동력을 공급하는 전문가들의 이주가 늘어난다. 한 예로 미국의 경우 1970~1980년대부터 공과대학 실험실이나 외과 전문의 등 고급 기술 인력에 대한 자국민의 취업 비율이 줄어들자 이 자리를 차지한 것이 바로 아시아에서 온 유학생들이었고 이들 중 일부는 미국에 머물러 영구 이주민이 되기도 하였다. 이런 경향이 한국에서도 서서히 나타나고 있다는 점에서 고급인력 이주민은 늘어날 것으로 전망할 수 있다. 더구나 이렇게 다양한 노동력이 들어오면 3년 단위로 한정된 이주민의 거주 조건에 변화가 생길 것이며 가족과 함께 입국하지 못하게 하는 현재의 고용허가제도 수정될 가능성이 있다는 점에서 한반도에서 태어난 다문화가정도 늘어날 것이다.

셋째, 여전히 출생 성비가 남자아이가 더 많으며 결혼에서 여전히 남자가 3살 정도 더 많은 결혼이 이루어지고 있고, 출산율은 더 낮아지는 이 복합적인 문제를 고려하면 향후에도 지속적으로 배우자 부족현상은 더 생길 것이고 이로 인한 국제결혼가정은 늘어날 것이다. 그리고 대부분의 국제결혼가정의 합계출산율이 한국의 평균 합계출산율보다 높은 점을 고려하면 국제결혼가정 자녀도 늘어날 것이다.

〈표 10〉 한국 결혼 연령기 남녀의 인구구성 추이

(단위 : 명)

연도		2000	2010	2020	2030	2040
20~34세 인구	전체	12,455,017	10,662,255	9,556,977	7,593,326	5,878,936
	남자	6,398,653	5,540,192	5,064,686	3,982,999	3,058,024
	여자	6,056,364	5,122,063	4,492,291	3,613,326	2,820,912
	남녀차이	342,289	418,129	572,395	369,673	273,112

자료: 통계청(2008).

뿐만 아니라 최근 역이민(逆移民)이나 역유학(逆留學)이라는 표현이 나올 정도로 한국에서 해외로 이주해 간 이주민들 중, 돌아오는 경우도 많아지고 있으니 이들도 기존 한국문화와는 또 다른 문화적 양태를 가진 다문화적 삶을 보여줄 가능성이 있다. 이런 점에서 어쩌면 법무부가 예측한 2020년에 비해 훨씬 더 빨리 한국은 이주민 5% 이상의 사회가 될 수도 있다.

2. 단일 민족 이데올로기 쇠퇴

한국에서 급격하게 변하고 있는 이주민 인구의 구성비율과 달리, 변화하지 않고 있는 강력한 것이 한국의 다문화사회로의 진전을 더디게 하고 있다. 바로 단일민족 신화이다. 단일민족 신화는 여전히 교과서 속에서도 강하게 자리 잡고 있다. 순혈에 대한 집착은 이미 이주민이 0.5% 이상을 차지하던 즈음에 만들어진 2009 개정 교육과정의 교과서에서도 그대로 드러난다(<표 11>).

<표 11> 2009 개정 교육과정과 교과서의 단일민족주의 사례

학교급	학년	교과(교과서)	교과서 내용 진술(표기의 예)
초등학교	2	생활의 길잡이	우리나라는 한 핏줄을 이어받은 한 민족으로 이루어져 있습니다.
	6	도덕	우리는 본디 하나 땅도 하나 민족도 하나 말도 하나였습니다.
	6	사회	우리는 생김새가 서로 똑같고, 같은 말과 글을 사용하는 단일 민족입니다.
중학교	1	도덕	우리 민족은 단일 민족으로서 오랜 세월을…… .
	2	도덕	바로 우기가 같은 핏줄을 이어 받은 한민족이라는…… .
	3	사회	민족, 언어, 문화가 같은 단일민족인 우리나라는…… .
고등학교	1	도덕	본래 우리 민족은 동일한 언어와 문화, 혈통을 지닌 단일민족으로서…… .
	1	국사	우리 민족은 세계사에서 보기 드문 단일 민족 국가로서의 전통을 이어가고 있다.
	3	정치	우리 민족은…… . 단일민족 국가를 형성해 왔다.

사실 다양한 근거들에 따르면, 교과서에서 강조하는 '단일민족 신화'는 허구임에도 불구하고 여전히 강조되고 있다. 단일민족 신화는 한국의 여러 지역에서 이주민 자신의 문화를 일구며 생활하는 다문화가정의 자녀들과, 수많은 제조업체에서 힘든 일을 하면서도 '코리안 드림'을 꿈꾸는 이들에게는 날카로운 공격의 날이 되기도 한다. 2007년 7월 UN의 인종차별철폐위원회(CERD)에서 "한국이 단일민족을 강조하는 것은 한국 땅에 사는 다양한 인종 간의 이해와 관용, 배려와 우호 증진에 장애가 될 수 있으므로 한국 현대사회의 다인종적 성격을 인정하고 적절한 조치를 하라."며 단일민족 국가 이미지

를 없애라는 권고까지 할 정도인 것이 현재 한국 다문화사회, 다문화교육의 현주소인 것이다.

현재의 이주민 비율과 다문화가정의 증가, 그리고 향후 더 증가할 이주민과 다문화가정의 자녀들을 고려한다면 다문화사회를 만들어가는 한국에서 가장 먼저 없애야 할 것은 바로 단일민족 이데올로기이다.

3. 진정한 '다문화 공존 사회'의 전개

단일민족 이데올로기만 사라진다고 다문화사회에 대한 기본적인 준비가 되는 것은 아니다. 문제는 앞에서 살펴보았지만 민족과 인종을 차별하는 것 이상의 계층적인 차별이 복합적으로 결합한 차별을 없애려는 사회적 노력이 필요하다. 이를 위해서는 기본적으로 문화에 담긴 기호와 평가의 관점을 고려해야 한다.

문화는 단순한 삶의 양식이 아니라, 의미를 부여하고 중요성을 부여하는 일이기도 하다(조용환, 2008). 따라서 문화를 볼 때 다르다는 차이의 개념으로 이해하기도 하지만, 의미와 중요성을 부여하는 정도에 따라 문화를 구별하면서 차별을 만들어 내기도 하며, 문화에 정치적 권력을 부여하는 것이 일반적이다. 이로 인해 문화 간에 소통과 공존보다는 갈등과 대립을 만들기도 한다. 이런 점에서 문화에 다양성을 부여한다는 것은 단순한 삶의 방식을 이해하는데서 끝나는 것이 아니라, 문화에 대하여 의미와 중요성을 다르게 부여하는 차별적인 시선을 완전히 거두고 진정한 소통을 이루도록 해야 한다. 진정 배척이 아니라, 포용을 기반으로 해야만 한다.

사실 현대인의 삶은 그 자체가 다문화이다. 현실세계와 가상세계에서 다양한 사람들과 만나지만 모든 사람들은 각자 자신의 삶에 의미와 중요성을 부여하면서 다양한 문화를 만들어내고 그러면서 공존하고 있다. 사실 이주민이 늘어나더라도 이렇게 사회생활에서의 다문화를 인식하게 되면 이주민에 의해 만들어진 다문화사회 또한 이러한 일상적 다문화의 확장이라는 것을 이해하게 된다. 어쩌면 미래의 다문화 논의나 다문화사회구성 논의는 이런 측면으로 이해하는 것이 가장 바람직한 방향이 될 것이다.

Ⅷ. 한국 다문화교육의 전망

최근 우리나라는 빠른 속도로 다문화사회로 진입하고 있다. 이제 우리는 주변에서 외국인을 심심찮게 볼 수 있는 일상 생활 속에서 살고 있다. 우리나라에서 다문화가정이 늘어남에 따라 학교에서의 다문화교육 방향에 대하여 모색하는 것은 매우 의의 있는 일이다.

세계화 시대에 바람직한 우리나라의 다문화교육의 방향을 모색은 매우 의미 있는 일이다. 따라서 다문화교육에 대한 세계적인 흐름과 방법을 개관하고 우리나라의 다문화교육에 대해서 고찰하는 것도 고려하여야 한다.

물론 현대에 이르러 우리 사회에서도 다문화교육에 대한 다양한 노력들이 전개되고 있다. 이러한 노력들이 더욱 활발하게 전개되고 사회적 편견과 차별을 해소하기 위한 실질적인 효과가 나타나기 위해서는 학교 다문화교육의 역할이 지대한 것이다. 다문화 이해 교육이야말로 반편견 교육이자 소통 및 이해 교육이기 때문이다. 따라서 21세기 세계화·정보화 시대의 한국 다문화교육은 다음과 같은 방향으로 전개되어야 할 것이다.

첫째, 사실 현재 한국의 다문화교육은 관심과 노력은 지대한데, 체계적이지 못하기 때문에 보다 체계적이고 일관적인 방향으로 나아가야 한다.

둘째, 현대 한국 사회에 대한 다문화가정의 특징 분석과 한국 문화 형성의 전통적 배경 및 현대 한국 사회의 특성에 알맞은 한국 다문화교육 모델을 정립하고, 다양하게 수행하여야 한다.

셋째, 다문화교육의 대상 단위를 개인에서 가족 단위로 확대하고 다문화 관계망을 형성하는 문제나 학교, 교육과정, 교과서 차원의 다문화적 고려, 다문화교육의 정보화 등 문제들이 실질적으로 검토되고 효과적인 정책 집행이 이루어질 수 있을 것이다.

넷째, 공공 부문 및 학교와 민간의 다문화교육 노력들을 체계적으로 지원하기 위해, 전문 인력의 양성과 종합적 관리를 위한 민관의 협력 기구와 다문화교육 연구·연수 센터와 현직 교사들에 대한 재교육 제도가 필수적인 것으로 보인다.

다섯째, 획일적인 다문화교육에서 벗어나야 한다. 다문화교육에는 정형화된 교육 내용 및 교수법이 없다. 다문화교육은 다양성과 창의성이 생명이다. 다문화교육 자체가 상상력을 바탕으로 하는 창조의 과정이다. 적어도 다문화교육에서는 '다식판식 교육', '붕어빵식 교육' 등의 틀에 박힌 주형적(鑄型的)·획일적(劃一的) 교육을 타파하고 배격해야만 한다.

여섯째, 한국 문화만 강요하는 입장에서 벗어나 내국인들이 다문화가정과 함께 하면서 그들의 문화를 이해하고 한국 문화에 수용하여 새로운 문화를 형성하려는 태도가 필요하다.

일곱째, 다문화가정 자녀의 인권 보호 및 사회 통합을 위한 학교 내 프로그램을 개설하여 일반 학생 및 학부모들에게 다문화에 관한 체계적이고 정확한 정보를 제공해 주어야 할 것이다. 다문화교육은 상호 이해와 배려의 바탕 위에서 이루어지는 아름다운 소통이기 때문이다.

여덟째, 다문화교육을 전적으로 외국인과 그 자녀에 국한하려는 경향이 있는데, 새터민과 그 자녀들에 대한 배려적인 다문화교육이 필수적이다. 이는 같은 민족의 차원을 넘어서 통일 교육, 통일 대비 차원에서 긍정적으로 접근하여야 한다.

결국, 21세기 세계화·정보화 시대의 한국 다문화교육은 교육공동체를 포함한 전 국민들의 관심과 배려, 그리고 동참 속에서 이루어져야 한다. 아울러 국내에 거주하는 국제 결혼, 외국인 근로자 증가 등으로 인한 다문화교육 대상 학생들에게 '우리'라는 동질감을 느끼게 해주고, 모든 교육과정과 교육 활동에 적극적으로 참여하도록 배려해 주어야 한다. 물론 물질적 도움보다는 심리적 안정과 지원이 선행되어야 한다.

특히 세계화·정보화 시대의 한국 다문화교육은 유·초·중·고교와 대학교 등 학교와 교원들만의 책임과 전유물이 절대 아니라는 점을 명심하고 수행하여야 할 것이다. 진정으로 바람직한 세계화 시대의 한국 다문화교육은 국민 모두가 참여하고, 사회 일반의 관심과 지원을 바탕으로 학교공동체·교육공동체 구성원 모두가 한 마음 한 뜻으로 힘을 모아 함께 나아가는 '동반자의 길'에서 보다 더 알찬 성과를 기대할 수 있다는 점을 유념해야 할 것이다.

참고 문헌

교육과학기술부(2009). 2009학년도 다문화 가정 학생 교육 지원 계획, 장학자료.
교육과학기술부(2010). 2010학년도 다문화 가정 학생 교육 지원 계획, 장학자료.
교육과학기술부 보도자료(2009. 02. 19). 전국 교대 등에 다문화교육 강좌 개설 방안.
교육인적자원부(2006). 2006학년도 다문화 가정 자녀 교육지원 계획, 장학자료.
교육인적자원부(2007a). 2007학년도 다문화 가정 자녀 교육지원 계획, 장학자료.
교육인적자원부(2007b). 초·중등교육학교 교육과정 총론, 2007. 2. 28.
구정화(2010). 『학교 토론 수업의 이해와 실천』, 파주: 교육과학사.
구정화·박윤경·설규주(2010). 『다문화교육의 이해와 실천』, 서울: 동문사.
김명희(2009). "Bennett의 다문화교육과정 모형에 근거한 프로그램이 다문화 인식과 자아 존중감에 미치는 영향", 경인교육대학교 교육대학원 석사학위논문.
김선미·김영순(2008). 『다문화교육의 이해』, 서울: 한국문화사.
김선화(2006). 공릉사회복지관의 탈북청소년 정착지원, 『새터민 청소년 사역을 위한 워크숍 자료집』.
김아영(2006). 초등교사의 다문화교육 인식 실태조사, 서울교육대학교 교육대학원 석사학위논문.

김영신(2008). "다문화 가정 자녀 현황과 학교 교육의 방향", 『제1회 경기다문화교육포럼 자료집』.

김용신(2010). 『다문화교육론 서설』, 파주: 한국학술정보(주).

김용신 외(2010). 『사회과교육의 논리』, 파주: 교육과학사.

김현덕(2007). "다문화교육과 국제이해교육 관계 정립을 위한 연구", 국제이해교육, 제2호.

김현수(2008). "한국 초등 다문화교육에서 내용과 방법의 조화문제", 진주교육대학교 교육 대학원 석사학위논문.

노선화(2004). "초등사회과에서 다문화교육을 위한 교수·학습 방안에 관한 연구", 청주교 육대학교 교육대학원 석사학위논문.

대구구지초등학교(2006). "다문화교육 프로그램 운영을 통한 기초학습능력 증진 및 문화정 체성 형성", 교육인적자원부 지정 다문화교육 시범학교 운영보고서.

박경태(2007). "다문화 교실을 위한 국제이해교육", 『APCEIU 한국교원연수 자료집』.

박민정(2007). "사회과 교실의 다문화교육 수업모형 개발 연구", 성신여자대학교 교육대학 원 석사학위논문.

박상철(2008). "다문화 사회에서의 학교 교육과정 정책. 다문화-세계화 교육환경에 따른 학 교 교육과정의 대응", 『2008 KSCS JSSEE International Conference』, 119-134.

박세정(2009). "다문화 가족 지원 대책의 문제점과 개선방안", 영남대학교 행정대학원 석 사학위논문.

박은애(2007). "다문화가정 자녀의 교육 실태조사』, 창원대학교 교육대학원 석사학위논문.

박은종(2010). "세계화 시대에 바람직한 한국의 다문화교육 방안 모색", 『교육연구』, 제24 집, 공주대학교 교육연구소.

박정문(2006). "초등학생의 다문화학습활동에 관한 반성적 실천 연구", 경남대학교대학원 박사학위논문.

백목련(2009). "실천적 다문화교육 프로그램 구안·적용을 통한 공동체 의식 함양", 한국 교원단체총연합회, 전국현장연구대회 논문.

법무부보도자료(2007. 08. 24). "체류 외국인 100만 명 돌파!".

부산광역시교육청(2009). "다문화교육을 위한 교사 매뉴얼", 『부산교육』, 제2009-147.

안경식·김동관·김향은·김회용·박천은·이천호·장인실(2008). 『다문화교육의 현황과 과제』, 서울: 학지사.

양영자(2008). "한국 다문화교육의 개념 정립과 교육과정 개발 방향 탐색", 이화여자대학 교 대학원 박사학위논문.

오성배(2006). "한국 사회의 소수 민족, '코시안'아동의 사례를 통한 다문화교육의 방향 탐 색", 『교육사회학연구』, 1694, 137-157.

오은순(2007). "다문화교육을 위한 교수·학습 지원 방안 연구(Ⅰ)", 한국교육과정평가원 연구보고, RRI 2007-2.

원은경(2008). "다인종과 다문화에 대한 일반 학생의 긍정적 태도 함양을 위한 다문화교육 프로그램 효과성 연구", 서강대학교 신학대학원 석사학위논문.

유영식(2009). "다문화교육과정 개발 모형에 입각한 프로그램이 다문화 인식과 자아정체성 에 미치는 영향", 경인교육대학교 교육대학원 석사학위논문.

이소연(2007). "외국인 100만 시대, 다문화교육 어떻게 할 것인가?", 『교육인적자원부 연구기관 합동세미나 자료집』.

이영자(2009). "다문화 가정을 위한 교육정책 분석", 전남대학교 교육대학원 석사학위논문.

이원희(2008). "다문화 시대의 초등 교육과정", 『한국초등교육』, 19(1), 15-29.

장인실(2003). "다문화교육을 위한 교사 교육 교육과정 모형탐구", 『초등교육연구』, 21(2), 281-305.

장인실(2006) "미국 다문화교육과 교육과정", 『교육과정연구』, 제24집, 제4호, 27-53.

정정희(2006). "결혼 이주여성 자녀교육 프로그램 개발과 교육지원 방안", 경북대학교 연구보고서.

조영달(2006). 『다문화가정의 교육지원을 위한 재료 개발 연구Ⅰ』, 서울: 교육인적자원부.

차경수·모경환(2009). 『사회과 교육』, 서울: 동문사.

채정란(1999). "다문화교육의 관점에서 본 '우리나라'와 '다른 나라' 생활주제 분석", 한국교원대학교 대학원 석사학위논문.

최인숙(2007). "다문화 이해 교육을 통한 문화정체성과 다양성 함양 프로그램:, 한국교원단체총연합회, 전국 초등학교 연구대회 논문.

충청남도교육청(2009). 『아름다운 동행 함께 나누는 행복. 장학자료 2009-223. 다문화교육 길라잡이』, 대전: 신흥출판사.

한경구(2008). "다문화 사회란 무엇인가?", 『다문화 사회의 이해』, 수원: 도서출판동녘.

한국교육과정평가원(2009). 다문화 가정 학생을 위한 한국어 교육 지원 방안 탐색 세미나 연구자료, ORM 2009-10.

황범주(2007). "다문화가정 자녀를 위한 교육정책 분석", 안양대학교 대학원 박사학위논문.

통계청(2007). 인구동태(혼인·이혼) 통계연보.

Bennett, C. I. 김옥순·김진호·신인순·안선영·이경화·이채식·전성민·조아미·최상호·최순종 공역(2009). 『다문화교육 이론과 실제』, 서울: 학지사.

Bennett, C. I.(2001). "Genres of search in multicultural education". *Review of Education Research.* Vol.71. No.2. 171-217.

Johnson, L.(2009). "다문화교육의 정책과 실제: 캐나다의 현황", 2009년 다문화교육 국제학술대회. 경상남도교육청. 22-33.

Schlesinger, A. M. Jr(1998). *The Disuniting of American: Reflection on amulticultural Society.* New york: Norton & Co.

Woodson, C. G., & wesley, C. H.(1922). *The negro in our history.* Washington, DC: The Associated Publishers.

 다문화주의와 교육정책

우리 사회는 급속도로 다문화사회가 진행됨에 따라 여러 가지 다문화 교육 정책을 수립하여 실시하고 있으나, 다문화교육정책은 다문화교육 실태조사, 정책 제시, 다문화 학생에 대한 지원방안을 마련하는 수준에 머무르고 있는 실정이다.

이에 본고에서는 다문화주의와 다문화교육, 우리나라와 외국의 다문화 교육정책, 다문화교육정책의 기본방향, 학교 다문화교육정책, 교육청 다문화교육정책 사례 등을 소개함으로써 다문화교육정책에 대한 이해의 폭을 넓히고자 한다.

1. 다문화주의와 다문화교육

가. 다문화주의의 개념 및 유형

1) 개념

다문화주의(Multiculturalism)는 시대와 장소, 집단에 따라 사용하는 맥락이 달라서 한마디로 정의하기가 쉽지 않다. 1960년대 미국의 시민권 운동을 시작으로 논의되다가 최근에는 사회의 소외 계층, 소수 이민자, 성의 차이 등에서 논의되고 있는 실정이다.

따라서 다문화주의의 특성을 살펴보면, 개념을 이해하는 데에 도움이 될 수 있다(서범석, 2009).

첫째, 다문화주의는 한 국가나 사회 내부의 다양한 문화를 인정하고 소수의 문화도 존중한다.

둘째, 다문화주의는 다인종·다민족 국가의 국민을 하나로 통합하는 정책이나 이를 뒷받침하는 이데올로기라고 볼 수 있다.

셋째, 세계화의 진전으로 인한 많은 사회 변화와 많은 수의 이민을 통한 사회 갈등 등 새로운 문제를 해결할 수 있는 방안으로 다문화주의가 논의되고 있는 실정이다.

2) 유형

다문화주의의 유형은 국내외 학자들이 제시한 유형을 종합하면 다음의 <그림 1>과 같이 자유주의적, 조합적, 급진적, 연방제적 다문화 주의로 나타낼 수 있다.

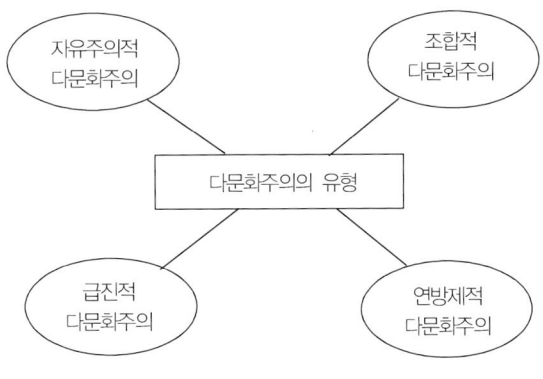

〈그림 1〉 다문화주의의 유형

자료: 서범석(2009). "한국의 선진화를 위한 학교다문화교육정책의 기본방향",
『초등교육연구』, 22(4), p.4 - 5. 재구성..

첫째, '자유주의적 다문화주의'는 인종이나 집단의 차이, 문화적 다양성을 인정하지만, 전체적인 생활에서는 주류사회의 언어, 문화, 사회관습을 따라줄 것을 요구하는 것이다.

둘째, '조합적 다문화주의'는 결과의 평등을 위하여 소수자를 위해 다언어 방송, 다언어문서, 다언어, 다문화교육 등 취직이나 교육과 관련한 적극적인 조치를 취하는 것을 의미한다.

셋째, '급진적 다문화주의'는 다문화사회에서 주류사회의 언어, 문화, 가치, 생활방식을 거부하고 독자적인 생활방식을 추구하는 것을 의미한다.

넷째, '연방제적 다문화주의'는 지역마다 소수민족 집단의 자치성을 인정하여 지역마다 문화, 언어, 생활양식을 독자적으로 유지하도록 하는 것이다.

나. 다문화교육의 구조

다문화교육은 특정 교과목을 통해 지도될 것이 아니라, 전체 교육과정을 통해 언어, 문화, 정치, 경제, 사회, 사고방식 등 인간의 모든 삶과 관련하여 지도되어야 한다.

따라서, 다문화교육은 그 사회의 구성원으로서 바람직한 시민성 교육을 중점에 두고 <그림 2>와 같이 국민적 합의를 통해 다른 문화에 대한 이해와 자기 정체성을 보존하고 상호존중을 통한 시민적 통합을 이끌어 낼 수 있는 다문화교육이 되어야 한다.

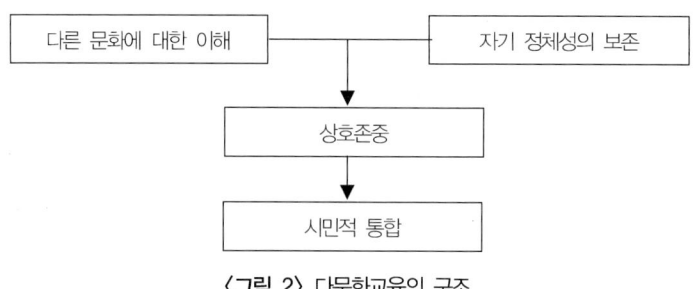

〈그림 2〉 다문화교육의 구조

자료: 박성혁·곽한영(2009). "다문화교육정책 국제비교를 통한 우리나라 다문화교육정책의 방향 모색", 『시민교육연구』, 41(2), p.120. 인용.

2. 우리나라 다문화 교육정책의 현황

우리나라의 다문화가정 학생을 위한 교육정책은 2006년 교육부에서 다문화가정 자녀의 증가 및 이들의 교육소외현상을 예방하기 위해 '다문화가정 자녀교육 지원 대책'을 수립하면서 시작됨으로써 그 역사가 매우 짧다 하겠다.

가. 연도별 다문화 교육정책

다문화교육정책은 "교육을 매개로 주류사회 구성원과 비주류 구성원 사이의 상호이해를 증진함으로써 사회통합을 촉진시키려는 정책을 의미한다(박성혁 외, 2008).

2006년 5월부터 교육부에서 '다문화가정 자녀 교육지원 대책'을 수립하여 실시한 이후 매년 다문화교육에 대한 새로운 계획을 수립하였다. 연도별 다문화 교육정책을 정리하면 <표 1>과 같다.

〈표 1〉 연도별 다문화교육정책

연도	다문화교육정책
2006년	· 최초의 공식적인 다문화교육정책인 '다문화가정 자녀교육지원 대책'이 수립(2006. 5) · 교사용 '교과서 지도 보완자료'발간·배포, 시범학교 운영, 한국어학습 프로그램 교재개발·보급, 한국어반 방과후학교 개설, 한국문화 이해 체험활동 실시
2007년	· 서울대학교에 '중앙다문화교육센터'를 지정하여 자료개발, 핵심교원 양성 프로그램 운영 · 시·도교육청에 '다문화교육 지원협의회'를 구성, '시·도 다문화교육 센터'를 지정·운영
2008년	· 중앙다문화교육센터에서 다문화가정 자녀를 위한 초급교재 발간, 지도교사 연수(300명) 실시 · 교육과학기술부와 시·도교육청이 합동으로 '다문화 학생을 위한 중장기 지원방안' 마련 (2008. 10)
2009년	· 중앙다문화교육센터에서 다문화 이해교육을 위한 콘텐츠 개발 · '초등 교원양성대학 다문화교육과정 개설 지원사업'을 통해 다문화교육 강좌를 2학점 이상 정규 교과목으로 개설 · '초등 교원양성대학 재학생을 활용한 다문화가정 멘토링 사업'을 실시

2006년 처음으로 국가수준에서 다문화가정 자녀의 교육소외를 방지하고, 사회통합을 도모하기 위해 "2006년 다문화가정 자녀 교육지원 계획"을 마련

하였다. 다문화가정 자녀 지원을 위한 구체적인 계획으로 방과후학교 프로그램 개설지원, 대학생 멘토링제, 교사나 동료집단과의 1:1 결연을 통한 자녀의 정서적 안정, 소수자 배려교육, 한국어교원자격증교육, 교원연수 강화 등의 세부사업 추진계획을 발표하였다.

2007년은 학교 중심으로 다문화교육을 강조하기 위하여 교과서 및 교육과정에 다문화, 다인종 교육요소 등 다문화교육이라는 주제를 2007 개정 교육과정 총론에 반영하였다.

2008년 10월9일 교육과학기술부에서 발표된 '다문화가정 학생 교육 지원 방안'에서는 2009년부터 2012년까지 4년간 국가와 지방이 추진할 4대 정책과제 14개 세부 실행과제에 총 700억원 정도의 예산이 투입될 예정이다. 구체적인 세부사업을 소개하면 다음과 같다.

첫째, 다문화가정 학생에게는 학령 단계별로 언어 및 학습능력 향상을 위한 맞춤형 교육서비스를 받게 된다.

둘째, 다문화가정 학부모에게는 자녀의 학습지도능력을 함양할 수 있는 기회를 갖도록 학기 초에 학생생활 설명회나 상담 시 한국의 학교 및 교육제도를 소개하고 학교생활 등을 안내하는 학교생활 안내책자를 다언어로 제작하여 제공한다.

셋째, 교사연수 등 다문화교육 저변 확대를 위해 다문화가정 학생 지도교사에게 교사용 매뉴얼을 개발·보급하고, 다문화가정 학생이 있는 학교의 교장·교감은 다문화연수를 받도록 하며, 교사의 직무연수에 다문화이해 연수과정(30,60시간)을 개설할 뿐만 아니라 예비교사에게는 다문화교육 이해 제고를 위해 전국 11개 교대에 다문화교육 강좌를 개설한다.

넷째, 우리 사회의 다문화 이해 제고를 위한 일반학생들의 다문화 이해도를 높이기 위해 재량활동 시간에 다문화 이해교육을 실시하는바, 다문화가정 학부모가 출신국의 문화·풍습을 소개하는 '다문화 이해교실'을 운영한다.

2009년은 전체적으로 다문화가정의 교육격차 해소와 일반학생의 다문화이해 및 수용성 증진, 단위학교 다문화교육 역량 강화를 목표로 다문화가정 학생 특성별 맞춤형 교육을 지원하고, 단위학교 및 지역중심 다문화 체험 기회를 확대하고, 지역 유관기관 및 단체와의 연계협력 강화하는 것을 목표로 사업을 추진하였다.

나. 교육과학기술부 다문화 교육정책

2007년에 추진된 정책 내용으로는 <표 2>와 같이 첫째, 한국어(KSL)반/방과후학교 운영, 문화체험활동, 멘토링 등을 통한 학생들의 한국어·학습능력 향상을 위한 지원, 둘째, 다문화 이해 제고를 위한 관련 교과(도덕, 사회) 및 개정 교육과정에 타문화 이해·존중 관련 내용 반영, 셋째, 정책 연구학교 운영(12개교), 다문화교육 관련 전문·연구개발을 통한 다문화가정 자녀를 위한 교재 및 프로그램 등을 들 수 있다(교육부, 2007; 박성혁, 2007).

〈표 2〉 다문화가정 학생 지원정책 추진 현황

기관	다문화교육정책
교육부(구)	· 중앙 다문화교육 연구센터 지정(서울대) · 다문화교육 관련연구·개발: 다문화교육 정책연구, 한국어교재·교육프로그램 개발, 핵심 교원 양성 프로그램 개발 · 시·도 다문화교육센터 지원: 다문화관련 교육 네트워크 구축 및 시·도별 특성에 맞는 다문화교육 지원
교육청	· 14개 시·도 다문화교육센터 지정·운영 · 지역에 맞는 다문화 프로그램 64개 개발·운영 · 학생지원: 멘토링, 다문화이해 체험활동(캠프 등), 국제이해교육, 급식비, 특기·적성교육, 방과후학교 참여 지원, 입학상담센터운영 · 교사 지원: 교사연수, 장학자료 발간·보급 · 학부모 지원: 학부모 연수, 한글교실 운영
학교	· 교과부 지정 시범학교 운영(12개교) · 한국어(KSL)반 운영 등: 총 213개교, 814명 참여(초 790명/176개교, 중 24명/37개교)

자료: 한국교육개발원(2008). 신취약계층(K다문화가정)을 위한 교육복지정책의 추진방향과 향후과제. 교육개발, 35(4), p.35. 인용..

2009년 교육과학기술부에서는 <그림 3>과 같이 '다문화가정 학생교육을 위한 시도교육청 맞춤형 사업 지원계획'을 수립하여 다문화교육 관련 연구개발 및 다문화교육사업 모니터링과 컨설팅, 다문화가족 학생 지도 교사 매뉴얼 보급, 교사대상 다문화이해 연수과정 실시, 현장 중심의 맞춤형 교육지원사업, 다문화이해교육 강화, 다문화가정 학부모 및 학생 인재양성 등을 추진하고 있다.

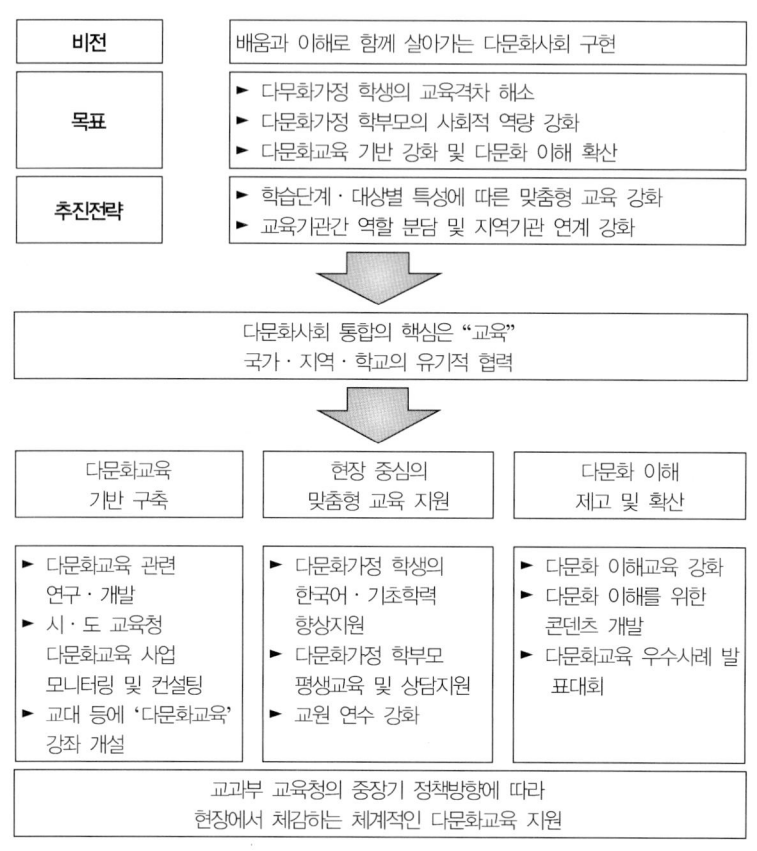

〈그림 3〉 다문화학생 교육을 위한 맞춤형 사업 추진방향

자료: 교육과학기술부(2009). 다문화가정 학생교육을 위한 시·도교육청 맞춤형 사업 지원계획

3. 외국의 다문화교육 정책

주요 국가의 다문화교육 정책을 정리하면 <표 3>과 같다.

<표 3> 주요 국가의 다문화교육정책 비교

정책 국가	정책배경	정책방향	대표적 정책	문제점
미국	동양계, 히스패닉계 등 소수인종 증가	· 소수자정체성보호 · 미국사회적응지원	· 영어교육(ESL) · 이중언어교육	· 소수자우대정책(affirmative action)을 둘러싼 논란
캐나다	1971년 세계 최초 국가 다문화주의 정책 실시	· 모든 소수민족을 대상으로 한 사회·경제적 평등 실현	· 2언어 2문화주의 · 모자이크 다문화주의	· 유색인종의 사회상류층 진입으로 인한 주류집단의 불만과 갈등
호주	백호주의 폐기와 이민자 통합	· 정착지원언어지원 · 호주시민성함양 · 문화적다양성증진	· Racism No Way · AMEP · LOTE	· 다문화정책에 대한 사회적 합의 부족 · 동화주의로의 전환
영국	2차대전 후 이민증가	· 문화적 다원주의	· Sure Start · 다문화가이드북	· 정책주체가 불분명하고 체계화되지 못함
네덜란드	이슬람계 이민증가 자유주의적 전통	· 지주제에서 다문화주의로 변화	· ACOM 등의 위원회와 연구기관 · 이주민동화교육	· 이주민에 대한 반발과 이주민의 소외감 증가 – 동화주의로 전환
중국	56개민족으로 구성된 다민족 국가	· 중화민족주의 · 동화주의	· 민족구역자치제도 · 중화민족다원일체화 교육	· 소수민족에 대한 정책의 일관성이 결여됨
일본	외국인증가와 국제화 정책, 귀국자녀교육	· 다문화공생 · 국제이해교육	· 커뮤니케이션지원 · 생활지원 · 다문화공생지역형성	· 원론적 선언 수준의 정책 · 귀국자녀의 동화, 일본인학생의 국제화가 주된 목표
인도	전통적 다민족국가	· 국가통합교육	· 공용어 정책	· 지역별 다양성 편차로 인한 불편 · 공용어 지정을 둘러싼 갈등
싱가포르	영국식민주의의 유산과 이민사회, 민족중심의 사회분류	· 다인종주의 (Multi - racialism)	· CMIO 모델 · 이중언어교육	· 인종적 계층화 · 이중언어정책으로 인한 언어 사용능력 강조

자료: 박성혁·곽한영(2009). 다문화교육정책 국제비교를 통한 우리나라 다문화교육정책의 방향 모색, 시민교육연구, 41(2), p.117. 재구성.

가. 미국

미국은 1900년대 중반 이후 히스패닉계 이민자가 꾸준히 늘어나 이들을 미국 시민으로 만들기 위한 교육이 필요하게 되었다. 1960년대 이전의 정책의 방향은 동화주의(assimilationism)로 이민자들이 그들이 갖고 있던 문화적 정체성을 포기하고, 미국 사회의 주류 문화에 동화되어 미국 시민이 되는 것을 의미한다. 그 후 1960년대 이후에는 정책의 방향이 문화 다원주의(cultural pluralism)로 바뀌게 된다. 이는 주류 사회의 문화도 인정하면서 소수 집단의 문화와 정체성을 존중하는 입장이다. 대표적인 교육정책으로는 보상교육, 이중 언어 교육, 학업성취 증진 프로그램, 가정 및 학부모 교육 지원 등이 있다.

나. 캐나다

캐나다는 1971년 세계 최초 다문화주의를 국가 정책으로 채택하여 프랑스어와 영어를 공식언어로 채택한 국가적 다문화주의를 강력하게 표방하는 나라이다. 소수 집단의 언어와 문화를 국가정책으로 적극적으로 존중하는 모자이크 다문화주의를 강조하고, 다양성 유지의 관점에서 '2언어 2문화주의'를 추구하여 모든 소수민족을 대상으로 사회·경제적 평등 실현, 소수 민족의 문화 존중, 인종차별 철폐를 통한 사회실현추구를 목표로 하고 있다.

다. 호주

호주는 1799년 영국의 식민지와 죄수 수형지로 이민이 시작되어 1830년대 이후 자유 이민자들도 이민이 시작되면서 백인 중심의 국가를 형성하여 백호주의라는 백인 중심의 동화 정책을 추진하였다. 그 후 1973년 차별금지 이민정책의 제정과 대규모 이민자들의 유입으로 백호주의를 폐지하고, 다문화주의를 채택하여 다문화사회를 건설하기 위하여 노력하고 있다.

호주의 다문화 정책의 방향은 이민들의 정착지원, 언어지원, 호주시민성 함양, 사회통합과 관용, 호주 사회의 문화적·언어적 다양성에 관한 이해를 증진시키는 것을 목적으로 하고 있으며, 대표적인 정책으로는 'Racism No Way'라는 반인종차별 교육 프로그램과 성인 이민자 영어교육 프로그램(AMEP), 무료 통번역을 통한 언어지원 서비스, 모든 초등학생들에게 LOTE(Language

Other Than English)를 가르쳐 중국어, 프랑스어, 독일어, 그리스어, 인도네시아어 등 9가지 언어 중에 하나를 선택하여 10학년까지의 모든 아동이 다문화 언어를 배우도록 하고 있다.

라. 영국

영국은 2차 세계대전 이후에 부족한 노동력을 채우기 위해 많은 외국인 노동자들을 폴란드, 아일랜드 등으로부터 유입하여 이들을 하나로 묶을 '문화적 동화주의(cultural assimilation)'를 통해 이들을 영국사회의 주류문화로 흡수ㆍ동화되도록 하였다.

그 후 다문화교육을 위한 정책으로는 Sure Start Program과 다문화 가이드북을 발간하였다. Sure Start Program은 사회ㆍ경제적 배경이 열악한 학생들에게 읽기, 쓰기, 셈하기 등의 교육을 통해 보상교육을 실현하여 사회ㆍ경제적 불평등을 완화하여 정상적인 학교교육을 받을 수 있도록 하는 교육복지 프로그램이다.

다문화 가이드북은 2004년 교육 및 기술부(Department for Education and Skills)에 발간ㆍ배포하였으며, 내용은 소수인종에 대한 분석, 편견, 인종차별주의, 소수인종을 위한 교육적 처치 방법을 소개하고 있다.

마. 네덜란드

네덜란드는 이슬람계 이주민, 아프리카계 이주민 등 많은 노동자들이 유입되면서 이들을 위한 다문화 정책이 마련되었다. 초기의 정책은 지주제로서 자신과 이해관계를 같이 하는 사람들끼리 집단을 형성하여 서로 돕고 살며, 이해 관계가 다른 집단과는 교류를 하지 않는 제도이다. 이러한 제도는 이주민들이 네덜란드 주류사회의 문화를 거부하고 동화되기를 거부하자, 다문화 정책이 동화주의로 변화하게 되었다.

1978년 ACOM이라는 '문화적 소수민족 연구에 대한 자문 위원회'를 설립하여 이주민과 소수민족에 대한 지원 정책을 폈으며, 1998년에는 이주민 통합법(Win)을 제정하여 새로운 이주민에게 1년 동안 이주민 동화교육을 실시하고 있다.

바. 중국

중국은 56개 민족으로 구성된 다민족국가로 한족이 92%, 그 외 8%가 55개 민족으로 되어 있다. 이들 56개 민족은 오랜 역사 동안 각기 자기 민족의 문화를 발전시키면서 중국사회와 융합된 문화를 형성하고 있다.

초기의 다문화정책은 화이부동(華而不同)사상으로 한민족의 문화를 보편화하면서 소수민족의 문화를 인정하는 특수성을 유지하면서 자체적으로 발전하는 것을 수용하였으나, 지금은 소수민족에 대한 정책이 일관적이지는 않지만, 위구르족이나 티벳민족 등 소수민족에 대해 동화주의를 지향하고 있다.

민족구역 자치제도를 추진하여 5곳의 자치구, 30곳의 자치주, 120곳의 자치현, 1173곳의 민족향으로 편성하여 소수 민족 자치구내의 문화, 교육, 언어, 민족 풍습 습관 유지, 종교 · 신앙 자유 등 다민족의 전통을 유지 · 발전시켜 나가고 있다.

최근에는 중화민족다원일체화 교육을 추진하여 소수민족 동화의 성격을 갖고 다원보다는 일체를 강조하여 소수민족에 대한 이중 언어 교육, 자민족 종교와 문화의 특성에 대한 교육을 실시하여 일체화 교육에 중점을 두고 있다.

사. 일본

일본은 1980년대 중반 이후 아시아, 남미 지역의 노동자들이 이주하면서 다문화정책은 국제이해교육이라는 관점에서 추진되었다는 것이 큰 특징이며, 이는 이주민을 위한 교육정책이라기 보다는 일본인 학생들의 국제화를 목표로 하고 있다.

또한 일본의 다문화 정책의 특징 중의 하나는 다문화공생으로 다문화공생 정책은 커뮤니케이션 지원, 생활지원, 다문화공생 지역 만들기 등이 주요정책이다. 커뮤니케이션 지원 정책은 외국인의 일본어, 일본사회 적응을 돕기 위한 학습을 지원하고 생활정보 등을 이중언어로 지원하는 것이며, 생활지원 정책은 교육, 생활, 노동, 의료, 복지 등 일상생활을 지원하고 있고, 다문화공생 지역만들기 정책은 외국인들이 많이 거주하는 지역에 다른 지역과의 활발한 교류를 통해 지역사회 주민으로 살아갈 수 있도록 지원하고 있다.

아. 인도

인도는 전통적인 다문화 국가로서 국가가 지정한 170여개의 언어와 500여개의 방언들이 사용되고 있으므로 국가에서는 최우선적으로 공용어를 채택하는 정책을 펴왔다. 이를 위해 인도 헌법에서는 각 주는 힌디어 또는 주에서 통용되는 언어 중 하나 이상을 공용어로 채택하도록 규정하고 있다.

인도의 다문화교육 정책은 역사적으로 오래 된 다문화적인 요소들을 현대의 국가행정의 효율성에 맞추기 위해 표준화하는데 중점을 두고 있다. 따라서 중앙정부가 다문화정책을 추진하는데 지역별 편차와 저항 때문에 많은 어려움을 겪고 있는 실정이다.

자. 싱가포르

싱가포르는 다민족 국가로 중국계, 말레이계, 인도계, 유럽 및 아시아 민족 등으로 구성되어 있다. 싱가포르의 다문화정책은 사회적 분류의 중요한 수단으로 민족을 의도적으로 강조하여, CMIO(Chinese, Malay, Indian, and Others)에 따라 인종간의 사회적 거리와 현재의 인구구성 비율을 유지하도록 하고 있다.

교육에 있어서 이중언어교육을 통해 제1언어로 영어, 제2언어로 만다린어, 말레이어, 타밀어 중 하나를 선택하도록 하고 있다. 이러한 교육정책으로 말

미암아 백인 - 중국인 - 인도인 - 말레이인의 순으로 사회계층을 유지하고 있다.

주요 국가의 다문화교육 정책을 비교한 결과 얻을 수 있는 시사점으로는 대부분의 국가에서 우선적으로 추진하고 있는 정책이 언어 관련 정책이며, 사회 · 경제적으로 차별과 소외되고 있는 소수를 위한 경제적 지원과 개발, 직업교육, 법제도 지원 등 실질적인 지원 정책을 추진하고 있다는 점이다.

4. 다문화교육 정책의 기본 방향

가. 다문화교육 정책의 지향점

다문화교육 정책이 궁극적으로 지향해야하는 점으로는 우선적으로 다문화교육을 담당하는 교원의 전문성을 신장시키는 일이 중요하다. 보다 근본적으로 교원양성과정에서부터 예비교사들이 다문화 역량을 갖출 수 있도록 하여야겠다. 미국의 경우 다문화 교사 자격증 제도까지 두고 전문 교사의 양성을 위해 노력하고 있는 실정이다.

다음으로 구체적인 정책 방안을 수립하여 실시하는데 많은 인적 · 물적 지원뿐만 아니라 장기적인 계획을 통해 지속적으로 추진하여야 하며, 지속적인 연구와 실천적 노력을 통해 앞으로는 사회구성원들 모두가 다문화교육의 기반에서 배우고 살아갈 수 있도록 교육정책의 방향이 전환되어야 할 것이다.

끝으로 다문화 정책을 담당하는 기구를 한 곳에 모아 정책 추진의 통일성을 기하여야 한다. 예를 든다면 교육과학기술부에 다문화교육 전담부서를 신설하여 다문화 교육정책을 수립 · 시행하고, 법무부, 보건복지부, 기획재정부 등 다른 기구들 및 시 · 도교육청 및 일선학교를 연결하는 네트워크를 형성해야 할 것이다.

나. 학교 다문화교육정책

학교 현장을 중심으로 다문화 교육정책의 기본 방향을 정리하면 다음과 같다(서범석, 2009).

첫째, 다문화사회의 지향점은 다문화 주의로 접근을 해야 한다. 다문화 교육정책의 방향이 그들이 한국 사회에 동화될 수 있도록 하기 보다는 다문화 주의에 입각하여 소수 문화를 인정하고, 소수집단 내에서 문화적인 권리를 누릴 수 있도록 개개인의 선택권을 보장하도록 해야할 것이다.

둘째, 특정인을 위한 다문화교육이 아닌 모두를 위한 다문화교육이 되어야 한다. 다문화가정 학생의 학습부진을 예방하고 사회 적응을 지속적으로 지원할 뿐만 아니라, 학교 구성원 전체 및 국민 전체를 대상으로 교육을 확대하여 기본적인 다문화교육에 대한 인식의 전환이 이루어져야 할 것이다.

셋째, 인권 존중, 다문화 역량 강화 및 배려의 다문화교육이 되어야 한다. 다문화교육의 다문화 구성원은 물론이고 모든 이를 대상으로 인종과 국적에 상관 없이 모든 인간은 가치 있는 존재로써 평등하고 인간으로서의 기본적인 권리를 누릴 권한이 있음을 가르쳐야 한다. 아울러 기본적인 문화적 차이를 인정하고 서로 다른 문화의 관계 속에서 자신의 가치와 신념에 대해 성찰할 수 있는 다문화 역량을 강화하고, 소수자를 배려하여 기회의 평등 뿐만 아니라 결과의 평등을 목표로 하는 정책까지 점차 확대되어야 할 것이다.

다. 학교 다문화교육정책의 문제점 및 개선 방안

1) 학교 다문화교육정책의 문제점

다문화가정 지원을 중심으로 하고 있는 현행 학교 다문화교육 정책의 문제점은 다음과 같다(김현주 · 정영근, 2009)

첫째, 중앙부처 - 지방자치단체 - 교육청 - 학교간의 협력체제가 미흡하다.

둘째, 수요자의 요구에 의한 정책수립과 사업추진이 미흡하고, 다문화교육에 대한 개념정의, 내용, 범위, 대상별 교육내용과 방법이 불명확하다.

셋째, 각 교육청마다 가족 간 화합과 친교 도모를 위한 행사나 각종 문화공연, 체험마당 등 일회성에 그치는 행사들이 지나치게 많다는 점이다.

넷째, 학교현장 중심의 다각적인 관련 시책과 일반인들의 다문화 이해 증진 대책이 미약하다.

다섯째, 지역단위 역량 결집이 미흡하고 전문전인 지원체제가 마련이 시급하다 하겠다.

2) 학교 다문화교육정책의 개선방향

2007년 개정 교육과정에서는 학교교육과정 편성시 반영해야 할 요소로 다문화가정 자녀에 대한 사항을 포함하여야 하며, 기존의 특수아, 귀국자 자녀의 교육에 관한 사항 이외에도 다문화가정 자녀에 대한 교육을 포함하되, 구체적인 사항은 시·도교육청의 교육과정 편성운영지침에 따르도록 하고 있다. 따라서, 초·중등 교육과정에 교과목별, 창의적 재량활동, 특별활동 등에 다문화교육을 지도할 수 있게 되었다.

2009년 개정 교육과정에서는 국어, 도덕, 사회, 역사, 기술·가정의 교과에 다문화이해교육을 강화할 수 있도록 지도중점을 신설하였고, 창의적 체험활동을 신설하여 다문화 이해교육을 강화하도록 하고 있다.

엄선희·정영근(2009)은 학교교육과정에서 다문화교육이 수정·보완되어야 할 점을 다음과 같이 요약하였다.

첫째, 다문화교육이 초·중학교 교육과정 안에 좀 더 적극적으로 도입되어야 한다. 이는 초등학교 1학년 교과서부터 교과서 내에 제시되는 삽화나 등장인물부터 다양한 인종과 다문화적인 이름이 사용되어야 하며, 일상생활에서부터 서로 구성원들끼리 배타적인 대립 없이 공존하며 살아갈 수 있는 마인드를 키워줘야 할 것이다.

둘째, 현재의 학교교육과정의 재량활동에서 다문화교육을 범교과 학습에 꼭 이수되어야할 필수 주제로 선정하여 교육과정에 편성되어야 한다. 현재

2007년 개정 교육과정에서는 창의적 재량활동에, 2009년 개정 교육과정에서는 창의적 체험활동에 필수 주제로 선정하여 공통으로 모든 학교가 다문화교육을 실시할 수 있도록 해야할 것이다.

셋째, 다문화교육이 지필평가가 요구되는 수업 시수가 많은 교과목 중심으로 이루어져야 한다는 것이다. 연간 수업시수가 34시간인 재량활동에 집중 지도하다 보면 재량활동 지도시수 34시간 중 일부분만 다문화교육을 실시하게 되어 집중적인 지도가 어렵다. 따라서 교과 시간에도 교육과정 분석을 통해 다문화교육 요소를 추출하여 통합적으로 지도할 필요가 있다.

넷째, 다문화가정 학생들을 위한 별도의 학습부진 보충프로그램을 정규 교육과정과 병행하여 운영할 필요가 있다. 다문화 학생의 학습부진 및 기초학력을 증진되어야 학교 문화에서 성취감을 맛볼 수 있고, 긍정적인 자아 정체감을 형성할 수 있기 때문이다. 또한 전문상담교사를 활용하여 학교적응과 자아 정체성 형성에 어려움을 겪는 학생들의 상담활동을 지원한다면 학습부진 학생의 학습효과를 극대화할 수 있을 것이다.

다섯째, 2007 개정교육과정에서는 특별활동 중 행사활동 영역에 2009 개정 교육과정에서는 창의적 체험활동 영역에서 다문화교육과 관련된 행사를 실시함으로써 또 다른 문화를 가진 구성원들과 의미 있는 경험을 통해 실생활과 관련된 교육활동이 될 수 있다. 여기에는 학급 또는 학교단위 축제, 체육대회, 체험활동 등을 통해 일반학생들의 다문화 경험의 기회를 넓혀 학생들에게 인식의 폭을 넓혀 줄 수 있을 것이다.

또한 한국교육개발원(2008)에 의하면 다문화가정 학생지원 정책 추진의 방향은 다음과 같이 진행되어야 한다.

첫째, 다문화가정 자녀 및 이주 부모를 위한 체계적인 언어교육정책이 필요하다. 국제이주자들의 사회통합과 그들 자녀의 교육격차를 줄이기 위해서 최우선적으로 요구되는 것이 한국어 교육이다. 그러나 현재의 한국어 교육은 체계적이지 못해 몇몇 기관에서 분산적으로 이루어지고 있으며, 초보수준에 머무르고 있는 실정이다.

둘째, 가정교육 지원부족으로 인한 다문화가정 학생의 기초학력 부진에 대한 대응이 필요하다. 대부분의 다문화가정 자녀들이 이주여성인 어머니가 교육을 담당함으로써 자녀들의 성장과 발전에 많은 어려움을 겪음으로써 학업에도 결손을 초래하여 기초학력 부진학생들이 많이 발생하고 있는 실정이다. 따라서 이들의 기초학력 향상을 위해 국가수준의 체계적인 지원 정책이 마련되어야 할 것이다.

셋째, 다문화가정 학생지도 전담교사 양성 · 배치 및 교육지원 사업결과를 공유할 필요가 있다. 현재 일선 교사가 다문화교육을 전담하여 관리하기에는 많은 문제점과 어려움이 따르고 있으므로 다문화교육 전반을 지속적으로 관리할 수 있는 다문화교육 전담교사 양성이 필요하다 하겠다.

넷째, 일반인의 다문화 이해 증진대책을 수립하여 추진할 필요가 있다. 우리나라는 순혈주의 전통에 대해 자부심을 갖고 있어 다문화 융화정책에 대한 이해가 부족함으로 전국민을 대상으로 다문화 이해 증진 프로그램을 운영하여 다문화사회에 마인드를 변화시킬 필요가 있다.

라. 다문화가족의 자녀교육 역량 증진을 위한 지원방안

다문화가족의 자녀교육과 관련한 정책은 크게 부모 대상 지원과 자녀 대상 지원으로 구분할 수 있다. 여기에서는 김이선 외(2009)가 제시한 자녀 대상 지원 정책을 중심으로 살펴보고자 한다.

1) 지원의 사각지대 해소 및 정책 대상에 따른 세부적 접근 강화

지원의 사각지대에 있는 다문화가족에 대해서는 전면적 지원을 통해 자녀 발달 초기단계부터 방문서비스 등 여러 가지 지원이 지속적으로 제공될 수 있도록 특별한 지원을 고려하여야 하며, 자녀교육 역량 증진을 위한 개인 및 가족 단위의 자체 활동을 지원해야 한다.

2) 사전 준비 중심의 종합지원 체계 구축

가족 내외에서 관련된 주제들에 대한 포괄적인 접근을 할 수 있도록 먼저 부모 정체성 발달을 위한 지원과 자녀의 발달 단계에 따른 사전 준비가 충분하게 이루어질 수 있도록 초기 양육 단계에서부터 자녀 입학 이전에 학업 및 학교생활에 접할 수 있는 여러 가지 문제에 대한 정보, 기술, 태도 등을 갖출 수 있는 기회를 제공해야 한다.

3) 지역사회 차원의 지원 모델 개발

지역별로 다문화가정에 대한 지원 프로그램의 불균형 문제가 발생하는데 이를 해결하기 위해서는 정부부처와 지역기관 간의 연계를 통한 예비 학부모를 대상으로 한 학교교육 안내 프로그램을 실시하여야 하며, 지역의 관련된 기관분포, 인프라 수준, 지역의 특수한 자녀교육 환경 등을 토대로 다문화가족 자녀 교육 지원을 위한 기관 협력 모델이 개발될 필요가 있다.

4) 학부모 지원 프로그램의 실효성 확보

다문화가정의 자녀교육을 위해서는 기본적으로 부모가 자신의 자녀에 대한 교육적인 마인드와 역량을 갖추는 것이 중요하다. 이를 위해 공식 교육제도와 문화에 대한 사전 정보를 획득할 수 있는 기회를 확대해야 하며, 결혼이민자 학부모들이 쉽게 교육정보를 접할 수 있도록 다언어 교육정보 컨텐츠를 개발하여 온라인에 탑재하여 활용할 수 있도록 해야 한다.

또한 다문화가족을 대상으로 자녀교육에 대해 실질적인 상담이 이루어질 수 있도록 전문상담사를 배치하여 언제 어니서나 의사소통이 가능하도록 열어두어야 할 것이다.

5) 출신언어 사용을 통한 부모역할 수행 지원

대부분의 여성결혼이민자들이 한국어를 자유롭게 사용하기 힘든 상황에서 자녀를 출산, 양육하면서 언어 사용에 있어 여러 가지 어려움을 겪고 있는 실정이다. 이를 해결하기 위하여 어머니 출신언어의 중요성에 대한 사회적 인식을 형성하고, 출신언어 사용을 통한 부모역할 프로그램을 추진하고 자녀 교육을 위한 교육자료를 개발·보급한다. 또 다양한 형태의 '어머니 출신언어·문화 학교'를 추진하여 어머니 나라의 언어와 문화를 배울 수 있는 기회를 제공한다.

6) 여성결혼이민자의 자녀교육 관련 활동 활성화

다문화가족이 자녀교육에서 발생하는 여러 가지 문제를 스스로 해결할 수 있도록 여성결혼이민자 자조모임을 자발적으로 결성하여 자녀교육활동을 활성화하고, 여성결혼이민자들이 학교관련 활동에 참여하여 부모의 역량을 강화하고 학교교육활동에 대한 이해의 폭을 넓힐 수 있도록 참여 기회를 확대하여야 한다.

7) 아버지의 자녀교육 참여 모델 개발

자녀교육에 한국인 배우자인 아버지의 참여를 확보할 수 있도록 아버지 자조모임을 활성화하여 한국인 남편의 자녀양육자로서의 역량을 강화하고, 사회복지사 참여를 통해 사회적 실천 역량을 이끌어낼 수 있도록 해야할 것이다.

5. 다문화가정 교육지원 방안

다문화가정의 교육지원 방안은 크게 통합적 교육지원 방안, 학교에서의 지원 방안, 자녀교육 지원방안, 지역사회 다문화가정 교육지원 방안 등으로 살펴볼 수 있다. 이재분 외(2009)에서 제시한 다문화가정 교육지원 방안을 네가지 관점에서 살펴보고자 한다.

가. 통합적 교육 지원 방안

다문화가정의 통합적 교육지원 방안은 정부정책과 평생교육 지원 정책을 연계하고 재정지원을 강화하고 효율적으로 지원할 수 있는 시스템과 정보공유망을 구축해야하고, 다문화가정 구성원들의 요구와 실정에 맞는 맞춤형 교육 프로그램을 개발 운영하며, 다문화가정 교육지원 교사 및 프로그램에 대한 체계적인 질 관리와 평가 관리가 이루어져야 할 것이다.

나. 학교에서의 지원 방안

학교에서의 다문화가정 지원 방안은 다문화가정 학생들의 실태를 파악하여 누구도 소외되지 않은 교육 지원 시스템을 구축하여야 하며, 상급학교와 연계되어 지속적인 지원이 이루어져야 하고, 학습자의 요구와 문제 해결, 진로 지도를 돕는 교육지원이 되어야 할 것이다.

또한 학부모에게는 교육력 강화를 위해 교사 멘토링, 신입생 오리엔테이션 등 맞춤형 교육지원을 실시하고, 가족 단위의 교육지원을 통한 교육지원 기반을 구축해야 할 것이다.

다. 자녀교육 지원 방안

다문화가정의 지원대상의 전면적 지원과 초기양육단계 – 취학전 – 입학전 등 자녀발달단계별 사전 준비 지원, 출신언어 사용을 통한 부모역할 수행 지원, 여성결혼이민자의 자녀교육 관련 활동 활성화, 아버지의 자녀교육 참여 모델 개발, 지역사회 차원의 지원 모델 개발 등을 추진하여 자녀교육을 지원하여야 한다.

라. 지역사회 다문화가정 교육지원 방안

지역사회의 다문화가정 자녀들을 교육적으로 지원하기 위해서는 교육서비스의 지속적 제공과 질적 담보를 위한 예산 확대 조성 및 지원, 다문화가정을 우한 교육 서비스 실시 단체 활성화, 다문화가정을 위한 다양한 유형의 기관 확충, 다문화가족의 교육지원을 위한 지자체 인력 확충 등의 지원 방안을 강구하여야 할 것이다.

6. 경기도교육청 다문화교육정책 사례

경기도교육청에서 다문화가정 학생을 위한 세부 정책과제로 단기과제 5개 및 장기과제 6개 등 총 11개의 과제, 일반 학생 청소년 대상 정책과제는 단기과

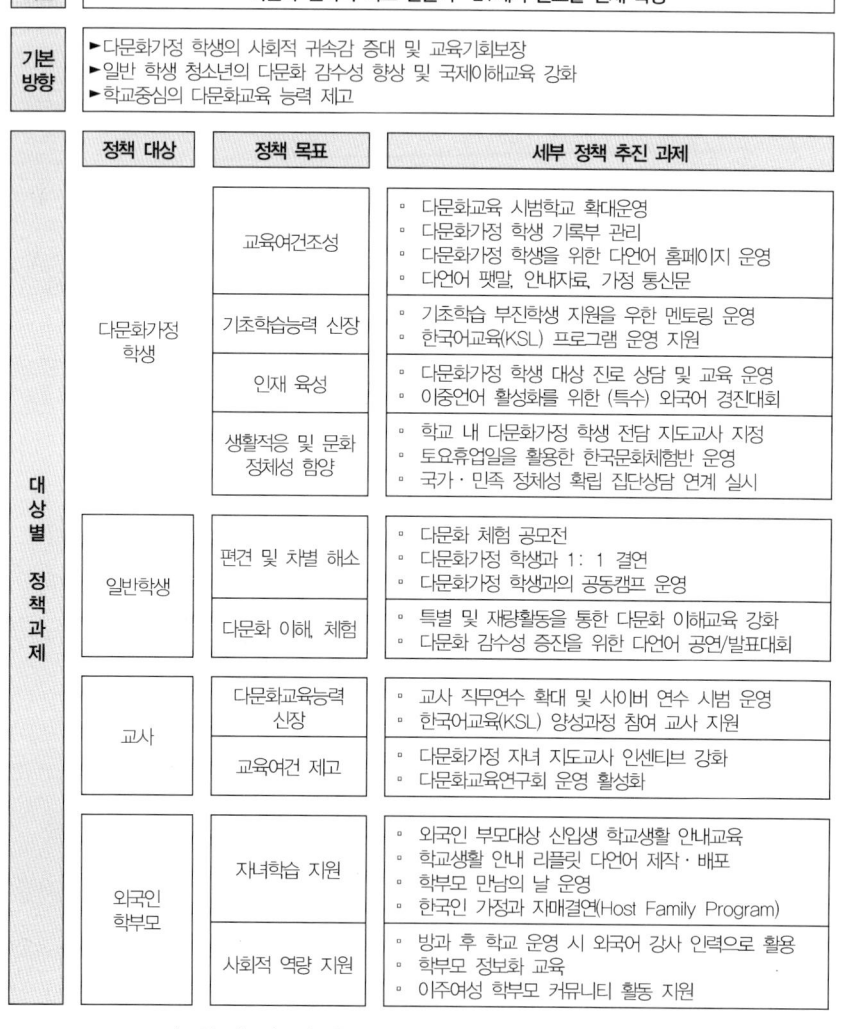

비전	다문화 친화적 학교 만들기 · 21세기 글로벌 인재 육성		
기본 방향	▶ 다문화가정 학생의 사회적 귀속감 증대 및 교육기회보장 ▶ 일반 학생 청소년의 다문화 감수성 향상 및 국제이해교육 강화 ▶ 학교중심의 다문화교육 능력 제고		

	정책 대상	정책 목표	세부 정책 추진 과제
대 상 별 정 책 과 제	다문화가정 학생	교육여건조성	· 다문화교육 시범학교 확대운영 · 다문화가정 학생 기록부 관리 · 다문화가정 학생을 위한 다언어 홈페이지 운영 · 다언어 팸플, 안내자료, 가정 통신문
		기초학습능력 신장	· 기초학습 부진학생 지원을 위한 멘토링 운영 · 한국어교육(KSL) 프로그램 운영 지원
		인재 육성	· 다문화가정 학생 대상 진로 상담 및 교육 운영 · 이중언어 활성화를 위한 (특수) 외국어 경진대회
		생활적응 및 문화 정체성 함양	· 학교 내 다문화가정 학생 전담 지도교사 지정 · 토요휴업일을 활용한 한국문화체험반 운영 · 국가 · 민족 정체성 확립 집단상담 연계 실시
	일반학생	편견 및 차별 해소	· 다문화 체험 공모전 · 다문화가정 학생과 1 : 1 결연 · 다문화가정 학생과의 공동캠프 운영
		다문화 이해, 체험	· 특별 및 재량활동을 통한 다문화 이해교육 강화 · 다문화 감수성 증진을 위한 다언어 공연/발표대회
	교사	다문화교육능력 신장	· 교사 직무연수 확대 및 사이버 연수 시범 운영 · 한국어교육(KSL) 양성과정 참여 교사 지원
		교육여건 제고	· 다문화가정 자녀 지도교사 인센티브 강화 · 다문화교육연구회 운영 활성화
	외국인 학부모	자녀학습 지원	· 외국인 부모대상 신입생 학교생활 안내교육 · 학교생활 안내 리플릿 다언어 제작 · 배포 · 학부모 만남의 날 운영 · 한국인 가정과 자매결연(Host Family Program)
		사회적 역량 지원	· 방과 후 학교 운영 시 외국어 강사 인력으로 활용 · 학부모 정보화 교육 · 이주여성 학부모 커뮤니티 활동 지원

〈그림 4〉 다문화교육 정책의 기본 방향 및 세부 추진과제

자료: 전경숙(2007). "다문화교육 정책의 비전과 세부정책추진과제". 『제4회 경기다문화교육포럼자료집』. p.44. 인용

주요 영역	단기 과제	장기 과제
다문화가정 학생 교육여건 조성 기초학습능력 신장 인재육성 생활적응 및 문화정체성 함양	■ 다문화교육 시범학교 확대운영 ○ 다문화가정 학생 기록부 관리 ■ 기초학습 부진학생 지원을 위한 멘토링운영 ■ 다문화가정 학생 대상 질로 상담 및 교육 의무화 ○ 학교 내 다문화가정 학생 전담 지도교사 지정	■ 다문화가정 학생 다언어 홈페이지 운영 ○ 다언어 팻말, 안내자료, 가정통신문 ■ 한국어교육(KSL) 프로그램 운영지원 ■ 이중언어 활성화를 위한 (특수)외국어 경진대회 ■ 토요휴업일 활용 한국문화체험반 운영 ○ 국가·민족 정체성 형성 집단상담 연계 실시
일반학생 편견·차별 해소 다문화 이해·체험	■ 다문화 체험 공모전 ○ 다문화가정 학생과 1:1 결연 ■ 특별활동·재량활동을 통한 다문화 이해교육 강화	○ 다문화가정 학생과의 공동캠프 운영 ■ 다문화 감수성 증진을 위한 다언어 공연·발표대회
교사 다문화교육능력 신장 교육여건 제고	■ 교사 직무연수 확대 및 사이버 연수 시범 운영 ○ 다문화가정 자녀 지도교사 인센티브 강화	■ 한국어교육(KSL) 양성과정 참여 교사 지원 ■ 다문화교육연구회 운영 활성화
외국인학부모 자녀학습 지원 사회적 역량 강화	■ 외국인 부모대상 신입생 학교생활 안내 교육 ○ 학교생활 안내 리플렛 다언어 제작·배포 ■ 방화 후 학교 운영 시 외국어 강사 인력으로 활용	■ 학부모 만남의 날 운영 ○ 한국인 가정과 지매결연 (Host Program) ○ 학부모 정보화 교육 ○ 이주여성 학부모 커뮤니티 활동 지원

〈그림 5〉 다문화교육 정책의 주요 영역별 중단기 계획

주 : ■ - 핵심과제, ○ - 일반과제
자료 : 전경숙(2007). 다문화교육 정책의 비전과 세부정책추진과제. 제4회 경기다문화교육포럼자료집. p.45. 인용.

제 3개와 장기과제 2개를 합하여 총 5개 과제, 교사 대상 정책과제는 다문화교
육능력 신장과 다문화교육 여건 제고를 정책 목표로 하여 단기와 장기 각 2개
과제씩 총 4개 과제, 다문화가정 학생 및 학부모를 위한 정책과제는 단기과제
3개, 장기과제 4개 등 총 7개 과제를 〈그림 4〉, 〈그림 5〉와 같이 제안하였다.

이상과 같이 경기도교육청에서 향후 5년간 추진해야할 다문화교육 정책을
중단기 계획으로 구분하여 제시하였다. 이러한 다문화교육 정책을 추진함에
있어 고려되어야 할 사항으로 전경숙(2007)은 다음과 같이 제시하고 있다.

첫째, 국제결혼가정 자녀, 외국인근로자 가정 자녀, 탈북자 자녀 등 개인이 겪고 있는 문제나 요구를 반영하여 개별화된 정책을 수립하여 반영할 필요가 있다.

둘째, 다문화가정 자녀 학생들이 방과 후나 토요휴업일에 별도의 프로그램 운영을 통해 거부감이나 수치심을 유발시킬 수 있는 요인을 고려하여 과감히 제거하여야 한다.

셋째, 다문화가정 자녀를 지원하는 과정에서 교육 소외 계층이나 저소득 계층으로 낙인찍음으로써 개인에게 피해와 고통을 주는 것을 사전에 차단해야 할 것이다.

넷째, 다문화가정 학생에게 개별가정방문을 통한 학습지원 등 일반 가정과 학생에게 제공되지 않는 무조건적인 지원이 일반학생들에게 역차별적인 요소를 제공할 수 있다는 점을 고려해야 한다.

7. 대구광역시교육청 다문화교육정책 사례

교육청에서 추진하는 다문화 교육정책 사례는 대구광역시교육청 정책기획단에서 다문화가정 자녀, 북한이탈 자녀를 위한 중장기 추진계획을 소개하고자 한다.[01]

가. 다문화가정 자녀 지원 확대

1) 목적
○ 다문화 학생 기초학력 향상과 학부모 자녀 교육 역량 강화 지원
○ 다양한 교육지원을 통해 언어 · 문화적 격차 해소 및 주류사회 구성원으로 성장 지원

---

01 소개되는 계획은 100% 추진되는 계획이 아니라 정책기획단에서 다문화교육 정책을 수립하기 위해 마련된 하나의 예시안임을 밝혀둔다.

2) 실태 및 현황

O 다문화가정 학생 현황

(2010. 4. 1. 기준, 단위: 명)

구분	유치원	초등학교	중학교	고등학교	계
전체 학생 수	26,850	167,859	108,014	108,719	411,442
다문화가정 학생 수	142	635	120	32	929

- 취학 전 자녀 0~3세: 932명, 3~5세: 142명으로 향후 전체 학생수가 2,000 명 이상 증가가 예상됨으로 전담 부서 및 인력, 예산 확충이 시급함
- 달성군 전체 다문화 유치원 원아 수: 15명
  · 사립유치원: 10명, 공립초 병설유치원: 5명 재원(화원·현풍 지역: 4명 재원)
  · 현풍, 구지 지역에 대구국가과학산업단지가 설립, 2012년 후반기 공장 입주를 시작으로 2014년 입주 완료시까지 외국인 노동자 유입으로 많은 다문화가정 자녀 발생이 예상됨

O 다문화 지원 사업 추진 현황

주요 사업명	지원 내용
단위학급 적응 프로그램 운영	· 초·중·고등학교 다문화가정 학생 적응 프로그램 참여 9,000여 명(다문화가정 학생 225명 참여) · 학급당 40만원 지원
대학생 멘토링제	· 다문화가정 학생 1:1 개별 맞춤형 학습 및 상담활동
다문화 캠프 및 다문화 페스티벌 개최	· 다문화캠프 및 가족캠프 : 초·중등 다문화가정 학생 및 또래친구 약 500명 참여 · 다문화페스티벌개최 : 다문화가정 학생 및 학부모, 교원, 일반시민 3,000여 명, 범시민 다문화 의식 고취
다문화가정 어머니나라 도서 보급	· 9개 공공 도서관 및 학생문화센터에 어머니 나라 도서 구입비 지원
다문화 유관기관 협의체 조직·운영	· 14개 유관기관, 48명 참석, 상호 협조 및 정보 공유 등
다문화 홍보 UCC경진대회	· 초중고등학교 학생 약 200명 참여, 다문화 홍보 UCC동영상 및 사진 출품

다문화가정 자녀 한국어 교육 및 기초학력 향상 강화	· 다문화가정 유아 및 초등1~2년 대상 개별 맞춤형 멘토링제
다문화가정 학부모 자녀교육 상담지원	· 퇴직교사, 학부모 등 상담도우미 23명 참여, 맞춤형 상담지도
다문화교육 이중언어강사 요원 양성교육	· 다문화가정 학부모 30명 참여, 이중언어강사교육(○○대학교위탁)
다문화가정자녀 이중언어강사 배치 · 활용	· 다문화가정 이중언어강사 현장배치
달성군 지역의 다문화가정 교육지원을 위한 유아 · 유치원 지정 운영 (신설)	· 현재 다문화가정 자녀가 가장 많은 곳이 달성군 지역이므로 이 지역에 다문화 자녀를 위한 유아 · 유치원을 지정 운영(현풍, 구지 지역에 국가산업공단이 설립되어 많은 다문화가정 자녀 발생 예정)
다문화가정 자녀를 위한 모국어 도서구입 및 지원 봉사자 확대(신설)	· 학교 내 다문화가정 자녀 및 학부모를 위한 모국어 도서를 구입하여 도서관에 비치하여 활용하고, 지원 봉사자를 확대 · 선발하여 다문화가정 자녀의 학습 및 적응력을 높이도록 함.
학교 환경의 다문화가정 자녀를 위한 교육적 배려(신설)	· 학교 내 화장실, 교실, 급식실 등 모든 환경에 다문화가정 자녀의 모국어를 한국어와 병행하여 게시함으로써 다문화 학생의 학교 적응력을 높이고, 다문화 학생을 다른 학생이 이해할 수 있도록 함
다문화가정 자녀, 북한이탈 자녀를 위한 1+3 돌봄 결연(신설)	· 학급 학생의 가족과 1대 3의 결연을 통해 상호 교류를 통한 친목 및 이해를 증진함으로써 현지 적응력을 높이고자 함.

3) 추진 내용

○ 다문화가정 자녀 온라인 멘토링 실시

– 대상: 초등학교 3~6학년 100명

– 내용: 대학생 멘토와 1:1 기초 교과교육, 부진과목 지도, 학습 및 생활상담 등

– 시스템 구성

 · PC: 법무부 교육용 PC 무상지원

 · 화상캠, 헤드셋, 인터넷 사용료: 이동통신업체 무상지원

 · 학습시스템: 대학교 화상학습시스템 구축

○ 방학 중 찾아가는 다문화 한국어 방문 교사제 운영
  - 대상: 유치원, 초등학교 1~2학년 중 한국어 취약자 60명
  - 강사: 12명(지역교육청별 3명)
  - 내용: 방문교사가 주2회 방문, 1회 방문 시 1:1 한국어 교육, 놀이 및
          생활상담 등 2시간 지도
  - 소요 예산: 1인당 월교육비 200,000원×학생 60명×2개월=24,000천 원
○ 다문화교육 이중언어강사 배치·활용 확대
  - 이중언어강사 양성 교육
  - 이중언어강사 확대 배치·활용 계획
   ·당해 연도에 교육을 실시하여 다음 연도에 배치
  - 연도별 이중언어강사 확대 배치 계획

(단위: 명)

구분	2010		2011		2012		2013		2014	
	교육	배치	교육	배치	교육	배치	교육	배치	교육	배치
이중언어강사 요원수	30	·	10	20	10	25	10	30	10	35

  - 주요 활동 내용
   ·학생: 창의적 체험활동
   ·다문화가정: 상담도우미
   ·학부모·교사: 다문화이해교육
  - 소요 예산: 145,000천 원
   ·교육비: 1인당 교육비 50만원×10명=5,000천 원
   ·강사료: 1인당 월 70만원×20명×10월=140,000천 원
○ 달성군 지역 다문화가정 교육지원을 위한 유치원 운영
  - 기존의 3개 병설유치원에 1개반씩 지정·운영

4) 추진 목표 및 소요 예산

(단위: 천 원)

연도		2010	2011	2012	2013	2014
온라인 멘토링	목표	–	100명	100명	100명	100명
	예산	–	201,000	201,000	201,000	201,000
한국어 방문교사	목표	–	60명	60명	60명	60명
	예산	–	24,000	24,000	24,000	24,000
이중언어 강사	목표	–	20명	25명	30명	35명
	예산	–	145,000	180,000	215,000	250,000
다문화 유치원운영	목표	–	3개반	3개반	3개반	3개반
	예산	–	–	–	–	–
총 예산		–	370,000	405,000	440,000	475,000

나. 다문화가정 자녀 지원 확대

1) 목적

O 북한이탈 학생 대상으로 체계화된 지원 시스템 운영을 통해 남한의 교육체제 조기 적응과 민족 동질성 회복

O 북한이탈 학생의 기초 학습 능력 부족, 문화 차이, 상대적으로 낮은 소득 수준 등으로 다양한 지원이 지속적으로 필요

2) 실태 및 현황

O 북한이탈 학생 현황

(2010. 4. 1. 기준, 단위: 명)

구분	유치원	초등학교	중학교	고등학교	계
전체 학생 수	26,850	167,859	108,014	108,719	411,442
북한이탈 학생 수	·	28	7	5	40

– 북한이탈 학생 수가 2009년 30명, 2010년 40명으로 해마다 증가하고 있는 실정이므로 이를 전담할 부서 및 인력, 예산 확충이 시급한 과제임

○ 북한이탈 학생 지원 사업 추진 현황
- 대학생 멘토링: 북한이탈 학생과 대학생 1:1 멘토링 실시
- 우리고장 문화체험 실시 : 경주 · 안강 일원, 북한이탈 학생 및 대학생 각 40명

3) 추진 내용
○ 북한이탈 학생을 위한 학비 지원
- 대상: 중 · 고생
- 소요 예산 : 12명×1,000,000원=12,000천 원
○ 북한이탈 학생을 위한 무료 진료 및 치료
- 대상: 초 · 중 · 고생
- 진료과목: 내과, 외과, 치과, 소아과, 이비인후과 등
- 진료비 및 약값: 무료
- 협약 병원: 시교육청 지정
- 소요 예산: 50명×200,000원=10,000천 원
○ 북한이탈 학생을 위한 단위학급 적응 프로그램 운영
- 담임교사에게 연간 40만 원의 단위학교적응 프로그램 운영비 지원으로 담임교사 1:1 맞춤형 지도 활성화
- 소요 예산: 400,000원×50명=20,000천 원
○ 북한이탈 학생을 위한 초등학교 방과후교육 활동비 지원
- 초등학교 방과후교육 추가 활동비 지원
- 소요 예산: 50,000원×30명×12월=18,000천 원

4) 추진 목표 및 소요 예산

(단위: 천원)

연도		2010	2011	2012	2013	2014	비고
학비지원	목표	–	12명	15명	18명	21명	
	예산	–	12,000	15,000	18,000	21,000	
무료검진 진료	목표	–	50명	55명	60명	65명	
	예산	–	10,000	11,000	12,000	13,000	
학교적응 프로그램	목표	–	50명	55명	60명	65명	
	예산	–	20,000	22,000	24,000	26,000	
방과후 교육비	목표	–	30명	32명	34명	36명	
	예산	–	18,000	19,000	20,000	21,000	
총 예산		–	60,000	67,000	74,000	81,000	

참고 문헌

교육인적자원부(2007). 2007년도 다문화가정 자녀 교육지원 계획.

교육과학기술부(2009). 다문화가정 학생교육을 위한 시도교육청 맞춤형 사업 지원계획.

김이선 외(2009). "다문화가족의 자녀교육 역량 분석 및 지원방안", 연구보고 RR 2009 – 12 – 3, 한국교육개발원, 164 - 187.

김현주 · 정영근(2009). "학교 다문화교육 지원정책의 성격 탐색", 『교육연구』, 상명대학교 교육연구소, 2009.

대구광역시교육청(2010). 정책기획단 보고서.

박상철(2008). "다문화 사회에서의 학교 교육과정 정책", 『초등교육연구』, 21(2), 1 - 19.

박성혁(2007). 『우리나라 다문화교육 정책 추진현황 과제 및 성과분석 연구』, 교육인적자원부.

박성혁 · 곽한영(2009). "다문화교육정책 국제비교를 통한 우리나라 다문화 교육정책의 방향 모색", 『시민교육연구』, 41(2), 97 - 127.

서범석(2009). "한국의 선진화를 위한 학교다문화교육정책의 기본방향", 『초등교육연구』, 22(4), 1 - 26.

설동훈(2006). 선진 외국의 다인종 다문화정책 사례. 지방의 국제화 웹진(http://webzine.klafir.or.kr), 2006년 6월호.

엄선희 · 정영근(2009). "초 · 중학교 교육과정에 나타난 다문화교육의 기본방향 고찰", 『교육연구』, 상명대학교교육연구소, 2009.

이재분 외(2009). "다문화가족을 위한 통합적 교육지원방안 탐색 및 프로그램 개발(Ⅰ)",

연구보고 RR2009 – 12, 한국교육개발원, 115 – 133.

장인실(2006). "미국의 다문화교육과 교육과정", 『교육과정연구』, 24(4), 27 – 53.

전경숙 외(2007). 『다문화교육 정책방안 연구』, 경기도 가족여성개발원.

전경숙(2007). "다문화교육 정책의 비전과 세부 정책추진 과제", 『제4회 경기다문화교육포럼자료집』, 43 – 46.

최현실(2009). "다문화가정 증가에 따른 한국 사회통합 정책 연구", 『한국민족문화』, 35, 343 – 375.

한국교육개발원(2008). "신취약계층(다문화가정)을 위한 교육복지정책의 추진방향과 향후 과제", 『교육개발』, 35(4), 33 – 39.

 다문화가정의 이해

Ⅰ. 다문화가정의 현주소

우리나라에서 다문화에 대한 관심을 갖기 시작한 것은 최근의 일이다. 그동안 단일민족국가로 자부해왔던 우리가 국내 거주 외국인수가 급증하면서 다문화사회로 변모하고 있다. 이러한 추세는 세계화에 따른 국제간의 자본이나 노동의 이동이 자유로워지면서 1990년대 말부터 유입된 외국인 노동자의 증가현상에서 출발하였다. 또 1990년대 중반이후 늘어나기 시작한 국제결혼으로 인한 결혼 이민자들의 유입으로 인해 다문화가정이 늘고 있다. 이미 외국인 100만 시대를 맞이한 우리 사회의 변화는 저출산 고령화 추세와 함께 다인종ㆍ다문화사회로 더욱 빠르게 변모하고 있다.

다문화가정의 의미는 한국인과 외국인이 결혼한 가정을 통칭한다. 즉 한 가족내에 인종이 다름으로 인해 생기는 다양한 문화가 공존하고 있다는 의미로 해석할 수 있을 것이다. 우리나라의 경우 주로 한국인 남성과 외국인 여성의 결혼이 늘면서 생겨난 새로운 용어이다. 1990년대 이후 한국 남성 열 명중한 명꼴로 외국인과 결혼할 만큼 증가 추세에 있다.

이러한 다문화사회로 급변하는 현상에 대한 제도적 지원이 따르지 못해 현재 다문화 가족이나 가정은 혼란을 겪고 있다. 사실 유교적 관습에 따른 보수적인사회였던 우리가 다문화사회로의 전환은 큰 변화이기도 하다. 이에 대해서는 교육을 통해 바른 인식을 유도함으로써 함께 더불어 살아갈 우리 사회의 미래모습에 대한 안내가 절실할 것이다.

다문화가정은 여러 가지 어려움을 안고 있다. 그 중에서도 다문화가정 자녀가 겪어야 하는 어려움도 하나 둘이 아니다. 교육의 기회 균등면만 보더라도 현재 다문화가정의 자녀들도 한국인과 동일한 교육을 받을 수 있도록 법적으로 보장되어 있고, 2002년 3월 이후부터는 불법 체류자의 자녀일지라도 해당 학구내 '거주 사실증명서'만 있으면 취학 할 수 있도록 입학절차가 완화되었다. 그러나 이러한 사실도 정부 관계 부처간의 이해와 맞물려 있어 불법체류 외국인 노동자의 입장에서는 이용하기에 망설여진다. 즉 법무부는 이들을 추방하기 위해 단속을 하고 있으므로 제대로 학교 교육을 받을 수 없는 입장이기 때문이다. 따라서 다문화가정의 자녀는 교육 소외 현상을 빚고 있으며 이는 우리 사회의 미래를 어둡게 하는 요소로 부각될 수도 있을 것이다.

따라서 이 장에서는 다문화가정의 이해를 위해 다문화사회로의 진행 현황과 다문화가정의 실태 및 문제요인을 먼저 살펴보고 다문화가정의 정착을 위한 지원 방안을 고찰해 보고자 한다.

1. 다문화가정의 개념 및 유형

가. 다문화가정의 개념

'다문화'는 하나의 문화에 다른 문화권의 양식을 받아들여 새로운 문화현상을 나타내거나 이질적인 두 가지의 문화가 통합되는 것이다. 이질적인 문화의 범주를 구분하는데 어려움이 있으나 대개는 통념적으로 타국가일 경우 다르게 본다.

'다문화가정'이란 우리와 다른 민족 혹은 우리와 다른 문화적 배경을 지닌 사람이 함께 구성된 가족 공동체를 의미한다. 이미 사용하고 있는 국제결혼이라는 용어는 국적이 다른 사람의 혼인을 강조하는 반면에 다문화가정이라는 용어는 한 가정 내에 다양한 문화가 공존할 수 있음을 인정하고 긍정적이고 열린 시각에서 출발한다.

따라서 다문화가정에는 한국인과 외국인으로 구성된 부부와 자녀로 구성된 가족 공동체뿐만 아니라, 한국에 거주하는 국적이 다른 외국인들끼리 구성한 가정과 외국인 노동자가정도 포함된다. 즉 한국에서 다문화가정은 한국인 남성과 결혼한 외국여성, 한국 여성과 결혼한 외국남성, 이주민 가족(노동자, 유학자)이 구성한 가족공동체를 모두 지칭한다고 할 수 있다.

'다문화가정자녀'는 이러한 가정의 자녀들을 부르는 공식적인 용어이다. 이는 인종이나 국가나 지역을 초월하여 인류 보편적 인간관계 속에서 보는 개념이다. 우리가 사용하던 혼혈아라는 말은 인종적 차별에 바탕을 두어 근본적으로 차별적 요소를 함축하고 있다.

'코시안(Kosian)'은 한국 남성과 동남아 여성의 국제결혼이 증가하고 아시아계 이주노동자들의 국내 유입이 활성화되면서 그들이 구성한 가정이나 그들 사이에서 태어난 자녀를 일컫는 신조어이다. 원래 코시안이라는 용어는 사회적 소수집단의 기회의 불균형 상황을 극복하도록 배려하기 위해 도입되었으나 그 자체가 낙인효과가 있어 교육현장에서는 신중하게 사용해야 할 것이다. 다문화가정의 자녀를 별도의 호칭으로 구분하기보다는 '우리'의 범주에 포함하여 자연스럽게 대하는 것이 가장 바람직하다.

나. 다문화가정의 유형

다문화가정은 한국에서 가정을 형성하는 양상에 따라 크게 '국제결혼가정'과 '외국인노동자가정'으로 구분한다.

1) 국제 결혼 가정

1990년대 이후부터 한국사회에서 주변화된 남성들과 아시아권 국가 여성들의 결혼이 급격하게 증가하면서 국제결혼가정의 주류를 이루고 있다. 특히 한국 농촌지역의 성비 불균형으로 노총각이 늘어나고 도시 빈민지역에 미혼 남성이 배우자를 찾지 못하는 사례가 사회문제가 되면서 지방자치단체나 결혼 전문 업체가 아시아권 여성을 배우자로 적극적으로 소개함으로써 급속도로 늘어났다.

국제결혼 가정의 초기 형태는 한국전쟁 기간 동안 파견된 미군과 한국 여성들의 혼인관계로 이루어졌다. 환경적으로 어려운 시대적 배경에 따라 결혼이 성립되었으며 주변에서는 상당히 부정적 시각으로 바라보게 되었다. 현재는 미군기지 주변의 한국 여성이 제2의 외국 여성으로 대체되면서 외국 여성과 미군의 2세 혼혈이 늘어나는 추세이다.

한편 한국인과 결혼한 외국인 배우자 사이에서 출생한 아동들은 국제법 제2조 제1항에 따라 출생과 동시에 한국 국민이 되며, 헌법 제31조에 의거 동등한 교육권을 보장 받는다.

2) 외국인 노동자 가정

취업을 위해 한국에 이주한 노동자의 가정을 일컫는다. 중소기업의 노동인력 부족을 해소하는 방안으로 아시아계 주민들이 코리안 드림을 안고 한국에 이주한 경우이다. 자녀를 동반한 외국인 노동자가정의 경우, 자녀는 취학율이 매우 저조하다. 또한 이들은 도시의 산업체가 많은 지역에 편중되어 살고 있다. 특히 불법 체류하는 노동자의 경우 적발의 위험으로 자녀의 취학을 기피하는 경향까지 있어 의무교육조차 어려운 경우도 있다.

2. 다문화가정 현황[02]

가. 일반적 현황

국내외 환경의 변화에 따라 한국에 거주하는 외국인 주민의 수는 지속적으로 증가하였다. 특히 결혼과 관련된 여러 가지 국내 상황의 변화에 따라 외국 남성보다는 결혼을 목적으로 하는 외국 여성이 많이 유입되었다.

국제 결혼의 현저한 증가와 함께 결혼 상대자의 출신국도 다양해지고 있다. 1998년 개정 국적법 시행을 계기로 한국계 중국인(조선족)이 대다수를 차지하던 국제결혼 상대자는 점차 중국(한족), 필리핀, 베트남, 태국 출신 등으로 다양화되었다. 국제 결혼 상대자의 출신국이 점차 다양화 되면서 외모나 문화, 교육에 관한 사고 및 지원방식이 우리나라와는 크게 다른 국가출신의 어머니가 자녀 교육에 미치는 부정적 영향은 더 크게 부각되고 있다.

나. 국내 거주 외국인 현황

국내에 거주하는 외국인의 수는 1999년에 인구대비 0.11%에 해당하는 49,507명이었으나 2009년 5월말 현재 불법체류자를 포함한 외국인 주민의 수는 1,106,884명으로 주민등록 전체 인구의 2.2%에 해당하는 수준에 이르게 되었으며(행정안전부, 2009), 2010년에는 인구전체의 2.8%, 2020년에는 5.0%, 2050년에는 9.2%에 이를 전망이다(한국여성정책연구원, 2008).

더욱이 외국인주민의 자녀수는 보다 높은 비율로 증가하여 2008년도에 58,007명이었으나 2009년도에는 전년도 대비 85.6%가 증가한 107,689명으로 외국인주민수에서 자녀가 차지하는 비율이 갈수록 높아질 것이 예상된다(행정안전부, 2009). UN은 한국의 노동력 부족 문제를 해소하기 위하여 2050년까지 1,159만 명의 이민을 받아들여야 하며, 그 결과 2050년에는 이민자와

---

02 교육인적자원부, 2007년도 다문화가정 자녀 교육지원계획, p.2.

그 자녀들의 수가 전체인구의 21.3%에 이를 것이라는 일반적인 예상을 뛰어 넘는 전망을 제시하였다(한국일보, 2009. 1. 21.). 따라서 다문화가정의 수도 이에 비례하여 증가할 것이다.

2009년 7월 현재, 국내 거주 외국인 주민은 110만이 넘었다. 그 중 한국 국적을 가지지 않은 외국인 주민은 전체 외국인 주민의 83.4%(925,470명)이며, 이 가운데 외국인 근로자가 전체 외국인 주민의 52%(575,657명), 결혼 이민자가 전체 외국인 주민의 11.4%(125,673명)이다. 결혼 이민자의 경우, 전년도(102,713 명)에 비해 22,960명이 증가하였고, 결혼이민자(국적 미취득자)의 성별 분포에 있어서는 여성이 87.9%(110,483명)로 대다수를 차지하였다(행정안전부, 2009).

다. 다문화가정 자녀의 연령별 현황

국제결혼을 통해 한국으로 이주해 오는 결혼이민자들이 매년 증가하고 있다. 행정안전부 자료에 따르면 2009년에는 167,090명의 결혼이민자가 국내에 체류하게 되었다. 이들이 형성한 다문화가족의 자녀의 수도 급속하게 늘고 있는데 행정안정부의 2008년과 2009년도의 자료를 보면 1년 사이 두 배 가까이 늘어났다. 교육과학기술부가 개별학교를 통해 수집한 자료를 보면 취학 연령에 속한 다문화가정 자녀 중 결혼이민자 자녀의 수가 급속하게 늘고 있다는 것이다. 또한 이들 중에서 중·고등학교로 진학하고 있는 자녀들의 숫자가 늘고 있음을 알 수 있다.

〈표 1〉 다문화가정 자녀의 연령별 현황

연도	구분	계	만 6세 미만	만 7~12세	만 13~15세	만 16~18세
2008년	학생수	58,007명	33,140명	18,691명	3,672명	2,504명
	비율	100%	51.7%	32.2%	6.3%	4.3%
2009년	학생수	103,484명	61,700명	27,586명	7,785명	6,431명
	비율	100%	59.6%	26.7%	7.5%	6.2%

자료: 2009. 5. 행정안전부 자료.

라. 국제결혼 자녀의 취학 현황

국제 결혼 가정이 증가하면서 다문화가정 자녀의 수 역시 증가추세이다. 2009년 현재, 외국인주민 자녀는 107,689명이며, 이중 6세 이하가 64,040명으로 전체의 59%를 차지하여, 향후 학령기 아동의 비율이 급속히 증가할 것으로 예측된다.(행정안전부, 2009).

학교에 재학중인 국제결혼 가정 자녀는 2008년 현재, 총18,778명으로 2007년에 비해 39.7%가 증가하였다. 학교급별로는 초등학생이 가장 많아 전체의 84.2%를 차지하고, 지역별로는 경기도(20.7%)가 가장 많았다. 부모의 국적별 현황은 일본(44.2%), 중국(조선족24.5%), 필리핀(16.0%) 등의 순이었다. 또한 모가 외국인인 경우가 90.2%(16,037명)로 대부분을 차지하고 있었다.

〈표 2〉 국제결혼가정 자녀 초 · 중 · 고 재학 현황

연도	초		중		고		계	
	인원	증감(%)	인원	증감(%)	인원	증감(%)	인원	증감(%)
2005	5,332		583		206		6,121	
2006	6,795	27.4	924	58.5	279	35.4	7,998	30.6
2007	11,444	68.4	1,588	71.9	413	48.0	13,445	68.1
2008	15,804	38.1	2,213	38.9	761	84.0	18,778	39.6

자료: 2008. 교육과학기술부.

마. 외국인 근로자 자녀 취학 현황

외국인 근로자가정 자녀는 2008년 현재, 총1,402명으로 2007년에 비해 15.9% 증가하였다. 학교급별로는 초등학생이 가장 많아 전체의 70.0%를 차지하였으며, 지역별로는 서울(38.2%)이 가장 많은 분포를 나타내었고 다음으로 경기(30.6%), 전북(8.0%),경남(7.7%)순으로 많은 분포를 보인다. 부모의 국적별 현황은 몽골(26.2%), 일본(22.0%), 중국(20.3%) 등의 순이었다.

<표 3> 외국인근로자 자녀 초·중·고 재학 현황

연도	초		중		고		계	
	인원	증감(%)	인원	증감(%)	인원	증감(%)	인원	증감(%)
2005	995		352		227		1,574	
2006	1,115	12.0	215	-39.0	61	-73.1	1,391	-11.6
2007	755	-32.3	391	81.9	63	3.3	1,209	-13.0
2008	981	29.9	314	-19.7	107	69.8	1,402	15.9

자료: 2008. 교육과학기술부.

* 외국인 학교 재학 중인 외국인 학생 8,341명(2006.12.기준)제외
- 외국인 근로자의 가족 형성엔 개입되는 변수가 많아 현재로서는 정확한 규모 파악에 한계가 있는 것으로 추정함.
- 외국인 근로자 자녀의 취학이 매우 저조한 것으로 추정

3. 다문화가정의 실태

가. 다문화가정의 일반적인 실태

우리나라 다문화가정의 증가 비율은 타 경우에 비해 빠르고 부모의 출신국도 다양하게 확산되고 있다. 우리의 다문화가정은 결혼으로 인한 이주여성이 주류를 구성하고 있다. 이들 여성에게는 자신의 적응도 필요하지만 엄마로서의 소통이 부족하여 자녀의 육아나 교육을 위한 어려움이 더 클 수 있을 것이다. 또한 대부분의 가정은 경제적 곤란도 함께 가지고 있어 이주여성의 대부분은 일을 하고 있다.

일반 가정에 비해 이중 삼중 소통의 어려움으로 인해 다문화가정은 사회참여기회를 갖지 못하고 있으며 결혼 이주 여성이 겪는 어려움은 더더욱 가중된다고 하겠다.

나. 다문화가정 학생의 실태(예시)

부산의 한 다문화교육 연구학교에서 제시한 학생의 실태이다. 다문화가정 학생의 한국어 구사 능력, 학습상황, 학교생활, 가정생활 등에 대해 설문 조사 및 면담한 결과는 <표 4>와 같다. 다문화가정자녀는 학습을 위한 가정적인 지원이나 여건의 부족으로 인해 또래에 비해 학습활동참여나 학교생활적응도가 낮게 나타났다. 특히 자신의 외모에 대한 자신감을 갖지 못하는 경우가 많으며 사춘기가 되면서 긍정적인 자아정체감 형성도 또래에 비해 미흡하다.

〈표 4〉 다문화가정 학생 실태 및 시사점

설문 문항	실태 분석 결과	시사점
한국어 구사능력 (말하기·듣기, 읽기, 쓰기)	의사소통에는 별 무리가 없으나 어려운 낱말의 발음과 받침글자 익히기에 어려움을 느끼고 있으며 글자 형태가 바르지 못한 경우가 많음	국어와 독서를 중심으로 하는 한국어 프로그램 운영 필요
학습상황	개인의 흥미에 따라 다르나 대체로 예체능 과목을 좋아하는 경향이 있고 수학, 과학, 쓰기 등에 어려움을 느끼는 학생이 많으며 고학년의 경우 독해수준이 높아짐에 따라 학력이 보통 이하인 학생이 많음	학생들의 흥미를 반영한 기초학력 증진 프로그램 운영 필요
학교생활에 대한 질문	교사와의 관계나 전반적인 학교생활 적응에는 별 문제가 없으나 친구들의 놀림에 상처받은 경우가 있고 자신감이 부족하며 소극적인 자세로 학교생활을 하는 경향이 있음	학교생활에 대한 상담활동과 또래 친구와의 결연을 통한 교우관계 형성 필요
가정생활에 대한 질문	아버지와의 의사소통에는 문제가 없으나 외국인 어머니와의 의사소통에는 어려움을 느끼는 경우가 있음 자신의 외모가 일반 친구들과 다른 점에 대해 부끄럽게 생각하는 학생이 있으며 이중문화 소유에 대한 긍지를 느끼지 못하고 있음	소속감과 자아정체성 형성이 필요함 이중문화 소유에 대한 긍지를 가질 수 있는 프로그램 구안 필요

다. 다문화가정 학부모의 실태[03]

다문화가정 학부모를 대상으로 한국 거주기간, 한국어 구사능력, 한국생활의 어려움, 담임교사와의 상담 정도, 자녀 지도상황, 다문화가정임을 알리려는 정도, 다문화가정 지원 프로그램 참여 의사, 연계 기관 다문화가정 지원 프로그램 등에 대해 설문 조사 및 면담한 결과는 <표 5>와 같다. 거주기간이

---

[03] 부산 초량초등학교 다문화 연구학교 보고서 p.12.

5년 이상임에도 사회적인 편견이나 문화적 차이로 인한 어려움을 호소하고 있다. 특히 자녀의 학습지원에 어려움을 많이 느끼고 있어 이를 위한 지원 프로그램을 희망하고 있다.

〈표 5〉 다문화가정 학부모 실태 및 시사점

설문 문항	실태 분석 결과	시사점
한국 거주기간	본교 다문화가정 학부모는 5년 이상 한국에 거주한 것으로 나타났으며 그 중 10년 이상 거주자도 53.8%에 이름	한국사회 적응도가 다르므로 다문화가정 간의 교류를 통한 지원 시스템 마련이 필요
한국어 구사능력	거주 기간이 5년 이상이라 간단한 일상 회화는 대체로 가능한 편이나 뉴스나 방송, 신문의 내용을 이해하는 데는 어려움이 있음. 한국어 소통 곤란 문제로는 자녀의 학력 지원에의 어려움과 학교의 가정통신문을 이해하지 못하는 점에 안타까움과 어려움을 느낀다고 응답함	타 기관에서 운영 중인 한국어강좌 안내 및 다문화가정 학부모를 위한 한국어 강좌 개설 필요
한국생활의 어려움	외국인에 대한 지나친 관심이나 편견, 문화적 차이 등으로 인해 한국생활이 어려운 것으로 나타남	한국어 및 한국 문화에 대한 이해가 필요함
담임 교사와의 상담 정도	53.8%의 학부모가 상담을 한 적이 없다고 응답하였으며 그 이유는 아이의 학교생활에 별 문제가 없으므로, 다문화가정임을 알리고 싶지 않아서, 한국인 선생님을 만나기가 어려워서인 것으로 나타남	담임교사와의 정기적인 상담 기회 필요
자녀 지도상황	자녀의 학교생활 중 가장 관심을 갖는 부분은 공부와 자녀의 학교 적응(성격, 생활태도 등), 교우관계 등이었으며 학습지도 시 가장 어려움을 느끼는 과목은 영어, 과학, 수학, 국어 순으로 나타남	자녀학습 지도방법에 대한 교육이 필요함
다문화가정임을 알리려는 노력 정도	다문화가정임을 알리는 데 소극적(46.2%)이거나 거부감을 갖는(30.7%) 이유로는 아이의 그런 부분에 별 관심이 없어서, 아이가 따돌림 당할까봐, 기회가 별로 없어서 등으로 나타났으며 숨길 이유가 없기 때문에 노력하는 편이라고 응답한 학부모도 46.2%임	다문화가정의 장점을 부각시켜 자긍심을 갖게 할 필요가 있음
프로그램 참여 의사	과반수의 학부모는 학교에서 실시하는 다문화가정 지원 프로그램에 참여하겠다고 응답하여 참여 의사가 높은 것으로 나타남	참여 희망이 높은 다문화가정 지원 프로그램 개설 및 안내 필요
유관 기관 프로그램 연계	지역 사회나 교육청 등 유관 기관에서 개설해 주기를 희망하는 프로그램으로는 한국 역사와 문화 이해를 위한 강좌, 모국어를 활용한 외국어지도 보조교사로의 교육과 지원, 한국어강좌 등으로 응답함	유관 기관과 연계한 다문화가정 학부모의 희망 프로그램 개설 요청이 필요함

라. 연구학교 실태 분석에서의 시사점

위의 연구에서는 실태 조사와 분석을 통하여 다음과 같은 시사점을 제시하고 있다.

1) 다문화이해교육의 활성화를 위해서는 문화의 다양성과 문화 간 이해 및 타 문화에 대한 편견을 버리고 인식의 전환이 선행되어야 하며, 다문화이해교육을 위한 기본적인 여건 조성이 필요하겠다.

2) 다문화가정 학생들과 일반 학생들의 공동체 의식 함양을 위한 프로그램 운영으로 다양한 문화에 대한 이해, 탐구, 체험의 기회를 확대해야 하겠다.

3) 다문화가정 학부모의 한국어 교육, 우리 문화에 대한 이해 및 자녀 교육 방법 연수와 다문화교육과 관련된 다양한 체험활동 및 홍보를 통해 일반 학부모들의 다문화에 대한 폭 넓은 이해가 필요하겠다.

4) 다문화에 대한 이해 교육과 다문화교육방법에 대한 교사 연수가 필요하며 다문화가정 학생들을 위한 학력 향상 프로그램 개발 및 운영이 필요하겠다.

5) 본교의 지역적인 여건을 고려할 때, 효과적인 다문화이해교육을 위해서는 학교, 가정뿐만 아니라 지역 사회와 유관 기관과 연계한 교육활동이 이루어져야 하겠다.

이상의 실태분석을 통해 알 수 있는 사실은 첫째, 다문화가정구성이 5년 이상 되었음에도 의사소통에 문제를 느끼는 것이고 둘째로, 학교에서는 다문화 이해를 위한 일반 학생들이나 학부모 교육이 필요하며 공동체 의식 함양을 위한 프로그램을 마련하여 적용하겠다는 것이다. 즉 다문화가정에 대한 지원이 지속적으로 이루어져야 할 것을 강조하고 있으며 다문화를 바라보는 시각의 인식전환에 관심을 갖고 이를 학교 교육을 통해 실천하려 하였다.

마. 다문화가정 자녀의 학교 적응 실태

1) 학교생활 실태

다문화가정의 자녀는 부모 중 한 명이 한국 국적을 가지고 있어 취학에는 문제가 없으나 우리나라 부모의 교육열과는 큰 차이가 있다. 따라서 취학이나 학교생활에 대한 관심이 부족하고 교육적인 지원도 미흡하여 학교생활 적응에 더욱 어려움이 따른다.

뿐만 아니라 다문화가정 자녀들의 수업적응 과정은 한국체류기간, 한국어 습득수준, 가정내 분위기, 개인적인 성향, 부모의 경제적 여건 등에 따라 다양한 모습을 보인다. 한국이주기간이 짧은 학생의 경우에는 교과내용에 대한 이해가 현저히 저조하다. 이들이 학교생활에서 힘들고 어렵게 느끼는 것은 지극히 당연하다. 특히 이들은 타교과에 비해 국어과에 대한 이해가 부족하며 한국의 문화나 역사, 사회생활이 주류인 사회과에 대한 어려움을 호소하고 있다.

2) 심각한 한국어 이해 부족

부모의 한국어 수준이 미흡한 것이 대물림되는 경우가 대부분이다. 즉, 언어를 모방할 기회가 부족하여 한국어 습득에 문제가 있으므로 교과내용을 이해하기는 더욱 힘들어 기초학력 부진을 초래하고 수업중 산만하다. 다문화가정 자녀의 입장에서 보면 학교에서 보내는 시간이 힘들 것이다. 그러나 언어적 이해소통이 많지않은 교과목에는 별 어려움이 없이 적극성을 보이기도 한다.

3) 가정학습의 지원문제

다문화가정 자녀는 한국어에 대한 이해부족으로 가정학습이 원만하지 못하다. 학교생활에 대한 이해도 부족할 뿐 아니라 숙제나 준비물등의 가정에서 챙겨야할 것들에 대해 미비할 수 밖에 없다. 이들은 부모보다는 지원센터의 도움을 받거나 준비없이 등교하여 학습부진을 재촉하기도 한다.

4) 다른 말투와 외모로 인한 소외감

다문화가정의 자녀들은 학교생활에 동화되기 위해 의도적으로 엄마나 본국의 언어나 문화를 잊고자하는 정체성의 문제를 지닐 수 있다.이들은 문화적 갈등을 가지기도 하고 국적을 숨기려하기도 한다. 친구들의 따돌림, 놀림으로 외톨이가 되기 쉬우며 소외감을 느낀다. 또한 자신감이 부족하기 쉽고 신경질적인 성격으로 변할 수 있다. 노력에 비해 결과가 따르지 못할 때 좌절감을 갖기 쉬우며 의욕을 상실하고 어두운 길로 접어들기도 한다.

4. 다문화가정의 증가 추이

가. 외국인 주민의 구성 비율 현황

다문화가정의 자녀수는 빠른 속도로 증가하고 있다. 그들은 다문화사회의 1단계에서 뿐만 아니라 2, 3단계에서 주역이 될 수 있다. 다문화사회로의 이행의 성공과 실패는 이들에게 달려 있다고 보아도 과언이 아닐 것이다. 따라서 이들에 대한 교육의 성패는 다문화사회의 기회와 위험을 가르는 핵심적인 요인이 될 것 것이다. 아래의 <표 6>에서 나타난 바와 같이 다문화가정을 구성하는 외국인의 비율이 총인구 대비 매년 증가하는 것을 알 수 있다. 이들은 등록된 주민이므로 실제는 더 많은 가정이 있을 것으로 예상된다. 따라서 다문화가정의 수가 늘어나고 다문화가정자녀수가 급격하게 늘어나는 변화를 감안할 때 이들에 대한 정부차원의 관심과 지원은 지극히 당연한 일일 것이다.

〈표 6〉 총 주민등록 인구 대비 외국인주민 수

구분	2000년	2001년	2005년	2006년	2008년	2009년
외국인주민	210	230	485	631	854	1,106
총인구	47,008	47,357	48,138	48,297	48,607	49,593
대비(%)	0.45	0.49	1.01	1.31	1.76	2.20

* 2000년 ~ 2008년 통계는 통계청, 한국의 사회지표, (2009.2).
* 2009년도 통계는 행정안전부, 2009. 7.

우리나라에 거주하는 총 외국인주민의 구성 비율을 살펴보면 외국인 근로자의 수가 반이상을 차지하고 결혼이민자의 수가 11.2%에 달한다. 따라서 외국인 근로자이면서 가정을 형성하는 경우는 대부분이 남자인 반면, 결혼을 위한 이주 외국인의 경우는 대부분이 여성인 경우이다. 외국인 근로자의 경우는 다문화가정일수도 있지만 일자리를 위해 전가족이 일시적으로 국내에서 생활하는 외국인 가정인 경우가 많다. 그러나 결혼을 위한 이주 여성의 경우는 학력이나 경제력이 남자에 비해 부족하고 전적으로 남편에 의지하려는 경향을 가진다.

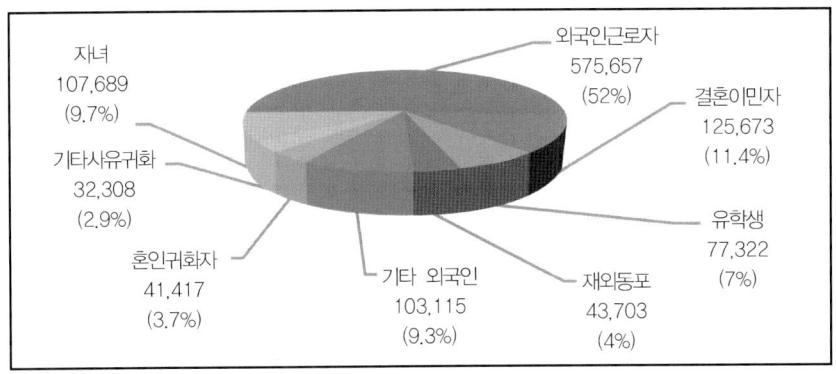

자료: 2009. 7. 행정안전부

〈그림 1〉 외국인주민 현황(2009년 5월 31일 현재)

나. 거주 지역별 외국인 분포 현황

외국인주민을 거주 지역별로 살펴보면, 아래 <그림 2>에서 볼 수 있는 바와 같이 전국에 고르게 분포되어 있지만, 특히 서울 3.3%, 경기 2.9% 인천과 충남 모두 2.3%의 순서로 많은 외국인주민이 거주하고 있다. 서구 사회에서 외국인이민자는 오랜 시간을 두고 서서히 증가한 경우와는 달리 한국의 경우 이민자는 급속하게 증가해왔으며, 이러한 추세는 앞으로도 지속되어 2009년 현재 주민등록 인구의 2.2%를 차지하고 있는 외국인주민의 비율이 2010년에는 2.8%, 2020년에는 5.0%, 2050년에는 9.2%로 현재 서구 선진국의 이민자 비율을 상회할 것으로 추정된다.(장미혜 외 2008,243)

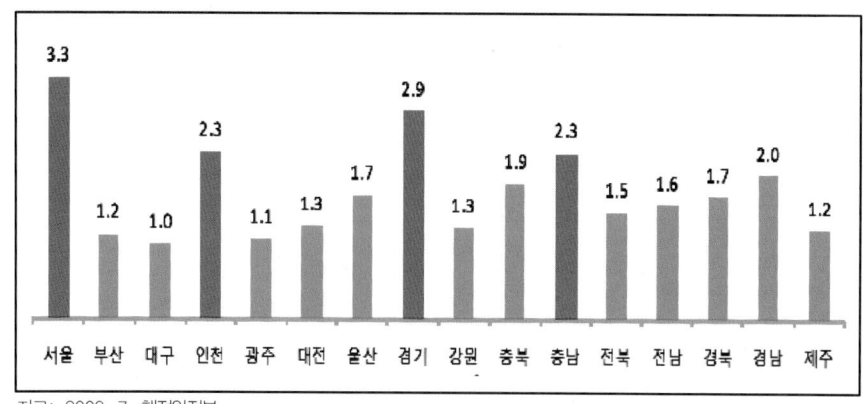

자료: 2009. 7. 행정안전부

〈그림 2〉 거주지별 외국인 주민 비율(%)

이와 같은 외국인주민의 증가에 따라 다문화가정 자녀 수 역시 지속적으로 증가하여 왔으며, 최근 몇 년 동안 증가의 폭이 크게 확대되었다. 행정안전부의 조사결과에 따르면, 2009년 5월 31일 현재 외국인 자녀수는 107,689명으로 전체 외국인 주민의 9.7%에 해당한다. 다문화가정 자녀의 연령구성 비율을 보면, 만 6세 이하가 64,040명, 만 7 - 12세 이하가 28,922명으로 외국인주민 자녀의 86.3%가 만 12세 이하의 낮은 연령층으로 구성되어있다. 이는 다문화가정 자녀교육 정책이 미취학 자녀에 관심을 두어야 하며 다문화가정의 정착을 위한 지원이 시급함을 시사한다.

다. 국제결혼 건수 현황

농어촌 및 도시 저소득층 미혼 남성의 결혼문제의 해결을 위한 대안으로 1990년대부터 시작된 국제결혼은 해마다 증가하여 2004년에 이르러서는 전체 혼인 건수의 10%를 넘어서게 되었다. 다음 <표 7>에서 볼 수 있는 바와 같이, 2002년도에는 국제결혼 건수가 15,202건으로 총 혼인건수의 5.0%를 차지하였으나 2003년도에는 24,776건, 2004년도에 34,640건, 2005년도에는 42,356건, 2008년도에는 36,204건 등으로 증가하여 2004년도 이후 전체 혼인

154   다문화교육의 이론과 실제

건수의 10% 이상을 유지하고 있다. 국제결혼 이민자의 대부분은 여성이 차지하고 있으며(88.4%), 국적 미취득자 71.1%로 대다수이다(보건복지가족부, 2008). 출신국가별로 보면 중국 조선족이 38.6%로 가장 많고, 이어 중국, 베트남, 필리핀, 일본, 대만, 몽골, 태국 등의 순서로 많다. 거주지역별로 보면, 76.5%가 도시에 거주하며, 23.5%가 농촌에 거주하는 것으로 조사되었다.

〈표 7〉 국제결혼 건수 및 총 결혼건수 대비 비율

연도별	2002	2003	2004	2005	2006	2007	2008
총 결혼건수	304,877	302,503	308,598	314,304	330,634	343,559	327,715
국제결혼건수	15,202	24,776	34,640	42,356	38,759	37,560	36,204
국제결혼비율(%)	5.0	8.2	11.2	13.5	11.7	10.9	11.0

국제결혼 이민자의 증가에 따라 그들의 자녀 또한 빠른 속도로 증가하고 있어, 2008년의 다문화가정 자녀수는 5만 8천여 명이며, 이 가운데 6세 이하가 57.1%, 7~12세가 32.2%, 13세 이상이 10.6%로 영·유아가 대다수를 차지하고 있다. 다문화가정 자녀 가운데 초·중·고등학교에 다니는 자녀는 국제결혼 가정 자녀가 18.778명, 외국인 근로자 자녀가 1,402명이고 초등학교에 다니는 자녀수가 가장 많으며, 중·고등학교에 다니는 자녀수는 상대적으로 적다. 그러나 앞으로 자녀들이 성장하면서 급격하게 증가할 것으로 전망된다. 특이한 현상은 이 가운데 외국인근로자 자녀가 외국인주민의 비율에 비하여 현저하게 적다는 점이다. 외국인주민의 비율은 52%이며, 결혼이민자 비율은 11.4%이나, 외국인 근로자 자녀 재학생의 수는 국제결혼 가정 자녀 재학생수의 10%에도 못 미치는 1,400여명에 불과하다.

5. 다문화가정의 증가 배경

가. 다문화가정에 대한 우리의 오해

새로운 문화를 수용하는데 보수적인 우리의 정서를 감안할 때 세계화 추세에 발맞추는 노력이 필요할 것이다. 즉 제도권 교육을 통해서 인종적 편견이나 차별에 대한 교육적으로 꾸준히 지도가 필요하다. 기업들이 혼혈인은 기업 내 인화단결에 부적합할 지도 모른다는 내면적인 편견을 가질 경우에 사원선발기준에 혼혈이나 토종이냐를 넣는 경우도 있다. 또한 우리의 의식에는 혼혈 아들은 뭔가 문제가 있지 않을까 하는 근거없는 선입견을 가지고 있어 정말 능력있는 인재를 놓치고 마는 경우도 있다.

나. 다문화가정의 증가 원인

다문화가정이 증가하는 원인은 우리나라 내부적인 요인과 국제적인 사회 변동을 구별할 수 있겠으며 구체적으로 살펴보면 다음과 같다.

첫째, 편중된 성비례로 인해 결혼하지 못하는 남성의 수요가 급증하고 있다.

둘째, 결혼하지 않고 혼자 사는 여성이 증가하고 있다.

셋째, 한국 여성의 결혼 조건을 충족시키지 못하는 남성이 저개발국가의 여성을 선택하는 경우가 증가하고 있다. 특히 농촌에 살기를 꺼리는 한국여성의 가치관이 더 작용한다.

넷째, 정보화, 세계화에 따라 국제결혼에 대한 인식과 가치관이 바뀌고 있다.

다섯째, 저임금 외국인 노동자의 고용정책으로 외국인의 한국 이주가 많아졌고 주변국 여성이 결혼을 통해 한국에 이주함으로써 빈곤 탈출의 기회로 삼는다.

여섯째, 국제결혼중매업체들의 적극적인 상술과 노총각 구제 차원의 국제결혼을 독려하는 사회적 분위기가 맞물려 국제결혼이 증가되고 있다.

다. 다문화가정의 증가로 인한 사회적 문제

1) 출생의 문제

우리 사회는 속인주의를 표방하고 있다. 따라서 한국에서 태어나도 한국 국적을 갖지 못할 수 있다. 한국 사람이 법적으로 결혼을 해서 자녀를 둘 때 호적을 얻을 수 있기 때문에 미혼모의 자녀는 등록이 차단되어 있었다. 1980년 이후에는 어머니의 자녀로 등록을 할 수 있으나 아버지 란에는 기재를 할 수 없게 되어 있다. 따라서 혼혈 아동은 한국사회에서 법적인 권리를 가질 수 없다.

2) 사회적 풍토의 문제

혼혈아동은 외모로 인해 친척이나 이웃으로부터 냉대를 받거나 따돌림을 당하고 있다. 이로 심리적 고립감이나 정서적 소외감을 경험하게 되며 사회에 대한 반감을 가질 수 있다. 이들의 부정적인 정서가 누적되면 사회적 반체제 집단이 형성될 수도 있고 새로운 사회문제가 유발될 수도 있을 것이다.

3) 경제적 문제

혼혈아동의 아버지로부터 지속적인 부양을 받기 어려움이 있다. 종래에는 미군의 주둔으로 인해 한국여성들이 혼혈아동을 낳는 경우가 있었다면 현재는 한국 남성이 외국 여성을 아내로 맞이하여 자녀를 두는 경우가 많다. 두 경우 다 대부분이 아버지의 경제적 지지가 미흡하여 빈곤층에 포함되고 있다. 현재는 정부차원에서 최저 생계비를 지원하고 있으나 이웃처럼 학원에 보내거나 특기를 개발하기위해 자녀교육에 투자하는 것은 어려운 실정이다.

4) 교육적 문제

다문화가정의 아동들은 첫 사회적 경험 장소인 유치원이나 초등학교에서부터 남과 다른 외모적 특성으로 인해 또래들로부터 놀림당하거나 배척당하고 있다. 따라서 학교에 가지 않으려는 경향을 보이기도 한다.

5) 심리적 문제

다문화가정의 자녀들은 어머니의 원활하지 못한 한국어 구사능력 때문에 의사소통에 애로점을 겪으며 사회적 갈등을 해결하지 못하는 좌절감으로 심한 자아 정체감의 위기를 느낄 수 있다. 또한 사춘기를 지나면서 사회적 압력이나 장래에 대한 불안이 증대되기도 하며 자신의 목표의식이 낮아진다. 부모가 일터에서 보내는 시간이 많아 자녀들은 부모와 함께 지내는 시간이 적고 고민을 해소하기 위한 의논의 대상이 되지 못하고 있다.

라. 다문화가정자녀의 학교중도이탈비율의 증가[04]

행정안전부 조사에 따르면 국내 거주 외국인의 대부분은 외국국적을 가졌고 귀화 등으로 한국 국적을 취득한 외국 출신 국내 주민은 전체의 6.7%에 불과하다. 게다가 불법 체류자도 8만명이 넘어섰다(매경이코노미 제1522호).

이러한 부모가 사회적으로 안정적이지 못하거나 추방 등에 대한 불안한 가정생활로 인해 학령기 자녀들도 학교를 취학하지 못하는 비율이 증가하고 있다. 다문화가정의 학생이 진학이 어려운 이유를 구체적으로 살펴보면, 결혼중매업의 무분별한 중계행위, 결혼 이민자 자녀에 대한 집단 따돌림, 가정내 언어적 의사소통의 어려움, 문화적 차이로 인한 갈등으로 인한 가정불화에 따른 가출 등의 원인이 드러나고 있다. 동시에 내국인 아이들의 다문화적 몰이해, 화합의 방법에 대한 무지, 다양성에 대한 교육기회부재 등이 함께 문제성을 부각시키고 있다. 다문화교육은 내국인의 다문화 이해교육으로 시작되어야 할 것이다. 또한 이러한 해결방안을 다각도로 펼쳐야 함은 당연하며 취업문제나 경제문제 지원 또한 선결되어야 할 과제이다.

---

04 취학연령이나 취학을 포기하거나 취학을 하지 않은 상태의 학생

6. 다문화가정 내 문제요인

국제결혼은 태생적으로 많은 문제 요인을 안고 있다. 서로 다른 문화적 배경과 생활습관에 익숙한 채 살아 온 두 사람이 새로운 가정을 이루려면 어려움이 적지않을 것이다. 또한 가족이 함께 사는 외국인노동자 가정도 사회문화적 환경이 낯선 한국에서 적응하려면 당황스러움과 고충이 많을 것이다. 물론 피할 수 없는 요인들을 다문화가정에 따라서는 스스로 극복하기도 하고 외부의 도움으로 해결하기도 한다. 그렇지 못할 경우에는 문제요인이 확대되어 가정의 비극으로 발전될 수도 있을 것이다. 다문화가정의 일반적인 문제를 들어보면 다음과 같다.

가. 의사소통의 문제

취학 전 아이들의 언어 습득은 가정에서 먼저 기초가 이루어지고, 특히 부모 중 대부분의 시간을 어머니와 함께 있는 시간이 많은데, 다문화가정에서 태어난 아이들의 경우 한국어에 서툰 어머니가 아이들에게 한국어를 교육시킬 능력이 현저히 부족한 것은 말할 나위도 없다. 또한, 아이들이 언어를 습득하더라도 언어는 문화와도 밀접한 연관이 있기 때문에 한국문화에 적응이 덜 된 부모 특히, 어머니에게서 언어문화를 익히기는 어렵다고 할 것이다.

국제결혼가정은 가정 내에서부터 의사소통이 자연스럽지 못하기 때문에 가족 구성원 사이에 오해 상황이 만들어지기 쉽다. 언어를 능숙하게 구사하면 가족간 대화를 통해 서로의 의도와 마음을 그대로 전달할 수 있지만 의사소통의 미숙함은 당사자의 생활을 불편하게 만드는 동시에 가정사의 처리에 해결을 특정인이 좌우하게 하는 역할 불균형을 초래한다. 특히 몽골, 베트남, 필리핀 등 아시아계 여성의 경우에 한국어 습득의 기회를 갖기도 전에 출산을 하거나 가정의 대소사를 책임지게 됨으로써 일상생활에 큰 부담을 안게 되는 경우가 많다. 또 어머니의 한국말을 잘 하지 못함으로 인해 아이들이 발달성 언어장애를 유발하는 사례도 있으며 아이들이 고학년으로 올라갈수록 자녀의 언어문제를 해결하는데 어려움을 겪고 있다.

나. 문화적 갈등 문제

이주여성들은 한국어 및 한국문화 습득의 기회를 갖기도 전에 출산을 하거나 가정의 대소사를 책임져야하기 때문에, 한국어를 자유자재로 구사할 수 있기까지는 수년 또는 수십년이 걸리기 때문에 아이들의 언어교육이라든가 본인들의 언어장벽에 부딪치고, 언어장벽으로 인해 가치관이나 종교관의 차이를 서로 이해할 수 있는 매개체가 없어서 가정생활이나 일상생활에서 커다란 난관을 겪고 있다고 할 것이다.

다문화가정에는 문화양식의 차이에서 비롯된 생활방식의 오해도 적잖은 걸림돌이 되고 있다. 가족 공동체에 다른 문화가 존재함으로써 구성원 사이에 갈등이 빚어지게 된다. 또한 여기서 오는 고통과 긴장, 경제적 어려움이 주는 스트레스를 우리나라의 상황에서는 외국인 아내에게 일방적으로 부담하게 함으로써 가정생활이 불안정해 질 수 있다. 시부모와의 관계에 대한 인식 차이, 음식 조리의 어려움, 관혼상제 등 가정의 대소사에 대한 낮은 이해, 다른 종교관 및 가치관, 음주 문화와 이웃관계에 대한 인식 차이 등의 문화적 갈등을 야기하는 사례이다.

이와 같이 우리나라 정서상 의식주 전반적인 문화적 차이를 서로 존중하기보다는 다른 방식에 대해 불편한 감정을 노출시킴으로써 부부와 가족간에 문화적 벽이 형성될 수 있을 것이다. 전통적으로 남성 중심의 혈통을 중시하는 우리나라 가부장적 인식은 외국 여성 결혼이민자에게는 자신이 배제와 차별을 받고 있다고 느낄 것이다.

다. 한국사회의 편견 문제

한국적 전통에 기반을 둔 사회적 편견은 여성 결혼이민자와 그 자녀들을 힘들게 한다. 단군이래로 한국은 단일 민족, 단일 언어의 순수 혈통을 유지해 온 것을 강조해 왔다. 단일 민족에 대한 집착은 문화적 다양성에 대해 평가 절하하고 모범적 대상을 숭상하는 방향성을 내적으로 형성하였다. 그리하여 한국 사회는 백인에 대해서는 비교적 호의적인 반면에 한국인보다 경제적으로 열악한 국가나 피부색이 진한 여성에 대해서는 곱지 않은 시선으로 바라보는 경향이 있다. 이러한 사회적 편견은 남편이나 가족 구성원조차도 여성 결혼이민자를 어쩔 수 없는 선택으로 생각하여 가급적 감추려고 든다(신혜정 2007, 8 – 9).

라. 신분상의 불안정

외국인이 한국인과 결혼하면 바로 국적을 취득하지 못하고 있다. 다문화가 정의 주류를 이루는 여성 결혼이민자 가정의 경우에, 한구 남성과 결혼하는 여성은 자국 내 한국대사관에서 일단 '거주 자격(F2)' 비자를 받아 한국에 입국한 후 90일 이내에 외국인 등록을 한다. 이 때 비자도 '국민 배우자 자격 (F21)'으로 바뀌는데, 신분 변경 후 2년을 보내야 한국 국적을 신청할 수 있다. 정상적인 가정에서는 2년이 별 문제가 되지 않지만 가정 내에 갈등이 존재하는 경우에는 신분상의 불안 요소가 될 수 있다. 한국인 배우자가 2년 이내에 사망하거나 실종된 경우나 이혼한 경우에는 귀책사유를 남편에게 있다고 증명할 수 있어야 2년 체류기간 만료 후 국적 신청 자격이 주어진다. 가정 생활이 원만하지 못하거나 문화적 갈등으로 인한 불안한 다문화가정의 경우에는 아내의 국적 취득 후 이혼이나 별거로 이어지거나 여성의 무단가출로 가족 해체가 급격히 늘고 있다.

마. 자녀 양육의 어려움

국제 결혼가정의 부모들은 서로 다른 가치관과 생활 풍습으로 자녀 양육에서 큰 어려움을 겪는다. 대부분은 가정에서 자녀 양육은 주로 어머니에 의해 이루어지는데 어머니가 한국말이 서투르고 한국 생활 습관에 익숙하지 못함으로써 자녀를 키우는데 무척 힘들어 한다. 이를 해결하는 방편으로 자녀를 보육기관에 맡기려 해도 혹시 아이들이 다문화가정으로 인해 상처받을까봐 망설이게 된다. 경제적으로 맞벌이를 해야 하지만 이러한 우려 때문에 외부기관에 맡기지 못해 경제적 어려움을 가중시키고 있는 경우도 많다.

바. 경제적 어려움

결혼이주 여성의 가정은 대부분 형편이 넉넉지 않다. 따라서 대부분 생업을 위해 장시간 노동을 해야 하는 경우가 많다. 농촌이나 도시거나 간에 일에 매달려 하루를 보내게 되므로 자녀들과 함께하는 시간이 적어 문화적 갈등을 초래하기도 한다. 정부의 지원이 있으나 미약하고 낯선 환경과 문화로 인한 노동의 대가조차 차별대우를 받을 경우도 있다.

사. 가정폭력 및 여성에 대한 폭력

외국여성과 결혼한 한국 남성들은 은연중에 가부장적인 권위를 강조하나 실질적인 경제적 능력은 미흡한 경우가 많다. 누구보다도 이주여성에 대한 적극적인 지원자이어야 할 남편이 문화적 편견으로 때때로 걸림돌이 되어 가정적인 어려움을 유발하는 경우이다. 농촌과 같은 환경에서 일정한 수입이 없거나 저소득층 남성의 경우에는 스스로의 갈등을 해소하는 방안으로 폭력을 사용하는 경우가 많고 이는 가정해체로 이어지기도 한다.

7. 다문화가정의 생애 주기별 과제

다음의 <그림 3>에서 볼 수 있는 바와 같이, 보건복지가족부는 가족 전체를 대상으로 생애주기별 맞춤형 서비스를 제공할 필요가 있다고 보고 있다. 따라서 결혼이민자의 생애 전 단계에 걸쳐, 단계에 따라 적절한 세부 과제를 선정하여 추진할 계획이다.

첫 단계인 결혼 준비기에는 결혼중개 탈법 방지 및 결혼예정자 사전준비 지원을 강화한다. 이를 위해서 국제결혼중개업에 대한 관리를 강화하는 등의 정책을 통하여 국제결혼업체의 탈법을 방지하고 결혼당사자의 인권을 보호할 수 있는 제도를 마련하여 시행한다. 또한 이 단계에서는 결혼이민자에 대한 사전 정보제공을 철저히 하며, 한국인 예비배우자에 대해서도 사전 교육체제를 체계화하여 사전교육을 강화한다.

2단계는 가족형성기로 결혼이민자의 조기적응 및 다문화가족의 안정적 생활 지원에 역점을 둔다. 이를 위해서 한국어교육을 다각화하고 전문화하며, 통·번역 요원 파견 서비스 제공, 보건소의 통번역 확대 등 결혼 이민자에 대한 의사소통을 지원하고, 생활·정책 정보매거진의 보급 확대, 방송매체를 통하여 다양한 언어를 통한 한국생활 정보 및 결혼 이민자 정책에 대한 정보를 제공하는 등 결혼이민자들에게 필요한 다양한 한국 생활정보를 제공한다.

또한 이 단계에서는 다문화가족의 생활 보장을 위해서 한국 국적의 미성년 자녀를 두었거나 직계존속을 부양하는 국적 미취득 결혼이민자에게 기초생활보장제도, 자활사업제도, 긴급지원제도 등을 확대 적용할 수 있도록 하며, 결혼이민자의 배우자·부부교육 및 가족통합교육의 강화, 가족 위기 상담 강화, 가족위기개입 네트워크의 강화 등을 통해서 다문화가족의 가족관계를 증진하고 가족위기를 예방하는 데 역점을 둔다.

다문화가족 생애주기의 3단계는 자녀양육기로 이 단계에서는 다문화가족 자녀 임신, 출산, 및 양육을 지원하는데 역점이 주어진다. 이를 위해서 임신·

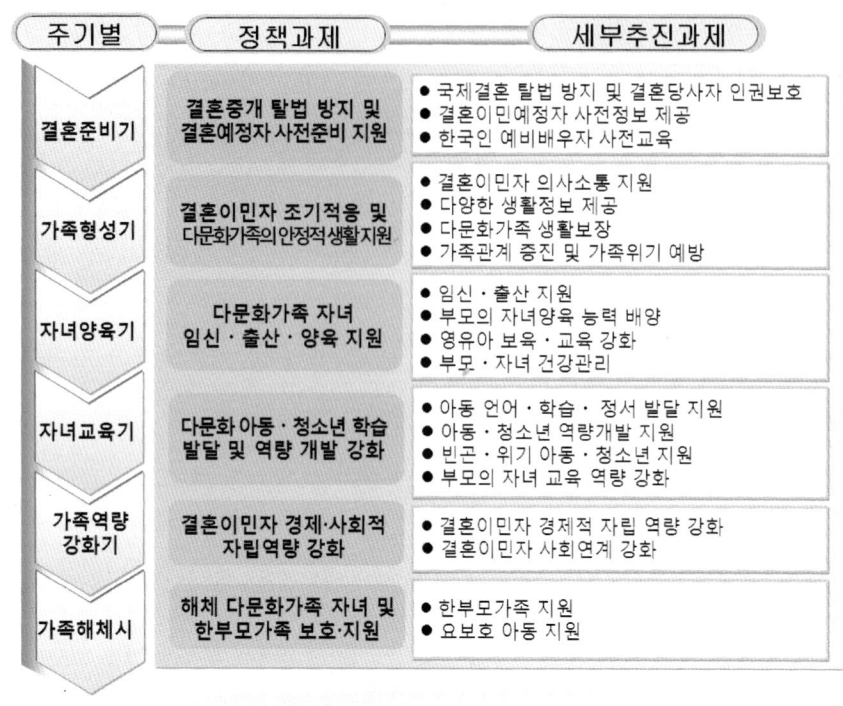

주기별	정책과제	세부추진과제
결혼준비기	결혼중개 탈법 방지 및 결혼예정자 사전준비 지원	● 국제결혼 탈법 방지 및 결혼당사자 인권보호 ● 결혼이민예정자 사전정보 제공 ● 한국인 예비배우자 사전교육
가족형성기	결혼이민자 조기적응 및 다문화가족의안정적생활지원	● 결혼이민자 의사소통 지원 ● 다양한 생활정보 제공 ● 다문화가족 생활보장 ● 가족관계 증진 및 가족위기 예방
자녀양육기	다문화가족 자녀 임신 · 출산 · 양육 지원	● 임신 · 출산 지원 ● 부모의 자녀양육 능력 배양 ● 영유아 보육 · 교육 강화 ● 부모 · 자녀 건강관리
자녀교육기	다문화 아동 · 청소년 학습 발달 및 역량 개발 강화	● 아동 언어 · 학습 · 정서 발달 지원 ● 아동 · 청소년 역량개발 지원 ● 빈곤 · 위기 아동 · 청소년 지원 ● 부모의 자녀 교육 역량 강화
가족역량 강화기	결혼이민자 경제·사회적 자립역량 강화	● 결혼이민자 경제적 자립 역량 강화 ● 결혼이민자 사회연계 강화
가족해체시	해체 다문화가족 자녀 및 한부모가족 보호·지원	● 한부모가족 지원 ● 요보호 아동 지원
전(全)단계	다문화사회 이행을 위한 기반 구축	● 사업추진체계 정비 ● 대국민 다문화 인식 제고

자료: 2008, 보건복지가족부.

〈그림 3〉 보건복지가족부의 다문화 가족 생애주기별 정책 과제

출산 방문 지원 서비스, 저소득층 다문화가족의 산모와 신생아의 건강관리, 산후조리 등을 담당할 수 있는 산모 · 신생아 도우미 서비스 지원 등을 포함하는 임신 · 출산 지원, 아동양육지원을 위한 방문교육의 효율화, 다문화가족 지원센터 내 육아정보 나눔터 설치, 부모 – 자녀 자긍심 향상 프로그램 실시, 아버지 육아교육 실시 등을 통한 다문화가족 부모의 양육 능력 배양이 강조된다. 또한 이 단계에서는 저소득 다문화가족 영유아에 대한 무상교육 확대, 농어촌 지역 소규모 보육사업 실시, 보육시설에서의 다문화 프로그램의 강화, 아이돌보미 사업을 저소득 다문화 가족과 연계하는 등 영유아 보육 · 교육을

강화하며, 다문화 가족에 대한 무료건강검진사업의 추진, 의료서비스사업 실시, 맞춤형 방문건강관리서비스 제공, 자녀의 예방접종률 제고 등을 포함하는 부모 · 자녀 건강관리가 강조된다.

생애주기의 4단계는 자녀교육기로 이 시기에는 다문화가족 아동 및 청소년의 학습발달 및 역량 개발에 대한 지원에 중점을 둔다. 이를 위해 취학전 영 · 유아의 기본 언어 · 학습능력 향상을 지원하고, 방과 후 지역아동센터와 같은 인프라를 활용하여 다문화 자녀의 학습 및 성장을 지원하는 등 취학전 다문화 자녀의 기본언어 · 학습능력의 향상을 지원하며, 다문화 아동 · 청소년의 이중언어 역량 개발을 추진하고 다문화 청소년이 글로벌 역량을 강화할 수 있도록 지원하는 등 다문화 아동 · 청소년의 다양한 역량 개발을 위한 지원이 강조된다. 또한 이 단계에서는 빈곤 다문화 아동과 청소년에 대한 맞춤형 통합서비스 제공, 다문화 청소년에 대한 상담지원 강화 등을 통한 빈곤 · 위기 아동 · 청소년에 대한 지원이 강조되며, 부모의 학교 상담시 통역요원 파견, 교과부가 개발예정인 부모의 자녀교육 능력강화 프로그램의 보급 및 활용 강화 등을 포함하는 부모의 자녀교육 역량이 강조된다.

다문화가족 생애주기의 마지막 단계는 가족역량 강화기로 결혼 이민자의 경제적 · 사회적 자립역량을 강화하는 데 역점이 주어진다. 이를 위해서 결혼 이민자의 취업 및 창업 지원 모델을 개발하여 보급하고, 결혼이민자의 적합한 직종을 개발하며, 결혼이민자의 직업교육 및 훈련을 강화하고, 결혼 이민자의 취업 촉진을 위해 관련 기관과의 연계를 강화하는 등의 정책과제를 포함하는 결혼이민자 경제적 자립 역량의 강화, 다문화가족 자족 모임의 활성화, 다문화가족 모니터링단 운영 간화, 결혼이민자의 지역사회 활동의 참여 확대 등을 포함하는 결혼이민자의 사회연계 강화가 강조된다.

보건복지가족부는 다문화가족의 생애주기별 정책 외에도 전 단계 및 가족 해체시 지원정책도 수립하여 추진하고자 한다. 가족해체의 경우, 해체 다문화 가족 자녀 및 한 부모 가족에 대한 보호와 지원에 역점을 둔다. 이를 위해 다문화가족 이혼 후 실태를 파악하고, 결혼이민자와 그 자녀를 한 부모 가족 수혜대상에 포함시키는 등 다문화 한 부모 가족을 지원하고, 무연고·방치 아동의 보호, 무단출국 부모의 자녀에 대한 교육권과 생활권을 보장하는 대책을 수립하는 등 요보호 다문화 자녀에 대한 지원 정책이 강조된다. 또한 다문화가족 생애주기와 관계 없이 모든 단계에서 요구되는 다문화사회 이행을 위한 기반을 구축하기 위하여 다문화가족 등록·서비스 관리 시스템 구축, 다문화가족지원센터의 역량 강화, 다문화가족 지원 서비스 전담기관의 확충, 다문화 관련기관 간 협력체제 구축, 지역사회 협력 네트워크구축 등 다문화 사업추진체계를 정비하며, 공무원 및 사회복지 종사자에 대한 다문화교육 강화, 다문화사회 전문 강사 양성, 문화 다양성 존중을 지향하는 제도의 개선, 다문화가족 친화지수의 개발 및 활용, 대국민 다문화 인식 개선을 위한 홍보 강화 등을 포함하는 대국민 다문화 인식 개선을 위한 정책과제를 수립·추진 하고 있다.

Ⅱ. 다문화가정의 정착을 위하여

1. 다문화가정 자녀 교육 지원 정책

다문화가정의 지원을 위한 행정부처는 각기 역할분담을 분명히 할 필요가 있다. 예를 들면, 보건복지가족부는 다문화가족 지원 정책을 총괄하면서 다문화가족의 보건, 복지 및 취학전 자녀 양육 및 교육에 주된 관심을 두고 정책을 수립·추진하고, 교육과학기술부는 취학 후 다문화 자녀의 학교교육 및 전 국민을 대상으로 한 다문화교육에 집중하여 다문화 가족 교육지원 정책을 계획하고 추진하는 방식을 취할 수 있을 것이다.

교육과학기술부는 16개 교육청과 합동으로 2008년 10월 그 동안 수행된 정책연구를 바탕으로, "다문화가정 학생 교육 지원방안"(교육과학기술부, 2008)을 마련하였으며 다문화가정 학생 교육 지원 정책이 보다 상세하게 제시되어 있다. 다문화관련 연구 · 개발 및 시 · 도교육청의 맞춤형 을 지원하고, 다문화 관련정책연구학교를 운영하는 등 2012년까지 700여 억 원의 예산을 투입하여 다문화가정 학생지원 정책을 추진하고 있다.

이 계획에서는 다문화가족 학생의 교육지원의 강화를 위한 정책 과제를 다문화가정 학생의 한국어 · 기초학력 향상, 다문화가정 학부모의 교육역량 강화, 다문화교육 기반 구축, 다문화 이해 제고 및 확산의 4영역으로 구분하고, 향후 4개년 동안 추진할 14개의 세부 추진과제를 제시하고 있다. 이 영역별 세부 과제를 살펴보면, 다문화가정 학생의 한국어 · 기초학력 향상의 영역에서는 취학 전 유아의 기본학습능력 발달 지원, 취학 후 한국어 등 기초학습능력 향상, 기초학력 미달 학생에 대한 맞춤형 지도 등 세과제가 포함되어 있으며, 다문화가정 학부모의 교육역량 강화 영역에는 가족단위 한국어 · 정보화 교육 강화, 다문화가정 학부모용 생활 안내 책자 발간, '다문화가정 학부모 상담 주간' 운영, 자원봉사 통역 도우미 운영 등 네 과제를 추진한다. 또한 기반 구축 영역에서는 지도교사 및 관리직 교원 연수 강화, 교대에 '다문화교육' 강좌 개설, 다문화 요소를 반영한 교과서 집필 등 4개의 세부 과제가 추진되며, 다문화 이해 제고 및 확산 영역에서는 학교 내 다문화 이해교육 강화, 다문화 이해 촉진 영상물 제작, '다문화 체험 공모전' 실시 등 3개의 세부과제가 추진된다. 이 안에는 각 세부과제별 구체적인 정책 내용과 추진 방법이 제시되어 있다.

이와 같은 보건복지가족부의 다문화가족 지원 대책 및 교육과학기술부의 다문화가정 학생지원 방안은 다문화가정의 부모 및 자녀가 생애주기별 모든 단계와 모든 영역에서 다문화사회로의 성공적인 이행에 필요한 모든 문제와 대책을 망라한 것으로 보인다. 이 대책 중에는 일부 시행 중인 것도 있고,

앞으로 확대, 또는 신규로 추진하려고 계획 중인 것도 있다.

이러한 정책의 효과가 당장에 나타나기를 기대하는 것은 성급한 일이라고 할 수 있다. 그러나 이러한 대책이 대책에 머물지 않고 실제적인 효과를 거두기 위해서는 정책에 대한 정책 참여자뿐만 아니라 모든 국민들의 이해와 협력이 요구된다고 할 수 있다. 또한 정책 시행과정에 대한 지속적인 관심과 실제적인 효과에 대한 평가가 이루어져야 할 것이다. 이 연구는 이러한 계획이 다문화 가족 현장의 실제적인 요구에 얼마나 부합되는지, 그리고 얼마나 실효성이 있는지를 점검할 수 있는 구체적인 자료를 제공해줄 것으로 기대된다.

교육과학기술부가 2009년 3월에 발표한 '09년도 문화가정 학생교육지원계획(안)'에서 밝히고 있는 정책추진 방향은 다음 <그림 4>와 같다.

다문화가정 학생교육 지원정책의 비전을 "배움과 이해로 함께 살아가는 다문화사회의 구현"으로 삼고, 이를 위한 정책 목표를 다문화가정 학생의 교육 격차 해소, 다문화가정 학부모의 사회적 역량 강화, 다문화교육기반 강화 및 다문화 이해 확산 등 세 가지로 제시하고 있다. 이러한 목표를 달성하기 위한 추진 전략으로는 학습단계·대상별 특성에 따른 맞춤형 교육 강화 및 교육기관간 역할 분담 및 지역사회 기관과의 연계 강화를 강조한다.

이 계획에서는 구체적인 정책 방향을 다문화교육 기반구축, 현장중심의 맞춤형 교육 지원, 다문화 이해의 제고 및 확산 등 세 가지로 집약하여 제시한다. 다문화교육 기반의 구축을 위해서는 다문화교육관련 연구·개발, 시·도 교육청의 다문화교육 사업 모니터링 및 컨설팅, 교대 등에 "다문화교육" 강좌 개설 등이 추진되고, 현장중심의 맞춤형 교육 지원은 다문화가정 학생의 한국어·기초학력 향상 지원, 다문화가정 학부모의 평생교육 및 상담지원, 교원연수 강화 등을 통해서 추진된다. 또한 다문화에 대한 이해를 제고하고 이를 확산시키기 위해서 다문화 이해교육을 강화하고, 다문화 이해를 위한 콘텐츠를 개발하고, 다문화교육 우수사례 발표대회를 개최할 계획이다.

| 비전 | 배움과 이해로 함께 살아가는 다문화사회 구현 |

| 목표 | ▷ 다문화가정 학생의 교육격차 해소
▷ 다문화가정 학부모의 사회적 역량 강화
▷ 다문화교육 기반 강화 및 다문화 이해 확산 |

| 추진
전략 | ▷ 학습단계 · 대상별 특성에 따른 맞춤형 교육 강화
▷ 교육기관간 역할 분담 및 지역기관 연계 강화 |

다문화사회 통합의 핵심은 "교육"
국가 · 지역 · 학교의 유기적 협력

다문화 교육 기반 구축	현장 중심의 맞춤형 교육 지원	다문화 이해 제고 및 확산
▷다문화교육 관련 연구·개발 ▷시·도 교육청 다문화교육 사업 모니터링 및 컨설팅 ▷교대 등에 "다문화교육" 강좌 개설	▷다문화가정 학생의 한국어·기초학력 향상지원 ▷다문화가정 학부모 평생 교육 및 상담 지원 ▷교원 연수 강화	▷다문화 이해교육 강화 ▷다문화 이해를 위한 콘텐츠 개발 ▷다문화교육 우수사례 발표대회

⇒ 교과부–교육청의 중장기 정책방향에 따라
현장에서 체감하는 체계적인 다문화교육 지원

자료: 2009. 교육과학기술부, '09년 다문화가정 학생 교육 지원계획(안)

〈그림 4〉 교육과학기술부의 다문화 학생 교육지원 정책 방향

2. 다문화가정에 대한 지원

2010년 정부는 다문화가정에 대한 정책목표를 '차별해소를 통한 인권신장 및 사회통합'을 넘어 보다 장기적이고 거시적 차원에서 '아시아를 선도하는 다문화 인권국가 구현'이라는 비전을 제시하였다. 즉 미래 한국사회의 문화, 외교, 경제 인력을 양성한다는 전략이다. 소극적이고 회피적인 정책시각이 보다 적극적이고 긍정적 관점으로 발전한 것이다. 그러나 이러한 다문화가정

에 대한 이해와 지원은 그들이 요구에 부응할 때 바람직할 것이다. 각 지역별 다문화가정의 특성을 파악하고 가정별 어려움을 해소할 수 있는 맞춤형 지원이 요구된다고 하겠다.

가. 교육적 지원

다문화가정 자녀의 학습결손을 방지하고 학교 적응을 돕기 위해 방과 후 프로그램 개설 및 대학생 멘토링제를 실시하고 있다. 다문화가정자녀는 이를 이용하여 한국어 및 부족한 교과에 대해 보충지도를 받을 수 있고 생활지도나 학교나 사회에 대한 적응력을 높일 수 있다. 또한 한국어교원 자격증을 소지한 현직교사가 다문화가정 자녀를 위한 한국어반을 개설할 경우 인센티브를 부여하기도 하고 다문화가정 학생이 희망할 경우 담임이 방과 후 별도 지도를 권장하기도 한다.

또한 교육인적자원부에서는 현행 교과서 내용을 검토 분석하여 결혼이민자나 외국인 근로자 등 사회 소수자를 포용하는 내용을 첨가하고 세계화에 대응하는 시민교육을 유도하고 있다.

나. 사회문화적 지원

미식축구 경기장 포드필드에서 미국을 비롯해 전세계를 열광시킨 영웅인 소위 하인즈 신드롬을 계기로 한국인의 혼혈인에 대한 차별과 멸시 등 부정적인 시각을 바꿔야 한다는 목소리가 높아지고 있다. 그 이후 정부차원에서 발 빠르게 대응하는 추세이다. 즉 혼혈인에 대한 사회적 차별을 금지하는 내용의 입법내용을 검토하고 있다. 여기에는 혼혈인이라는 용어를 바꾸는 단순한 차별해소 수준이 아니라 적극적인 지원 방안도 포함될 것이다.

우선, 한국어에 서툰 아이의 부모에게 한국어를 습득할 수 있는 사회적 환경, 예를 들어 동사무소 구청 등 지자체에서 다문화가정에 대한 실태조사를 통해 아이의 부모가 한국어를 습득할 수 있도록 한국어교실, 문화교실 개최 등 물리적 환경 조성에 적극적으로 한다.

둘째로, 한국어교실 등에서 습득한 한국어, 한국문화 등은 다문화가정에서 활용될 수 있도록 반복교육을 강조하며, 한국어만을 고집하면 이질감이 발생 될 우려가 있으므로 다문화가정의 외국어도 함께 병행 구사할 수 있는 교육 체계이어야 할 것이다.

셋째로, 다문화가정은 일반적으로 생활이 저소득자인 경우가 대부분이므로 국가나 지자체에서 큰 관심을 가지고 보조금을 지급하는 제도마련이 우선이어야 할 것이다.

넷째로, 교육프로그램은 초창기에는 언어를 배우는 피교육자뿐만 아니라 외국어를 가르칠 수 있는 교육자로서의 임무도 함께 마련하여 관심을 더욱 집중화시킬 수도 있을 것이다.

다섯째로 이주되기 전 수년동안 가지고 있던 종교관이나 가치관 등을 이해 할 수 있는 직접적인 매체는 이러한 언어소통을 통해 좁힐 수 있으며, 설사 능통한 언어소통이 어려운 경우라 하더라도 가정생활 외에 교육프로그램 참여 등 사회생활을 접할 수 있어서 가치관의 폭을 훨씬 넓힐 수 있는 계기가 될 것이다.

여섯째로 위와 같은 물리적 환경을 통해서 다문화가정에서 태어난 아이들의 언어장벽과 이주여성들의 언어장벽으로 인한 가족간의 불협화음은 부모들의 언어교육, 문화교육과 사회적 관심으로 충분히 해소될 수 있을 것이라 여겨진다.

일곱째는 다문화가정지원을 체계적으로 관리할 필요가 있다. 각 다문화가정이 갖는 특수성을 감안하여 이에 적절한 맞춤형 지원이 될 때 다문화가정도 일반 가정과 같은 생활이 가능할 것이다.

이러한 지원을 위해 각 단체에서는 어려움을 해결하고자 다양한 프로그램을 개최하여 이들의 요구에 부응하고 있으며 이주여성들도 적극적인참여의사를 보이고 있으나 교육 참여에 대한 한국인 남편의 이해가 부족으로 참여를 꺼리는 경우가 많이 있다. 또한 이주 여성은 대부분 일을 가지고 있어 교육 참여 시간 확보가 어렵기도 하다.

　이상에서는 다문화가정의 현황과 국가적 차원에서 사회적이나 교육적인 지원내용을 살펴보았다. 여러 가지 중복적인 어려움이 있는 그들에게 직접적인 도움이 되는 지원이 우선적으로 필요할 것이다.

　그러나 다문화사회의 성공적인 진입을 위해서는 다문화가정을 이해하기 위한 사회적 인식전환 마인드가 조성되어야 한다. 이는 공존을 위한 지극히 중요한 문제이다. 미래의 우리나라는 그들의 역량이 긍정적으로 통합될 때 시너지효과를 얻을 수 있을 것이지만 그렇지 못한 경우에는 이미 다문화국가에서 겪고 있는 전철을 따를 수밖에 없을 것이다. 따라서 우리와 다른 그들을 우리 속에 포함하려는 우리의 노력이 반드시 전제되어야 한다. 이는 그들을 위한 배려라기보다는 우리를 위한 자구책일 수 있다. 즉, 다문화가정의 2세들이 사회의 주역이 되는 때에 그들의 자아의식이 밝고 어둡느냐에 따라 우리의 미래모습이 달라질 것이기 때문이다.

　따라서 다문화가정 이해를 위한 교육의 대상은 전 국민이다. 세분화하면 내국인의 다문화 이해도 교육, 다문화관련자들의 전반적이 다문화 관련 교육, 다문화가정의 소통을 위한 외국인한국어 교육, 한국생활적응교육, 한국문화 이해, 내외국인 전문 통번역교육, 다문화가정 자녀의 한국어 교육, 상담, 재활교육, 대안교육, 생활적응교육, 이중 언어교육, 내국인 자녀의 다문화 이해교육, 다문화 언어교육, 세계시민교육 등의 다문화 지원교육과 다문화 이해교육이 필요할 것이다.

참고문헌

김옥순 외 9인 공역(2009), 『다문화교육의 이론과 실제』, 학지사.
김영신(2007), "다문화가정 자녀현황과 학교교육의 방향", 한국교육과정평가원 연구보고 RRI
       2007 - 2.
교육과학기술부(2008). 다문화가정 학생의 역량 강화를 위한 교육 지원 방안.
교육과학기술부(2009). 2009학년도 다문화 가정 학생 교육 지원 계획(장학자료).
교육과학기술부(2010). 2010학년도 다문화 가정 학생 교육 지원 계획(장학자료).
부산광역시교육청(2009 - 147), 『다문화교육을 위한 교사 매뉴얼』.
송정초등학교(2010), 다문화교육 시범학교 운영보고서.
수동초등학교(2007), 다문화가정 자녀교육 시범학교 운영보고서.
장수초등학교(2007), 다문화교육 정책연구학교 운영보고서.
초량초등학교(2009), 다문화교육 시범학교 운영보고서.
조혜영 외(2007). 『다문화가족 자녀의 학교생활실태와 교사 학생의 수용성 연구』, 한국여
       성정책연구원.

02

다문화교육의 실제

 # 초등학교 1학년 다문화교육의 실제

Ⅰ. 다문화교육의 필요성

최근 우리나라는 외국인 거주자 100만 명 시대를 맞고 있다고 한다. 또한 국제결혼을 통한 다문화가정의 증가는 다문화가정 자녀의 초등학교 입학으로 이어져 학교에서 이들에 대한 이해와 교육의 필요성이 대두되고 있다. 때문에 다문화가정 및 다문화 학생들에 대한 교육과 지원이 저학년 때부터 이뤄져야 할 필요성이 요구된다.

Ⅱ. 1학년 교육과정 분석

교과	학기	단원명	학습주제	다문화교육 요소
우리들은 1학년	1	5. 즐거운 학교	우리 가족 소개하기	정체성
		5. 즐거운 학교	우리 모두 친구	평등/정의
		6. 꿈이 자라요	자기 소개 하기	정체성
		7. 정다운 친구	내 친구 그려보기	다양성

국어	1	(듣기 말하기) 1. 배우는 기쁨	여러 사람 앞에서 나를 자신 있게 소개하기	정체성
		(듣기 말하기) 3. 마음을 나누며	여러 가지 인사말 알기	다양성
		(듣기 말하기) 4. 아, 재미있구나!	이야기를 듣고, 인물의 모습을 상상하기	다양성
		(듣기 말하기) 5. 생각을 펼쳐요	생각이 드러나게 말하기	평등/정의
		(읽기) 5. 생각을 펼쳐요	글쓴이가 하고 싶은 말 알기	다양성
		(쓰기) 5. 생각을 펼쳐요	주변에서 일어난 일에 대하여 내 생각 쓰기	평등/정의
국어	2	(읽기) 1. 즐거운 마음으로	그림 동화를 읽고, 생각이나 느낌을 말하여 보기	다양성
		(쓰기) 2. 꼼꼼히 살펴보아요	소리와 글자가 다른 낱말을 바르게 써 보기	정체성
		(읽기) 3. 생각을 전해요	인물의 생각을 알아보며 글을 읽어 보기	다양성
		(읽기) 4. 다정하게 지내요	대강의 내용을 생각하며 글을 읽어 보기	다양성
		(듣기 말하기) 5. 더 알고 싶어요	책을 통하여 알게 된 사람을 소개하여 보기	정체성
		(읽기) 5. 더 알고 싶어요	중요한 내용을 간추리는 방법 알기	다양성
바른 생활	1	3. 가족은 소중해요	식사할 때의 바른 자세	정체성
		3. 가족은 소중해요	식사 도구 사용하기	다양성
		3. 가족은 소중해요	음식에 대한 바른 태도	다양성
		3. 가족은 소중해요	식사 예절 지키기	정체성
		5. 사이좋은 친구	친구의 좋은 점	평등/정의
		5. 사이좋은 친구	친구와 사이좋게 지내는 방법	평등/정의
바른 생활	2	5. 사이좋은 친구	친구와 화해하는 방법	평등/정의
		5. 사이좋은 친구	친구와 사이좋게 지내기	평등/정의
		6. 사랑해요, 우리나라	태극기에 대하여 알아보기	정체성
		6. 사랑해요, 우리나라	애국가에 대하여 알아보기	정체성
		6. 사랑해요, 우리나라	무궁화 사랑하는 방법을 알아보기	정체성
		6. 사랑해요, 우리나라	나라 사랑을 실천하기	정체성
		6. 사랑해요, 우리나라	우리나라를 나타내는 것에는 어떤 것들이 있는 지 알아보기	정체성

슬기 로운 생활	1	3. 가족은 소중해요	우리 가족 소개	정체성
		3. 가족은 소중해요	다양한 가족	다양성
		3. 가족은 소중해요	가족의 소중함 알기	정체성
		3. 가족은 소중해요	가족 놀이	다양성
		3. 가족은 소중해요	가족놀이를 하고 나서 느낀점	정체성
		5. 자연과 함께해요	여러 가지 동물	다양성
		5. 자연과 함께해요	꽃과 열매	다양성
		5. 자연과 함께해요	우리나라 꽃	정체성
슬기 로운 생활	2	3. 가족은 소중해요	우리 가족 소개	정체성
		3. 가족은 소중해요	다양한 가족	다양성
		3. 가족은 소중해요	가족의 소중함 알기	정체성
즐거운 생활	1	3. 가족은 소중해요	가족	정체성
		3. 가족은 소중해요	얼굴 표정 나타내기	다양성
		3. 가족은 소중해요	가족의 특징 생각하기	다양성
		3. 가족은 소중해요	우리 가족 모습 나타내기	다양성
즐거운 생활	2	3. 가족은 소중해요	가족에게 고마움 전하기	다양성
		6. 왜! 여름이다	색안경 만들기	다양성
		1. 나의 몸	내 모습을 그려보기	다양성
		3. 함께하는 한가위	여러 가지 민속놀이를 하기	정체성

Ⅲ. 지도의 실제

우리는 다르지 않아요

1. 관련교과 및 활동주제

가. 관련교과 : 슬기로운 생활
나. 활동주제 : 나와 친구의 생김새를 살펴보고 다름을 이해하기

2. 주제 선정 의도

나와 다른 친구의 모습을 비교하는 활동을 통해 서로 다름을 올바르게 인식하고, 생김새는 다르지만 서로를 존중할 수 있는 마음을 갖도록 지도하는 것이 다문화교육의 첫 시작이라고 할 수 있을 것이다. 교육활동을 통해 학생들은 나와 다른 친구들의 생김새를 살펴보고 같은 점과 다른 점을 찾아내며 이를 바탕으로 우리는 다르지 않다는 것을 알게 되는 계기가 될 수 있다.

3. 학습 목표

▶ 나와 친구의 생김새를 살펴보고 다름을 이해할 수 있다.
▶ 서로 다른 모습을 존중할 수 있는 마음을 기를 수 있다.

4. 단원의 개관

단원		1 - 2 - 1. 나의 몸		
단원 목표		- 우리 몸의 생김새를 살펴보고, 몸의 각 부분이 하는 일을 알아보고 몸을 소중히 여긴다.		
관련 교수 · 학습 내용		- 나와 친구의 생김새를 살펴보고 다름을 이해한다.		
차시	학습 주제	학습 내용	다문화 영 역	관련 자료
1/6	○나와 친구의 모습 살펴보기	• 나의 모습 살펴보기 • 나와 친구의 모습 비교하기 • 다양한 모습의 사람들 살펴보기	다양성	- 다양한 인종의 사진 및 장애인 사진
2/6	○몸의 생김새 살펴보기	• 몸의 생김새를 나타내는 방법 선택하기 • 몸의 생김새 나타내기		
3/6	○몸의 각 부분이 하는 일	• 몸의 각 부분이 하는 일 알기		
4/6	○몸의 각 부분이 하는 일 자랑하기	• 눈, 코, 입, 귀, 손이 하는 일 말하기 • 역할극 하기		
5/6	○여러 가지 음식의 맛	• 음식의 맛 구분하기 • 감각 기관의 중요성 알기		
6/6	○감각 놀이	• 감각 놀이하기		

5. 지도상 유의점

　나와 친구의 모습뿐만 아니라 다른 인종이나 몸이 불편한 사람들의 사진이나 동영상 자료도 준비하여 모습을 살펴보도록 하며, 이 때 같은 점과 다른 점은 생김새의 차이일 뿐이므로 좋은 점과 나쁜 점으로 판단하지 않도록 지도한다.

6. 다문화 교수 · 학습 과정안

대상	1학년 아동
활동주제	나와 친구의 생김새를 살펴보고 다름을 이해하기
학습목표	▶ 나와 친구의 생김새를 살펴보고 다름을 이해할 수 있다. ▶ 서로 다른 모습을 존중할 수 있는 마음을 기를 수 있다.
학습자료	다른 나라 사람들의 사진자료, 학습지, 플래시 노래 자료, 파워포인트 자료

학습 단계	학습 과정	활동 내용		시간	자료(◇) 및 유의점(☆)
		교사 활동	예상되는 학생활동		
도입	동기 유발	◈ '똑같아요' 노래부르기 - '똑같아요' 노래부르기 - 주변에서 같은 것과 다른 것을 찾아보기	◈ '똑같아요' 노래부르기 - '똑같아요' 노래부르기 - 같은 것과 다른 것 찾아서 발표하기	5분	◇ 플래시 노래 자료
	학습 목표	▸ 나와 친구의 생김새를 살펴보고 다름을 이해할 수 있다. ▸ 서로 다른 모습을 존중할 수 있는 마음을 기를 수 있다.		1분	◇ 파워포인트 자료
전개	활동 1	◈ 거울 놀이 활동 - 활동 설명 - 선생님 동작 따라하기 - 친구 동작 따라하기 - 친구 얼굴 살펴보기 - 친구 얼굴의 특징 발표하기	◈ 거울 놀이 활동 - 선생님 동작 따라하기 - 친구 동작 따라하기 - 친구 얼굴 살펴보기 - 친구 얼굴의 특징 발표하기	5분	◇ 플래시 노래 자료 ☆ 활동방법을 천천히 설명하고, 충분히 익힌 후 시작한다.
	활동 2	◈ 우리는 다르지 않아요 - 활동 방법 소개 - 친구와 나의 같은 점 찾기 - 친구와 나의 다른 점 찾기 - 학습지 작성	◈ 우리는 다르지 않아요 - 눈, 코, 귀가 있습니다. - 피부색이 다릅니다. 눈의 크기가 달라요, 코의 모양이 다릅니다 등 - 학습지 작성하기	10분	◇ 학습지
전개	활동 3	◈ 세계 여행을 떠나요 - 활동방법 소개 - 다양한 민족의 모습 소개 - 나와 같은 점 발표하기 - 나와 다른 점 발표하기 - 세계 지도 완성하기	◈ 세계 여행을 떠나요 - 다양한 민족의 모습 살펴보기 - 눈,코,귀가 있습니다. - 피부색이 다릅니다. 눈동자의 색깔이 다릅니다 등 - 피부색에 따라 세계지도 완성하기	10분	◇ 파워포인트 자료 ◇ 학습지
정리	다지기	◈ 칭찬릴레이 - 친구를 칭찬하기 ·마음 다지기 - 친구를 도울 수 있는 방법 발표하기	◈ 칭찬릴레이 - 나와 모습은 다르지만 노래를 잘 합니다, 춤을 잘 춥니다, 친절합니다 등 ·마음 다지기 - 연필을 빌려줍니다, 우리나라를 잘 소개합니다 등	7분	☆ 자신이 느낀 느낌을 솔직하게 표현할 수 있도록 허용적인 분위기를 유도한다.
차시 예고		◈ 차시 예고 - 다음 시간에는 몸의 생김새를 나타내는 활동을 하겠습니다.	- 감사합니다.	2분	◇ 파워포인트 자료

7. 평가 계획

평가 관점		평가 기준
나와 친구의 같은 점과 다른 점을 찾을 수 있는가?	상	나와 친구의 같은 점과 다른 점을 바르게 찾고 설명할 수 있음
	중	나와 친구의 같은 점과 다른 점을 찾을 수 있으나 바르게 설명하지 못함
	하	나와 친구의 같은 점과 다른 점을 찾지 못함

평가 관점		평가 기준
나와 다른 친구의 모습을 존중하는 태도를 지니고 있는가?	상	나와 다른 친구의 모습을 존중하는 태도를 지녔고 이를 다양한 방법으로 표현할 수 있음
	중	나와 다른 친구의 모습을 존중하는 태도를 지녔으나 다양한 방법으로 표현하는 능력이 부족함
	하	나와 다른 친구의 모습을 존중해야 함을 이해하지 못함

8. 학습지

슬기로운 생활	우리들은 다르지 않아요(1)
	(1)학년 ( ) 반 이름 (　　　　)

단원	1. 나의 몸	영역	다양성	주제	나와 친구들의 생김새를 살펴보고 다름을 이해하기

☆나와 친구의 생김새를 살펴보고 표를 완성하여 보세요.

친구 얼굴의 특징을 3가지 찾아 써 보세요.

♠ _____
♠ _____
♠ _____

나와 친구의 같은 점을 3가지 찾아 써 보세요.

♠ _____
♠ _____
♠ _____

나와 친구의 다른 점을 3가지 찾아 써 보세요.

♠ _____
♠ _____
♠ _____

슬기로운 생활		우리들은 다르지 않아요(2)			
		(1)학년 ( ) 반 이름 ( )			
단원	1. 나의 몸	영역	다양성	주제	나와 친구들의 생김새를 살펴보고 다름을 이해하기

☆ 다른 나라 사람들의 모습을 살펴보고 표를 완성하여 보세요.

1. 나와 같은 점과 다른 점을 찾아서 적어보세요.

▶같은 점 –

▶다른 점 –

2. 다른 나라 사람들은 서로 다른 피부색을 갖고 있습니다. 피부색을 살펴보고 세계 지도를 완성하여 보세요.

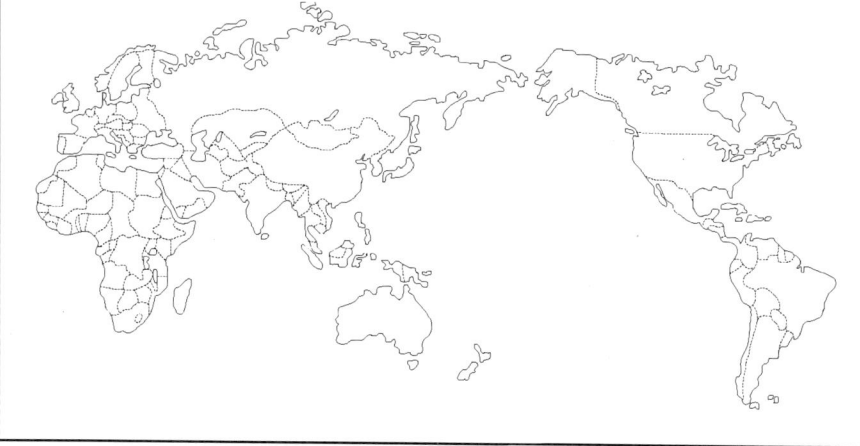

 # 초등학교 2학년 다문화교육의 실제

    G20 정상회의가 우리나라에서 열릴 정도로 우리나라는 더 이상 개발도상국에 머물고 있지 않으며 많은 외국인의 노동력이 없다면 우리 산업에 막대한 지장이 올 정도로 개방화되고 국제화되고 있다. 이러한 경제발전과 사회현상과 맞물려 지금 학교현장에서의 다문화교육은 선택이 아니라 필수로 다가오고 있다. 초등학교 저학년에서의 다문화교육은 아동의 발달적인 측면에서 본다면 초등학교 저학년 시기부터 시작하므로 다음과 같은 긍정적인 측면을 생각해 볼 수 있다. 이 시기의 아동은 자기 자신에 대한 정체성은 물론 다른 사람의 문화적 유산에 대한 이해를 발달시키는 중요한 시기이므로 학생들에게 자신이 속한 전통 문화 뿐 아니라 세계의 다양한 문화를 편견 없이 수용할 수 있는 기초 능력과 세계시민의식을 길러주기 위한 생활 경험을 제공할 수 있는 다문화교육이 반드시 필요하다고 할 수 있다.

    2학년 교과 내용에서 다문화 내용은 각 과목별로 고루 산재되어 있는 편이다. 사회과와 관련이 있는 슬기로운 생활, 바른 생활에서는 통합단원인 '사이좋은 이웃', '함께 사는 이웃', '우리나라'의 경우 자연스럽게 다문화 요소를 투입 가능한 단원이라고 할 수 있다. 또한 통합단원의 경우 주차시 활동 이외에 하고 싶은 활동인 보조 활동으로 다문화관련 학습을 해도 좋을 성 싶고

2학년의 재량활동 중에 다문화와 관련된 내용으로 구성해도 좋을 것 같다. 그래서 우선 초등 2학년 교육과정의 통합단원에 대한 이해가 우선되어야겠기에 간단히 서술하고자 한다.

1. 초등학교 2학년 통합교과의 이해

가. 바른생활 교과의 이해

바른 생활은 21세기를 살아가는 우리 어린들이 공동체 속에서 바르게 생활하는 습관과 태도를 갖게하고 이에 필요한 생활 현상에 대한 이해와 기본기능을 익히게 하는 교과로 주로 사회와 도덕과를 관련시켜 교과를 재구성한 통합 교육과정이다.

또한 도덕과와 사회의 성격이나 목표, 내용 등에서 구별되는 면이 있으나 두 교과의 상호 내적 연관성을 다음과 같은 점[05]에서 갖고 있기도 하다.

첫째, 생활 속에서 경험하며 사회현상과 도덕적 규범을 동시에 이해한다. - 세계속의 한국으로 세계 여러나라의 예절과 도덕적 규범을 자연스럽게 접해보는 것도 좋을 것 같다.

둘째, 민주적 사회 생활과 관련된 각 구성원의 자질, 역할, 예절, 습관, 등의 기초적인 태도와 반공의식을 함양하며,

셋째, 국가 사회 의식의 고취와 우리 문화의 우수성을 이해하고, 이를 유지, 개선시켜 나아가려는 정신을 가지게 하는 것이다. -

따라서 바른 생활의 교과 구성은 하나의 생활 장면이나 사례 속에서 상호 관련되어 있는 사회 현상의 이해, 행동 규범의 이해와 태도 및 습관의 형성에 관한 학습이 자연스럽고 효과적으로 이루어지도록 하는 것이다.

---

05 김재복, 교육과정의 통합적 접근(교육과학사, 1991년) p. 188

나. 슬기로운 생활 교과의 이해

2007년 개정교육과정에서는 '슬기로운 생활'과의 성격을 '탐구 활동 중심'의 통합 교과로 규정하였다. 단순한 사회과와 과학과의 통합이 아니라 사회 현상과 자연 현상을 통합적으로 경험하며 자신의 생활 주변을 다양하게 탐구할 수 있도록 하는 교과라 하겠다. 또한 슬기로운 생활의 교과 총괄 목표[06]로 '사회 현상과 자연 현상에 대한 경험과 탐구 활동을 통하여 자신과의 상호 관계를 이해하며 슬기롭게 사고하고 행동할 수 있는 능력과 태도를 기른다.'로 진술하고 있다.

다. 통합 단원의 이해

초등학교 저학년에서의 통합 단원은 '바른 생활', '슬기로운 생활', '즐거운 생활'과 2007년 개정 교육과정에서 활동 주제 중에서 유사한 주제 혹은 기능적으로 연계 가능한 주제를 찾아 이를 중심으로 개발하였다. 이들 통합단원은 동일한 단원명을 사용하고 통합 단원의 교수·학습 시량을 2주로 통일하였다. 2학년 교과에서의 통합 단원은 다음과 같다.

학기	1학기	2학기	비고
총 단원 수	8	6	
통합 단원	4. 사이좋은 이웃		바른생활, 슬기로운생활
	5. 함께사는 우리		바른생활, 슬기론운생활, 즐거운생활
		3.아름다운 우리나라	바른생활, 슬기론운생활, 즐거운생활

---

06 교육과학기술부, 2007년 개정교육과정 '슬기로운 생활' 총괄 목표.

라. 통합 단원 운영 예시[07]

1) 통합 단원 학습 시작하기

2학년 1학기 통합 단원 '4. 사이좋은 이웃'은 바른생활과 슬기로운생활의 통합단원으로 다음과 같이 통합운영할 수 있다.

가) 주제 제시 : 통합 단원의 학습 주제 '사이좋은 이웃'에 대한 다양한 이야기로 시작하기.

나) 학습의 계획

- 아동들에게 개별적으로 '사이좋은 이웃'과 관련하여 하고 싶은 활동들을 생각하고 계획할 수 있는 시간을 준다. 학습지 형태로 제시해도 좋을 것 같다.

- 학생과 함께 '학습 주제망 만들기(그물과 물고기, 사과나무 등 교사의 창의적 생각에 따름)'을 만들어 교실에 게시

- 사과 한 개 한 개에 '바른 생활', '슬기로운 생활'에서 제시해야할 차시 학습 활동들을 사과에 적어서 나무에 달아 둔다. 사과 나뭇잎에 교과를 표시해 두면 더 효과적이다.

- 작성하여 게시한 주제망에서 '사이좋은 이웃'과 관련해서 하고 싶은 활동 들을 초록 사고로 만들어 다른 한쪽 가지에 달아 둔다.

- 후보 활동을 초록 사과로 만들어 다른 한쪽 가지에 달아 둔다. 초록 사과는 본시 주제와 관련된 후보 활동 목록이다. 후보 활동시 교과활동과 연관된 다문화활동을 적극 활용하는 것도 좋을 것 같다.

2) 통합 단원 학습 실행하기

가) 사과 나무 학습 주제망에 열린 사과를 하나씩 따서 먹는 방식으로 진행한다.

나) 마치고 나면 주제에 해당하는 사과는 따서 나무 아래 바구니에 모은다.

---

07 교육과학기술부, 교사용 지도서 슬기로운 생활, 바른 생활(두산동아, 2009) 발췌.

다) 다음 활동으로 진행은 아동의 의사를 물어서 차시를 진행한다.

라) 초록사과 활동(보조활동)도 적절히 하나씩 곁들여 실행한다. 보조활동의 주제로 다문화관련 교육활동 시간으로 적극 활용한다.

3) 통합 단원 학습 마무리

게시된 학습 주제망의 사과들을 다 따고 나면 주제 학습은 마무리된다.

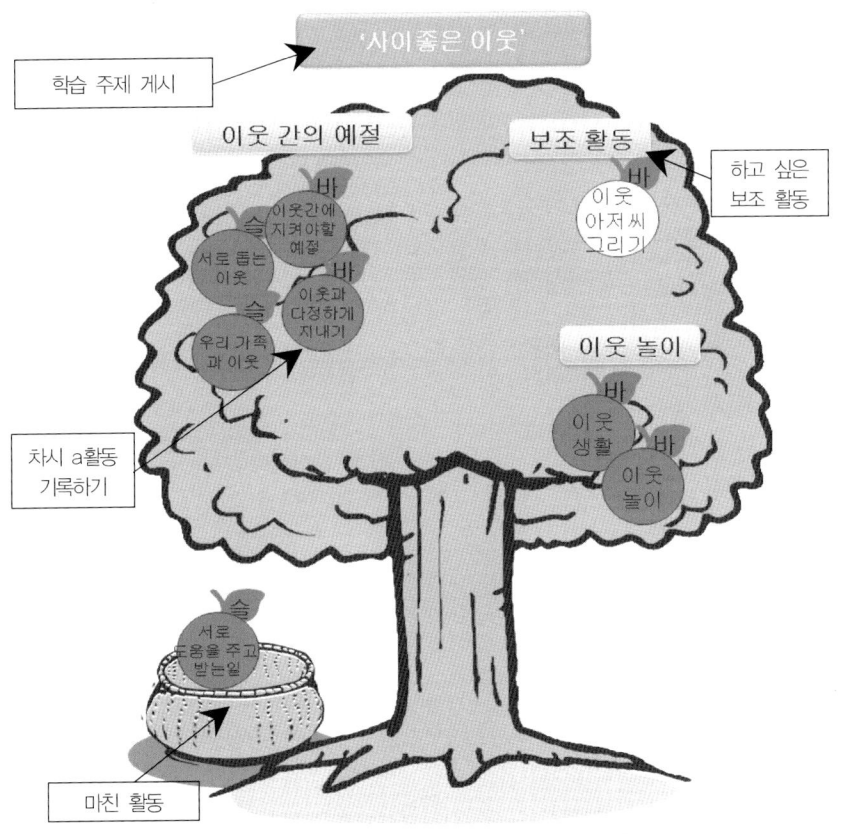

마. 통합 주제망의 예

통합교과가 진행되는 동안 통합주제망을 만들어 게시한 후 각 차시에 맞게 아동들과 함께 진행한다.

2. 다문화와 관련된 2학년 교육과정 분석

가. 2학년 1학기 교육과정 분석

교과	지도시기	단원(제재)	차시	다문화교육 관련 주요 학습 내용	다문화지도요소
국어 (듣·말)		2. 알고 싶어요	2/4	◘ 서로 도와서 사이좋게 지내는 친구의 모습 알기 ◉ 설명하는 말 듣고, 무엇인지 추측해 보기 ◉ 추측하는 방법 알기 ◉ 서로 도와서 사이좋게 지내는 친구의 모습 보기 ♥ 학급에서 신체가 불편하다거나 우리말을 잘못하는 외국인 친구가 소외되는 일이 없도록 인성교육에 접근하여 지도	협력
		6. 의견이 있어요	1~4/4	◘ 상대의 처지를 알고 조리 있게 말해야 하는 이유 알기 ◉ 이야기 속 인물이 되어 말하기 ◉ 인물의 말과 행동을 생각하며 이야기 듣기 ◉ 정리한 내용을 친구들 앞에서 조리있게 발표하기 ♥ 여우와 두루미 – 서로의 처지 이해 존중 개와 돼지 – 각각의 처지에서 가장 적절한 행동 선택 후 활동 강아지 똥 – 세상에서 쓸모있는 사람이 될 수 있다는 자신감	문화간 이해 및 정체성
국어 (읽기)		3. 이런 생각이 들어요	5~6/6	◘ 문제가 생겼을 때, 서로의 감정을 상하지 않게 하는 합리적인 해결책 찾아보기 ◉ 인물의 마음 생각하며 실감나게 글읽기 ◉ 서로의 감정을 상하지 않게 하는 합리적인 해결책 찾기 ♥ 호수의 주인 – 자기의 주장만 내세우지 말고, 상대방의 처지를 생각해 보고 합리적인 문제 해결법 찾기	문화간 이해
		4. 마음을 담아서	4~6/6	◘ 신체가 불편한 사람에 대한 편견 벌기 ◉ 이야기 차례 알고 이야기 속 인물과 대화하기 ◉ 글을 읽고, 생각과 느낌 이야기하기 ◉ 신체가 불편한 사람에 대한 편견 버리기 ♥ 호랑이가 잡은 반쪽 – 과장된 이야기이긴 하지만 편견을 넘어 형들과 다르게 호랑이를 잡은 이야기는 사회적 약자, 소외자에 희망을 줄 수 있도록 지도	정체성 평등
		5. 무엇이 중요할까?	2~4/6	◘ 우리 옹기그릇과 공예품의 좋은 점 알기 ◉ 설명하는 글 읽고, 알게 된 사실을 말하고 중요한 내용 정리하는 방법알기 ♥ 진흙으로 만든 그릇, 전통 공예 체험 행사 – 우리 전통 문화의 우수성을 체험	정체성

교과	지도 시기	단원 (제재)	차시	다문화교육 관련 주요 학습 내용	다문화 지도요소
국어 (읽기)		6. 의견이 있어요	2~3/6 5~6/6	▣ 관점에 따라 생각이 다름을 알기 ◉ 글쓴이의 의견에 대한 내 생각 말하기 ◉ 관점에 따라 생각이 다름을 알기 ◉ 인물의 의견 파악하고, 인물의 의견에 대한 내 생각 말하기 ♥ 의견의 다양함과 상대방의 의견을 존중하는 태도를 배우는 기회를 제공	평등 다양성
		7. 따뜻한 눈길로	1~3/6	▣ 자신을 자랑스럽게 여기는 마음 갖고 다른 사람의 처지 이해하기 ◉ 일이 일어난 차례 알고 글 읽기 ◉ 자신을 자랑스럽게 여기는 마음 갖기 ◉ 다른 사람의 처지 이해하기 ♥ 제시된 제재글은 주변의 친구와 이웃과 정을 나누면서 살아가는 교육적 내용 문화의 이해 및 이웃과 더불어 사는 방법 익히기	문화간 이해 및 정체성 평등
국어 (쓰기)		6. 의견이 있어요	2/4	▣ 내 생각에 알맞은 까닭들기 ◉ 주장하는 글을 쓸 때는 자신의 생각의 생각을 정확히 쓰기 ◉ 주장하는 글을 쓸 때는 까닭이나 이유를 들어 쓰기 ♥ 부모님의 태어난 나라에 가보고 싶은 까닭을 생각해 보고 쓰기	다양성
수학		7. 시간 알아보기	4,6/7	▣ 우리나라의 사계절에 대행 알기 ◉ 요일과 날짜 알아보기 ◉ 각 달의 날수 알아보기 ◉ 거울에 비친 시계 보기 ◉ 각 달의 날수 알아보기 ♥ 사계절이 뚜렷한 우리나라와 다른 나라의 음식, 주거, 옷차림이 달라 질수 있음을 지도한다.	문화간 이해
		4. 마음을 담아서	4~6/6	▣ 신체가 불편한 사람에 대한 편견 벌기 ◉ 이야기 차례 알고 이야기 속 인물과 대화하기 ◉ 글을 읽고, 생각과 느낌 이야기하기 ◉ 신체가 불편한 사람에 대한 편견 버리기 ♥ 호랑이가 잡은 반쪽-과장된 이야기이긴 하지만 편견을 넘어 형들과 다르게 호랑이를 잡은 이야기는 사회적 약자, 소외자에 희망을 줄 수 있도록 지도	정체성 평등
바른 생활		2. 사이좋 은 이웃	1/4	▣ 다문화가정에 관심을 갖고, 이웃 간에 예절을 지키기 우해 할 일 알기 ◉ 나의 이웃 소개하고 소중함 알기 ◉ 이웃이 필요한 까닭 알기 ♥ 우리 주위의 다문화가정과 사이 좋게 지낸 경험 이야기 나누기	정체성

교과	지도시기	단원(제재)	차시	다문화교육 관련 주요 학습 내용	다문화 지도요소
바른 생활		5. 함께 사는 우리	1/4 · 2,3/4	◎ 다문화가정 친구들을 배려하고 존중하기 ● 다른 사람을 배려하는 모습을 생각해보고 일상 생활에서 배려하는 상황 생각하기 ● 학급에서 친구를 배려한 경험 발표하기 ● 다른 사람의 생각을 존중해야 하는 까닭 알기 ♥ 다문화가정의 학생들이 겪을 수 있는 다양한 상황(외모, 학습부진, 언어미숙)에 대해 생각해 보고 교과서 제재글의 재구성을 통한 역할극 자료로 활용하기	정체성 이해
슬기로운 생활		1. 커가는 내 모습	2,4/6	◎ 어렸을 때와 지금의 달라진 점을 비교하면서 사람마다 신체적 특징이 다를 수 있다는 것을 이해하기 ● 자신의 성장에 따른 사진 늘어 놓기 ● 자친구의 달라진 모습 이야기하기(친구 알아맞히기) ♥ 자신의 성장과정의 사진을 보며 외모가 다르고 언어가 달라도 자신이 소중한 것처럼 다른 사람도 소중하게 생각할 수 있도록 지도	문화의 다양성 이해
		4. 사이좋은 이웃	2~4/6	◎ 이웃의 소중함을 알고 이웃과 사이좋게 지내기 위해 지켜야 할 일을 알기 ● 어려움이 처한 사람을 도울 수 있는 방법 알기 ● 내가 이웃으로부터 도움을 서로 주고 받은일 알아 보기 ● 이웃과의 도움에 관한 경험 카드 만들기, 발표하기 ♥ 이웃의 개념을 확대하여 가르치며 도움이 필요한 다문화가정의 이웃에 대한 배려와 도움을 줄 수 있도록 지도하기	문화간 이해
		6. 우리 집이 좋아요	2~6/6	◎ 여러 가지 집의 외부 모습과 내부 모습을 살펴보고 나라마다 특징이 있음을 이해하기 ● 여러 가지 집의 외부 모습 살펴보기 ● 여러집의 같은 점과 다른 점 알기 ● 우리 집안의 모습 꾸미기 ● 아파트와 한옥을 비교하고 같은 점과 다른 점 찾아보기 ● 살고 싶은 집을 생각하고 그리기 ● 내가 살고 싶은 집을 그린 후 소개하기 ♥ 주변에서 볼 수 있는 다양한 집을 소개하고 우리 나라뿐만 아니라 세계 여러나라의 집이 그 나라의 기후, 자연, 재료, 생활과 밀접한 관계가 있음을 지도	문화의 다양성과 이해
즐거운 생활		1. 소리 축제	4,7,8/ 12	◎ 우리 나라의 리듬 악기의 주법을 알아보고 주변 소리에 대한 다른 나라의 의성어를 알아보기 ● 동물과 주변의 소리에 대한 다른 나라의 의성어 알아보기 ● 우리 나라의 리듬 악기 알아보기 ♥ 동물의 의성어가 다름은 언어가 다르기 때문임을 가르치고 그에 따라 음악적 표현도 달라질 수 있음을 이해시키기 우리나라 악기와 서양악기의 모양을 비교해 보고 소리의 차이도 알아보기	다문화의 이해 정체성

192 다문화교육의 이론과 실제

교과	지도 시기	단원 (제재)	차시	다문화교육 관련 주요 학습 내용	다문화 지도요소
즐거운 생활		7. 따뜻한 눈길로	2,3,5,8, 9/12	⬚ 다른 나라의 국화와 꽃 장식을 알아보기 ⬤ 다른 나라의 국화 알아보기 ⬤ 꽃의 모습을 표현한 우리나라 춤 보기 ⬤ 우리나라와 다른 나라의 꽃 장식 알아보고 비교하기 ♥ 세계 각국의 국화를 알아보고 다양한 꽃을 이용한 장식 알아보기	문화간 이해 및 정체성 이해

나. 다문화 관련 재량활동

단원명	학습주제	다문화요소
다문화 이해	학급에 다문화 아동이 있으면 소개	다양성
다문화 이해	피부색, 언어는 달라도 우리는 친구	정체성 다양성
세계의 국기	여러나라의 국기 알아 보기	정체성 다양성
세계의 국화	여러나라의 국화 알아 보기	다양성
세계의 민속 축제	세계 여러 나라의 고육 축제 알아 보기	다양성
세계의 민속춤	세계 여러 나라의 고유의 민속 춤 알아 보기	다양성

다. 2학년 2학기 교육과정 분석

교과	지도 시기	단원 (제재)	차시	다문화교육 관련 주요 학습 내용	다문화 지도요소
국어 (듣·말)		3. 생각을 나타내요	1~4/4	⬚ 충고하는 말을 하는 방법을 알고 충고하는 말을 들었을 때에 대답하는 방법 알기 ⬤ 충고하는 말을 하는 때 알기 ⬤ 충고하는 말을 하는 방법 알기 ⬤ 충고하는 말을 하고, 듣고, 대답하기 ⬤ 충고하는 말과 대답하는 말 주고 받기 ♥ 상대방(우리말을 잘 모르는 친구, 외국인)을 배려하며 사이좋게 지낼 수 있는 언어생활 바르게 배우기	이해
		6. 의견이 있어요	2~4/4	⬚ 감정을 나타내는 어휘를 알고 상황에 알맞게 표현하기 ⬤ 인물의 처지를 생각하며 내 생각을 조리 있게 말하는 방법 알기 ⬤ 인물의 말과 행동을 생각하며 이야기 듣기 ⬤ 인물에게 하고 싶은 말을 조리 있게 하기 ⬤ 이야기에 나오는 인물을 초대하여 이야기 나누기 ♥ 서로 협력하는 것은 좋은 모습이며 겉모습만으로 사 람을 판단하면 안되고 그 사람의 마음과 행동을 두루 살핀 후 사람을 판단해야 함을 알게 한다.	문화간 이해 및 정체성

교과	지도 시기	단원 (제재)	차시	다문화교육 관련 주요 학습 내용	다문화 지도요소
국어 (읽기)		1. 느낌을 나누어요	4,5,6/6	◘ 감정을 나타내는 낱말과 표현 알기 ◉ 이야기에 나타난 인물의 마음이나 기분 알기 ◉ 인물의 마음과 기분을 생각하며 이야기 읽기 ♥ 이야기의 상황 속에서 대인관계에 필요한 마음을 배울 수 있고 재치있는 말로 상대방이 자신의 잘못을 깨닫도록 하며 다른 사람드의 마음을 수용하고 이해해 주는 태도를 기른다.	문화간 이해
		2. 생각을 나타내요	4~6/6	◘ 자기를 너무 내세우지 말고, 겸손한 태도 갖기 ◉ 이글을 읽고, 인물이 한 일 알기 ♥ 등장인물들의 모습과 행동이 다르듯이 사람들도 서로 생각이 다르다는 것을 인정하며 상대방을 이해하는 마음을 갖도록 한다.	정체성 평등
		5. 어떻게 정리할까요	2~4/6	◘ 우리의 전래 놀이 알기 ◉ 내용을 정리하는 방법 알고 우리의 전래놀이알기 ♥ 우리의 전래놀이와 외국의 전래놀이를 비교하여보고 서로 좋은 점 알기	정체성
읽기		6. 하고 싶은 말	3,4/4	◘ 다양한 의견이 있음을 알고, 의견 비교하기 ◉ 인물의 의견이 어떻게 다른지 말하기 ◉ 인물의 의견 알아보고, 의견 비교하기 ♥ 문제 해결하는 방법에 있어 모두 똑같은 의견을 가지고 있지는 않다는 사실을 알고 의견이 다르기 때문에 해결 방법도 다름을 알게 한다.	다양성
수학		1. 곱셈 구구	8/11	◘ 다른 나라의 곱셈 구구에 대해 알기 ◉ 곱셈표에서 규칙 찾기 ♥ 각국의 곱셈구구를 학습하는 방법에 차이도 있으며 인도의 경우 19단까지 외우기도 함을 알게 지도	다양성
		5. 분수	4,5,6/6	◘ 세계 여러 나라의 국에 대해 알아 보기 ◉ 다양한 나라의 국기에서 똑같이 나누어진 도형을 찾아 보기 ◉ 세계 여러 나라의 국기 알아 보기 ♥ 나라 마다 그 나라를 상징하는 국기가 있으며, 모양과 색이 모두 다양함을 알고, 분수의 개념을 지도하면서 만국기에 대해 관심을 가질 수 있도록 지도함.	문화간 이해 정체성
바른 생활		2. 바른 말 고운 말	2,3/3	◘ 다문화가정 친구의 입장을 배려하는 마음으로 고운 말을 사용하기 ◉ 외국인을 만났을 때 태도와 바르고 고운 말 알아보기 ◉ 이웃 나라의 인사말 익히기 ♥ 다문화가정 학생의 부모의 나라에서 사용하는 인사말 알아보기, 다문화가정 학생들이 학교 생활에서 외모나 언어에서 따돌림 받지 않도록 지도하기.	이해

교과	지도 시기	단원 (제재)	차시	다문화교육 관련 주요 학습 내용	다문화 지도요소
바른 생활		3. 아름 다운 우리나라	1~4/4	◙ 이웃 나라에도 각 나라마다 자랑거리를 가지고 있으며 이를 보존하기 위해 노력하고 있음을 알기 ◉ 우리 나라를 빛낸 분과 전통 알아 보기 ◉ 세계의 자랑거리가 된 우리의 것에는 어떤 것이 있는지 알아보고 세계 문화유산 알기 ◉ 우리 나라의 자랑거리를 아끼고 사랑하기 ♥ 다문화가정 학생의 경우 두나라를 문화를 자연스럽게 접할 수 있는 다양한 기회가 부여되도록하며 각 문화의 우수성을 알 수 있도록 지도	이해 정체성
바른 생활		4. 통일을 향해서	1~4/4	◙ 탈북이주민 가정의 이야기를 다룬'평양랭면집 명옥이'를 이야기를 듣고, 남북한이 같은 민족임을 알고, 통일의 필요성 알기 ◉ 주인공의 마음을 생각하며 이야기 듣기 ◉ 이야기의 줄거리 알아보기 ◉ '내가 주인공이라면' 생각해 보고 이야기하기 ◉ 통일의 의미를 알고 필요성 이해하기 ♥ 탈북 이주민 학생에 대해 이들이 겪는 어려움을 이해하고 같은 한국인이라는 생각으로 받아 들여 지도록 지도.	이해
		5. 화목한 가정	1/4	◙ 다문화가정의 화목한 모습을 보고 내가 할 수 있는 일을 알아보고 노력하려는 마음을 갖기 ◉ 행복한 가정의 의미 알기 ◉ 화목한 가정의 경험 떠올리기 ♥ 다양한 가족 형태의 사진 자료나 동영상자료를 활용하여 학생들로 하여금 가족 구성 형태가 다양해지고 있음을 알게 한다.	문화간 이해 및 정체성
슬기로운 생활		1. 낮과 밤이 달라요	1/6	◙ 어렸을 때와 지금의 달라진 점을 비교하면서 사람마다 신체적 특징이 다를 수 있다는 것을 이해하기 ◉ 하루의 다양한 모습을 살피고 '낮'과 '밤'하면 떠오르는 것 이야기하기 ♥ 우리나라와 지구 반대편에 있는 나라는 밤과 낮이 반대라는 사실을 이야기하고 지구 반대편에 있는 친구와 전화 놀이를 통해 생활 모습 비교해 본다.	문화간 이해와 다양성
		3. 아름 다운 우리나라	1~6/6	◙ 나라마다 상징하는 것이 다름을 이해하고 우리나라를 사랑하는 마음을 표현하기 ◉ 우리나라가 아름답다고 느꼈던 경험 말하기 ◉ 우리나라를 나타내는 것을 활용하는 경우를 알아보고 여러 나라를 나타내는 것 알아보기 ◉ 내가 가장 좋아하는 계절에 대한 소개서를 만들고 발표하기 ◉ 사계절 날씨의 특징 알아보기 ◉ 계절에 따라 변화하는 생활 모습 말하기 ◉ 나라 사랑하는 마음을 작품으로 표현하기 ♥ 다문화가정의 아동의 경우 이중국가의 문화를 학습할 수 있는 기회를 부여하며 부모님 상호국가의 문화의 우수성을 느껴보도록 지도한다.	정체성 이해

교과	지도 시기	단원 (제재)	차시	다문화교육 관련 주요 학습 내용	다문화 지도요소
즐거운 생활		3. 아름 다운 우리나라	2~12/1 2	☑ 민속놀이나 민속춤에 대해 알아 보기 ◉ 한복을 살펴보고 한복 색칠하기 ◉ 다른 나라의 부채의 모양과 쓰임새 알아보기 ◉ 다른 나라의 도구를 이용한 민속 놀이 알아보기 ◉ 간단한 장단을 치며 사물놀이를 경험하고 다른 나라의 음악 　감상하기 ◉ 태권무를 감상하며 다른 나라의 무술 알아보기 ◉ 여러나라의 민속춤을 감상하고 특징 알기 ♥ 세계의 다양한 민속놀이를 알아보고 놀이를 즐긴다는 공통점 　과 놀이가 다양하다는 다양성을 알도록 지도한다.	이해 다양성 정체성
		6. 팥죽 할머니와 호랑이	1,2/ 12	☑ 전래 동화와 연극 알아 보기 ◉ 이야기를 듣고 동화를 구연하고 다른 나라의 전래 동화 듣기 ◉ 연극 놀이에 관련된 노래 부르고 여러 나라의 연극 알아 보기 ♥ 연극이나 인형극을 통하여 의상, 음악 등을 통해 각 나라의 　특징을 알고 이를 통한 각 나라의 독특한 문화를 이해한다.	문화간 이해 및 정체성

라. 다문화 관련 재량활동

단원명	학습주제	다문화요소
세계의 의상	우리 한복의 장점을 알고 아시아의 고유 의상 알아보기	정체성 다양성
세계의 의상	세계 여러 나라의 의상 색칠하기	다양성
세계의 음식	한식의 특징을 알고 세계 여러 나라의 음식 알아보기	정체성 다양성
세계의 축제	세계 여러 나라의 축제 알아보기	다양성
다양한 언어	세계 여러 나라의 인사말 배우기	다양성

3. 교수 · 학습 과정안

가. 국어과 교수 · 학습 과정안

학년/학기	2학년 1학기	단원(제재)	6. 의견이 있었요	차시	2/4	교과서	쓰기 68~69쪽
학습주제	○ 내 생각에 알맞은 까닭 들기						
학습목표	○ 내 생각에 알맞은 까닭을 들 수 있다.						
다문화관련 지도요소	다양성, 시민성		관련 자료	○ 사진자료, 그림자료, ppt자료, 학습지			

학습 단계	학습 요항 (분)	교수 · 학습 활동	자료(□) 유의점(※)

문제
인식
	마음
	열기
	(5)
		◈ 요술 기차를 탈 수 없는 두 친구 이야기
		○ 교사가 역장이 되어 요술기차 이야기를 들려준 후 문제 상황을 제시
		 · 저는 우리 반 친구들이 꽃을 만지거나 꺾어서는 안 된다고 생각
		  합니다. 저는 장미꽃도 좋아하고 동물도 좋아하기 때문입니다.
		 － 알맞은 까닭을 들지 않았습니다.
		 － 동물이야기 나왔습니다.
		 · 컴퓨터 게임은 시간을 정해서 해야 한다고 생각합니다. 컴퓨터 게
		  임을 오랫동안 하면 숙제를 할 수 있고, 눈도 좋아지기 때문입니다.
		 － 알맞은 까닭을 들지 않았습니다.
		 － 좋은 점을 이야기했습니다.
			①지도서 342쪽의
			 참고 자료 활용
			②요술기차사진
			
			※ 교사가 역장이 되어
			 목소리를 흉내내거나
			 비슷한 복장으로
			 수업 분위기 조성

문제 파악	공부 할 문제 알기 (3) 활동 안내	◈ 공부할 문제 알아보기 ○ 이번 시간에는 어떤 공부를 할까요? ♣ 내 생각에 알맞은 까닭을 들어 봅시다. ○ 학습 활동 순서 및 방법을 알아봅시다. [활동1] 나를 꼭 태워주세요 [활동2] 요술 기차표를 찾아서	※활동안내순서를 칠판에 부착한다.
문제 해결 방법 찾기 문제 해결 하기	문제 해결 방법 탐색 및 계획 하기 (10)	◈ [활동1] 나를 꼭 태워주세요 ○ 그림 보고 내용 생각하기 - 교과서 68쪽의 그림을 보고 주영이가 요술 기차에 탈 수 있을 생각해 봅시다. · 주영이에게 어떤 일이 있었나요? － 주영이가 구름속에서 요술 기차를 타고 우주를 여행하려고 합니다. · 가 기차는 어떻게 해야 원하는 곳으로 데려다 주나요? － 알맞은 까닭을 들면 됩니다. · 주영이는 어디에 가고 싶나요? － 달나라에 가고 싶습니다. · 주영이가 요술 기차에 타려면 어떤 까닭을 들어야 할까요? 예를 들어 봅시다. － 달나라에 가서 토끼를 만나고 싶습니다. － 달나라를 탐험하고 싶어요. ○ 그림과 어울리는 말 생각하기 － 다른 친구들도 요술 기차에 타 고 싶어합니다. 교과서 69쪽에 나오는 친구들이 어떤 까닭을 들 면 좋을지 생각해 봅시다. · 69쪽에 있는 친구들은 어떤 친구일까요? － 첫 번째 : 엄마가 다른 나라 사람인 여자애입니다. － 두 번째 : 책을 좋아하는 애입니다. － 세 번째 : 우주 탐험을 하고 싶은 남자애입니다. ○ 그림을 보고, 생각과 그 생각에 알맞은 까닭 들기 · 외국에서 오신 엄마를 위하여 아이가 하고 싶은 일은 무엇입니까? － 엄마가 태어난 나라에 가보고 싶어요. · 동화 나라에 가 보고 싶은 아이는 어떤 까닭을 들 수 있을까요? － 내가 책을 너무 좋아하는데 진짜 그 이야기 속으로 가보고 싶어요. · 달나라에 가고 싶은 아이는 어떤 까닭을 들면 될까요? － 망원경으로 보지 않고 진짜 내 눈으로 보고 싶어요.	③68쪽 확대 그림 ppt ※요술 기차표 선물하기

학습 단계	학습 요항 (분)	교수 · 학습 활동	자료(□) 유의점(※)
일반 화 하기	집의 모습 비교 하기 (10)	◆ [활동2] 요술 기차표를 찾아서 ○ 문제 상황 해결하기. · 내가 가고 싶은 곳과 가고 싶은 까닭을 학습지에 써 봅시다. – 내 생각과 알맞은 까닭을 쓴다. · 알맞은 까닭을 들어 내 생각을 말해야 요술 기차표를 받을 수 있습니다. – 기차칸별(모둠별)로 서로 말하여 상호점검 후 대장은 투투반 역장에게 검사 후 요술기차표 받기	④학습지 ※기차표를 잘 활용하여 학습 의욕 고취시키고 보상한다.
정리	학습 내용 정리 하기 (5)	◆ 내 생각을 글로 쓸 때 어떤 점에 주의해야 할 점 점을 말해 봅시다. · 주장하는 글을 쓸대 주의할 점 – 내 생각을 정확하게 씁니다. – 까닭이나 이유를 꼭 씁니다. ◆ 차시예고 및 과제 제시 ○ 다음 시간에는 생각과 까닭이 드러나게 긴 글을 써보겠습니다.	

◉ 본시 평가계획

영역	평가 내용	평가 시기	평가 방법
인지적 영역	○ 그림에 어울리는 까닭을 찾을 수 있는가?	학습 중	지필
심체적 영역	○ 그림을 보고 어울리는 까닭을 쓸 수 있는가?	학습 중	관찰 평가 체크리스트
정의적 영역	○ 활동에 관심을 가지고 적극 참여하려는 태도를 갖는가?	학습 중 학습 후	관찰평가 일기장

나. 통합단원 교수 · 학습 과정안

학년/학기	2학년 1학기	단원 (제재)	4. 사이좋은 이웃	차시	2/4	교과서	바생 42~43쪽 생길 32~35쪽
학습주제	○ 이웃 간에 지켜야 할 예절						
학습목표	○ 이웃 간에 예절을 지킬 수 있다.						
다문화관련 지도요소	정체성 다양성	관련 자료	○동영상 자료, 사진 자료, 학습지				

학습 단계	학습 요항(분)	교수 · 학습 활동	자료(□) 유의점(※)
학습 문제 인지 하기	학습 주제 알아보기 (7) 학습 문제 확인 (3)	◈ 이웃 간에 지켜야 할 예절의 중요성 알기 ○ 학교 오는 길에 만난 이웃에게 어떻게 했는지 이야기하기 - 내가 먼저 인사한다. - 이웃이 먼저 인사해서 나도 했다. - 서로 바라보기만 하고 인사는 안 했다. - 부끄러워 고개를 숙이고 못 본 척했다. ○ 이웃 간에 예절을 지키지 않는다면 어떻게 될지 이야기하기 - 웃음이 없어진다. - 사이좋게 함께 살기 힘들 것 같다. - 작은 일에도 화를 내고 서로 다툼이 잦아진다. ◈ 학습 문제 확인하기 ○ 이번 시간에는 어떤 공부를 할까요? ♣ 이웃 간에 지켜야 할 예절 알아봅시다.	①동영상 자료 ※ 주제망에서 학습할 주제를 확인한다.
바른 행동 알아 보기	인사의 중요성 알기 (10)	◈ [활동1] 인사의 중요성 알기 ○ 바른 생활 42쪽의 만화 '먼저 인사하기' 내용을 살펴보기 ○ 할머니, 할아버지께서 이사 오기 전에는 아파트 사람들이 어떻게 지냈는지 이야기해 봅시다. - 이웃 간에 서로 인사를 하지 않았다. ○ 할머니, 할아버지께 본받을 점은 무엇인지 이야기해 보기 - 먼저 인사하는 모습입니다. ○ 할머니, 할아버지께서 이웃에게 먼저 인사를 건네지 않았다면 어 떻게 되었을지 발표하기 - 서로 인사를 하지 않고, 이웃들과 친하게 지낼 수 없을 것입니다. - 다툼이 있을 수도 있습니다. ○ 우리가 살고 있는 동네에 외국인에게 먼저 인사를 건넨 이야기를 발표해 보고 외국인에게 인사를 나눌 때의 좋은 점을 발표하기 - 서로 친하게 지낼 수 있습니다. - 외국인이 우리나라에 대해 좋게 생각합니다. ○ 여러 나라의 인사법을 익혀 그 나라 인사법으로 인사하기	②42쪽 만화ppt ※인사의 중요성을 깨닫게 하며, 이 웃 사람들에게 먼 저 인사하려는 마 음을 가지고 상 대방에 따라 올 바른 방법으로 인 사할 수 있도록 지 도한다. ③여러나라 인사법 동영상
	이웃 간에 지켜야 할 예절 알기 (10)	◈ [활동2] 이웃 간에 지켜야 할 예절 알기 ○ 생활의 길잡이 32~34쪽의 내용을 보면서 이웃과 함께 정답게 지내기 위해서 지켜야 할 예절에는 어떤 것들이 있는지 알아보기 - 이웃 어른을 만나면 공손히 인사한다. - 친구들과 정답게 인사한다. - 이웃을 방문하기 전에 미리 시간과 목적을 알린다. ○ 외국인과 지낼 때 지켜야 하는 예절에는 어떤 것들이 있는지 알 아보기 - 나이를 묻지 않는다. - 결혼했는지 안했는지 묻지 않는다. ○ 생활의 길잡이 34쪽에 그 밖에 이웃간에 지켜야 할 예절을 적어보기 - 이웃 간에 정답게 지낼 수 있다. - 생활이 활기차고 서로 기쁨을 주고받을 수 있다.	

학습 단계	학습 요항(분)	교수 · 학습 활동	자료(□) 유의점(※)
실천 동기 부여 하기	되돌아 보기 (7)	◈ 나의 예절 생활을 되돌아보고 실천 다짐하기 ○ 생활의 길잡이 35쪽의 이웃간의 예절 실천 기록표에 나의 이웃 과의 예절 생활을 되돌아보고 평가하기 - 이웃 어른을 만나면 공손히 인사한다. - 친구들과 정답게 인사한다. - 이웃을 방문하기 전에 미리 시간과 목적을 알린다. ○ 이웃 간에 예절을 잘 지키면 어떤 점이 좋을 지 이야기하고 예 절 생활 다짐하기 - 이웃 간에 정답게 지낼 수 있다. - 생활이 활기차고 서로 기쁨을 주고받을 수 있다.	④교사용 지도서 114쪽 '나의 인사 예절 생활 실천표' 학습지 활용
	차시 학습 예고 (2)	◈ 차시 학습 예고하기 ○ 이웃에게 피해를 주는 행동과 피해를 주지 않는 행동을 구분하는 시간 갖기	

⊙ 본시 평가계획

영역	평가 내용	평가 시기	평가 방법
인지적 영역	○ 외국인 이웃간에 지켜야할 예절을 알고 있는가?	학습 중	지필
심체적 영역	○ 외국인을 만났을 때의 예절을 바르게 알고 실천하는가?	학습 중	관찰 평가 체크리스트
정의적 영역	○ 활동에 관심을 가지고 적극 참여하려는 태도를 갖는가?	학습 중 학습 후	관찰평가 일기장

학년/학기	2학년 1학기	단원(제재)	4. 사이좋은 이웃	차시	2/6	교과서	슬생 45쪽
학습주제	○ 서로 돕는 이웃							
학습목표	○ 어려움에 처한 상황을 통해 이웃의 의미를 확인한다.							
다문화관련 지도요소	정체성 다양성		관련 자료	○동영상 자료, 사진 자료, 학습지				

학습 단계	학습 요항(분)	교수 · 학습 활동	자료(□) 유의점(※)
학습 준비 활동	동기 유발 (3)	◈ '15 소년 표류기'의 주요 사건 떠올려 보기 ○ 그림을 보며 '15소년 표류기'의 주요 사건 떠올려 보기 - 그림을 보며 내용을 떠올린다. ○ 주요 사건별 극복 과정 이야기해 보기 - 무인도 표류→악당 침입→무인도 탈출의 과정에서 표범과 악당의 공 격을 이겨냄→서로 힘을 합쳐 배를 만듦→집으로 돌아옴	①'15소년 표 류기' 주요 장면 확대 제시
학습 문제 인지	학습 목표 확인 (2)	◈ 학습 문제 인지하기 ○ 공부할 문제 알아보기 ♣ 어려운 일이 있을 때 서로 도와줄 수 있는 방법을 이야기하여 봅시다.	※ 주제망에서 학습할 주제 를 확인한다.

학습 단계	학습 요항(분)	교수 · 학습 활동	자료(□) 유의점(※)
전개	자신있는 분야 발표 (10) 도울수 있는 방법 (10) 서로 돕는 것의 장점 (5)	◆ 자신 있는 분야 발표하기 ㅇ 자신이 잘할 수 있거나 자신 있는 분야에 대해 발표하기 – 자신이 잘 할 수 있거나 자신 있는 분야는? – 과학을 잘해서 발명품을 만들어 원하는 것을 얻고 싶다. – 달리기를 잘하고 공을 잘다루며 미래의 축구 선수가 되고 싶다. ◆ 도울 수 있는 방법 알아보기 ㅇ 자신의 특기와 소질을 생각하며 도움을 줄 수 있는 방법 찾아보기: 자 신의 특기와 소질을 생각하며 도움을 줄 수 있는 방법 찾기 – 힘이 세어서 나무를 구해올 수 있다. – 불을 만들거나 생수를 얻는 법을 알고 있기 때문에 사람들을 도울 수 있다. – 힘든 친구들을 위해 따뜻한 위로의 말을 할 수 있다. ㅇ 상황을 선택하고 도움을 줄 수 있는 방법 토의: 모둠별로 무인도에 남겨진 후 발생 가능한 여러 상황 중에서 하나를 택하고 그 상황에서 서로 도움을 줄 수 있는 방법을 토의하기 〈선택1〉 배가 고픈 사람들이 있을 때 〈선택2〉 친구가 아파할 때 〈선택3〉 생일을 맞은 친구가 있을 때 〈선택4〉 부모를 그리워하며 우는 동생이 있을 때 – 토의한 내용을 정리하여 발표하기 ◆ 서로 돕는 것의 장점 말하기 ㅇ 서로 도움을 주고받을 때의 좋은 점 이야기하기 – 혼자서는 하기 힘든 일도 서로 도우면 쉽게 할 수 있다. ㅇ 이웃에 외로이 사는 외국인을 도와줄 수 있는 방법 이야기하기 – 말을 먼저 건넨다. – 먹을 것을 나눠 먹는다. – 모르는 것을 친절하게 가르쳐준다.	※ 다른 친구의 이야기를 귀 담아 들어 줄수 있도 록 지도 ② 선택활동자 료 게시 ※ 선택활동 상 황을 칠판에 부착한다.
정리 및 평가	학습 내용 정리, 평가 (10)	◆ 이웃의 개념에 대하여 자유롭게 이야기하기 ㅇ 무인도에서 도움을 주고받던 이웃과 지금 나의 이웃과의 공통점은 무엇인가? – 무인도에서 도움을 주고받았던 이웃과 나의 이웃들은 힘들 때 서로에 게 힘이 되어준다. – 이웃과 힘을 합치면 어려운 일을 해결할 수 있다. ◆ 다양한 이웃의 범위 살펴보기 ㅇ 이웃의 범위를 나타낸 주제망 자료를 보고 지역적 이웃과 기능적 이 웃의 의미 알아보기 – 이웃의 범위가 지역적 이웃뿐만 아니라 기능적 이웃 모두를 포함하고 있음을 안다.	※ 자유스럽게 이 야 기 할 수 있는 분 위기를 만 든다. ③ 이웃의 개념 예시 자료

⊙ 본시 평가계획

영역	평가 내용	평가 시기	평가 방법
인지적 영역	○ 외국인 이웃과 서로 도움을 주고 받으면 좋은 점을 말할 수 있는가?	학습 중	관찰 평가 상호 평가
심체적 영역	○ 어려움에 처한 외국인을 도와주려는 의지를 가지고 구체적 방안을 제시할 수 있는가?	학습 중	관찰 평가 체크리스트
정의적 영역	○ 활동에 관심을 가지고 적극 참여하려는 태도를 갖는가?	학습 중 학습 후	관찰평가 일기장

다. 재량활동 수업안 및 학습지

학년/학기	2학년 1학기		단원(제재)	다문화의 이해		차시	1/3	교과서	
학습주제	○ 각 나라의 나라꽃 알기								
학습목표	○ 세계 여러 나라의 나라꽃을 알 수 있다.								
다문화관련 지도요소	다양성 정체성		관련 자료		○ 세계 여러나라의 국기와 나라꽃 ppt				

학습단계	학습 요항 (분)	교수 · 학습 활동	자료(□) 유의점(※)
도입	경험 나누기 (3)	◈ 무궁화를 본 경험 발표하기 ○ 우리 나라의 국화는? - 무궁화입니다.	※ 국화의 의미를 바르게 이해 할 수 있게 한다.
	국화의 뜻 알기 (3)	◈ 국화 뜻 발표하기 ○ 국화란 무엇인가요? - 나라를 상징하는 꽃입니다. - 나라를 대표하는 꽃입니다.	1 국화ppt 2 학습지 ※ 여러나라의 국화 알아오기 과제 내기
전개	세계 여러 나라의 국화 알기 (8)	◈ 세계 여러 나라의 국화 알아보기 ○ 세계 여러나라의 국화를 알아 봅시다.	
정리	세계 여러 나라의 국화 찾아보기 (16)	◈ 세계 여러나라 국화 찾아보기 ○ 개별 과제와 ppt자료를 이용해서 학습지에 표시된 나라별 국화를 찾아본다.	
	활동 정리 (10)	◈ 모둠별로 국화 맞추기 게임을 하며 각 나라의 국화 외우기	

⊙ 본시 평가계획

평가내용	평가 항목	평가	평가방법
우리나라 국화를 사랑하려는 마음을 지니고 있고 다른 국화에 대해 관심을 가지고 있는가?	우리나라와 다른 나라 국화에 대해 관심을 가지고 있다.	상	관찰법
	우리나라 국화에 관심이 많으나 다른 나라 국화에는 관심이 없다.	중	
	나라의 국화에 대하여 관심이 없다.	하	

학생 활동지	여러 나라의 국화(나라꽃) 알아보기	일시	월 일
		성명	

♣ 여러 나라의 꽃을 아래의 보기에서 찾아 적어 봅시다.

대륙 이름	국가이름	나라꽃 이름	대륙 이름	국가이름	나라꽃 이름
아시아	한국	무궁화	유럽	영국	
	중국			프랑스	
	대만			독일	
	일본			이탈리아	
	네팔			스위스	
	필리핀		아메리카	칠레	
	시리아			멕시코	
	인도			캐나다	
	타이			콜롬비아	
	스리랑카			도미니카	
	인도네시아		아프리카	이집트	
	말레이시아			남아프리카공화국	
오세아니아	뉴질랜드			리비아	
	오스트레일리아			카메룬	
				콩고	

보기	매화, 모란, 벚꽃, 붉은만변초, 자스민, 바람꽃, 수련, 회화나무, 꽃아카스아, 장미, 센토레아, 붓꽃, 데이지, 동백꽃, 붉은클로버, 달리아, 사탕단풍, 카틀레야, 수련, 석류, 마호가니, 에델바이스, 프로테아

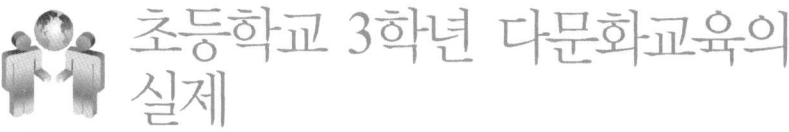

초등학교 3학년 다문화교육의 실제

I. 초등학교 3학년 1학기 다문화교육의 실제

1. 3학년 1학기 사회과 교육과정 목표 및 내용 분석

3학년 1학기 사회과 교육과정은 우리가 사는 고장의 위치와 자연환경, 인문환경의 특징을 이해하도록 하고, 우리고장이 다른 고장과 구분되는 고유한 특징이 있으며 이것이 고장의 정체성을 형성하는 기반이라는 것을 이해 하고자 설정되었다. 또한 사람이 살아가는데 필요한 의식주와 여가생활 및 생활도구, 그리고 문화재를 통하여 그 안에 담긴 조상의 멋과 슬기를 이해하며 어떻게 변화, 발전하여 오늘날에 계승되었는지를 이해하고자 설정되었다.

이러한 목표를 달성하기 위해 우리고장과 우리 생활과의 관계를 이해하는 '우리가 살아가는 곳', 고장의 행사를 통해 고장의 정체성을 파악하는 '우리 고장의 정체성', 조상들의 생활과 생각을 이해하고 이를 통해 문화유산을 아끼고 계승·발전 시키려는 '고장의 생활과 변화'등의 3개의 주제 단원으로 구성되어 있다. 그리고 이들 주제 단원은 개정교육과정의 영역 아래 <표>와 같이 주요 학습 내용과 세부 내용으로 구성하고 있다.

‘고장의 모습’ 주제는 우리가 사는 고장의 위치와 자연환경, 인문환경의 특성을 파악하고 그것들이 사람들의 생활모습과 어떠한 영향을 주고 받는지 이해하고자 설정되었다. 이를 위해 다양한 종류의 지도를 활용하여 고장을 종합적으로 바라보는 안목을 기르고 고장에 있는 다양한 공공기관과 우리 생활과의 관계를 이해하도록 하였다. ‘고장의 자랑’ 주제는 우리 고장에는 다른 고장과 구분되는 고유한 특성이 있으며 이것은 고장의 정체성을 형성하는 기반이라는 점을 알게 하고자 설정되었다. 고장은 그 자체로 고유한 역사, 상징, 문화 그리고 행사 등을 간직하고 있다. 자연환경과 인문환경과의 관련 및 현재의 삶과 관련지어 고장의 정체성을 파악하며 현재의 고장은 과거의 역사적 인물이나 사건 등 변화의 연속선상에 있다는 것을 이해한다.

　‘고장의 생활과 변화’에서의 주제는 사람이 살아가는 데 필요한 의식주와 생활도구 및 여가 생활, 그리고 문화재를 통하여 그 안에 담긴 조상들의 멋과 슬기를 이해하며, 그것들이 어떻게 변화, 발전하여 오늘날에 계승되고 있는지를 파악하는 내용으로 구성되어있다. 고장의 생활과 문화의 기본이 되는 의식주 생활을 다루되 옛날과 오늘날의 의식주 생활의 달라진 점과 오늘날에도 남아 있는 옛날의 의식주 생활에 대하여 탐구하도록 한다. 옛날과 오늘날의 생활 도구의 변화를 통해 조상들의 생각이나 생활 모습을 알아보고, 생활도구 속에서 조상들의 지혜와 슬기를 찾아내고, 보다 나은 생활을 위하여 생활도구를 개선 해왔음을 이해하게 한다. 제재에서는 여가 생활에 담긴 의미를 생각해 보며, 옛날과 오늘날의 여가 생활을 비교하여 그 생활의 변화를 깨닫도록 한다. 문화유산의 의미와 종류를 알아보고, 우리 고장의 문화유산을 조사하는 방법을 이해하며, 문화유산에 나타난 우리 조상들의 생활 모습을 알아보도록 한다.

<表 1> 3학년 1학기 사회과 교육과정 영역 및 세부 내용

영역		내용	기본 개념
지리 역사 일반사회 통합 구성	· 고장의 모습	① 하늘에서 본 우리 고장 지도와 고장의 자연환경, 인문환경 ② 고장의 자연과 우리의 생활 자연환경의 적응과 자연환경의 활용모습 ③ 고장 사람들이 하는 일 우리고장의 자연환경에 따른 고장사람들이 하는 일 ④ 마을의 그림지도 고장을 조사하여 그림지도 그리기	
지리 역사 일반사회 통합 구성	· 고장의 자랑	① 고장의 발자취 고장의 지명유래와 전설을 통해 고장에 대한 이해 ② 고장의 자랑스러운 인물과 일 고장의 옛날 인물과 사건과 관련된 이야기 ③ 고장의 행사 고장의 행사와 참여하려는 마음 ④ 고장을 대표하는 것 고장을 대표하는 문화재와 우리 생활에 끼친 영향	지도 방위 기호 축적 자연환경 인문환경 공공기관 고장의행사 문화재 의식주 여가생활 문화재 생활도구
	· 고장의 생활과 변화	① 의식주 생활의 변화 옛날과 오늘날의 의식주 생활의 변화 ② 지혜를 담아온 생활도구 생활도구의 변화 모습과 옛날 생활도구에 담긴 조상들의 지혜와 슬기 ③ 옛날과 오늘날의 여가생활 여가생활의 의미와 변화 ④ 고장의 문화유산 문화유산의 종류와 생활모습	

2. 3학년 1학기 사회과 교육과정에서의 다문화교육

다문화교육은 문화의 다양성을 존중하고 개인이 적어도 한 개 이상의 문화집단에 소속되어 있으면서 동시에 서로 다른 문화 집단과도 상호 연결되어 있음을 인식하는 데서 출발하다. 즉, 다양한 문화들이 동등하게 가치가 있고 문화적으로 평등하다는 것을 전제로 한다. 3학년 1학기 사회교과에서는 우리 고장에 대한 바른 이해를 통하여 서로 다른 문화 집단이 공유하고 있는 문화 현상의 차이뿐만 아니라 유사성에 관하여 비교적으로 인식하는 과정과 편견이나 왜곡된 점들을 새롭게 인식하고 시정하려는 교육적 노력을 포함하고 있다.

다문화교육과 관련하여 3학년 1학기 사회과 교육과정에서 적용 가능한 학습 내용과 다문화 지도 요소를 추출하면 다음과 같다.

〈표 2〉 3학년 사회과 다문화교육 관련 학습 내용과 지도 요소

지도 시기	단원(제재)	차시	다문화교육 관련 주요 학습 내용	다문화 지도요소
3월	1 - 1) - 하늘에서 본 우리 고장	2 - 3/17	◎ 우리 고장의 위치와 모습 이해하기 ● 우리 고장의 위치 알아보기 ● 우리 고장의 자연환경과 인문환경 살펴보기 ● **여러 나라들의 자연환경과 인문환경 알아보기**	정체성
	1 - 2) - 고장의 자연과 우리의 생활	4 - 7/17	◎ 고장의 자연환경과 고장 사람들이 자연 환경을 이용하는 모습 이해하기 ● 지형과 기후를 살펴보는 방법 알기 ● 지형에 따른 생활 모습 이해하기 ● 기후에 따른 생활 모습 이해하기 ● 고장 자연환경의 바람직한 이용 방법 알기 ● **다른 나라 지형과 기후에 따른 생활모습 알기**	정체성
4월	1 - 4) - 마을의 그림지도	11 - 15/17	◎ 마을의 모습을 그림지도로 나타내기 ● 글, 사진, 그림지도로 고장의 모습 나타내기 ● 방위와 기호 알아보기 ● **세계 여러 나라의 모습 간단하게 그림 지도로 나타내기**	정체성
	2 - 1) - 고장의 발자취	2 - 4/17	◎ 고장의 유래와 변천 ● 고장의 유래와 지명의 변천에 대한 조사하기 ● 우리 고장을 잘 나타낼 수 있는 표어 만들기 ● **세계 여러 나라의 나라 이름, 상징하는 것 등을 조사하 여 발표하기**	문화간 이해
	2 - 2) - 고장의 자랑스러운 인물과 일	6 - 8/17	◎ 고장의 자랑스러운 인물과 일 ● 고장의 여러 가지 자랑거리 조사하기 ● 고장의 자랑스러운 인물과 일에 대해 감사하는 마음 갖 기 ● **다른 나라의 자랑스러운 인물과 일에 대해 조사하고 비 교해보기**	문화 다양성 세계적인 문제
5월	2 - 3) - 고장의 행사	9 - 11/17	◎ 고장의 행사와 사람들의 생활 모습 ● 고장의 행사에 대한 조사 방법 알기 ● 다른 고장의 행사 조사하기 ● **다른 나라의 유명한 행사와 축제 조사하기**	문화 다양성 세계적인 문제
	2 - 4) - 고장을 대표하는 것	13 - 15/17	◎ 고장의 자랑거리 답사 보고서 작성 ● 고장을 대표하는 상징물 알아보기 ● 고장의 대표적인 자랑거리 답사하기 ● **세계 여러나라의 대표적인 자랑거리와 상징물 알아보기**	문화간 이해 (문화의 다양성)
6월	3 - 1) - 의식주 생활의 변화	2 - 5/17	◎ 옛날과 오늘날의 의식주 생활의 변화 ● 의식주 생활 살펴보는 방법 알기 ● 의식주 생활의 달라진 점 알아보기 ● **다른 나라의 의식주 모습 알아보기** ● 옛날과 오늘날의 의식주 생활 비교하기	문화간 이해 (문화의 다양성)

지도 시기	단원(제재)	차시	다문화교육 관련 주요 학습 내용	다문화 지도요소
6월	3 - 2) - 지혜를 담아 온 생활도구	6 - 9/17	▣ 생활 도구의 변화모습과 옛날 생활 도구에 담긴 조 상들의 지혜와 슬기 ● 생활 도구의 변화 모습 파악하기 ● 옛날의 생활도구와 그 속에 담긴 조상들의 지혜와 슬기 알기 ● **세계 여러나라의 생활도구와 원리 알아보기**	문화간 이해 (문화의 다양성)
7월	3 - 3) - 옛날과 오늘날의 여가 생활	10 - 12/ 17	▣ 여가 생활의 의미와 변화 ● 여가 생활의 의미 알아보기 ● 여가 생활의 변화 모습 알아보기 ● **우리나라와 세계 여러 나라의 여가 생활 비교하기**	문화적 다양성
	3 - 4) - 고장의 문화유산	13 - 14/ 17	▣ 문화유산의 종류와 생활 모습 ● 문화유산의 의미 이해하기 ● 문화유산을 통해 생활 모습 알아보기 ● **세계 여러 나라의 문화유산 조사하기**	문화간 이해 (문화의 다양성)

3. 다문화교육 사회과 교수 · 학습 과정안 및 학습지

가. 다문화교육 사회과 교수 · 학습 과정안 및 학습지 1

단원	1 - 2) - 고장의 자연과 우리의 생활	학년	3학년
학습 주제	지형과 기후에 따른 생활 모습	시간	90'
학습 목표	· 고장의 자연환경과 따른 사람들 생활 모습을 알 수 있다.	학습형태	주제통합학습 개별 · 모둠활동
학습 자료	우리고장 그림지도, 백과사전류 ,물과 관련된 자료 준비.	다문화 요소	정체성

학습 흐름	교 수 · 학 습 활 동	시간	자료(□) 및 유의점(※)
도입	◈ 집중 모임 · 마음 열기 · 동기 유발 - '물'관련VCR시청 ◈ 학습문제 확인 · 산, 들, 물의 이용 · 떠오르는 생각이나 느낌 나타내기 ◈ 학습 활동 ▷활동1 : 모둠별 토의 활동 · 옛날과 오늘날의 땅의 이용 모습 · 들이 우리 생활에 이용되는 경우와 잘 이용하기 위해 노력하는 일	10' 45'	①전차시의 우리고장 그림지도 ※활동은 1→2→3, 1→3→2 순으로 해결한다. ※교과서, 백과사전류, 물과 관 련된 자료 준비.
전개			

학습 흐름	교 수 · 학 습 활 동	시간	자료(□) 및 유의점(※)
	· 스위스의 산과들을 이용하는 모습 ▷활동2 : 개별 활동 · 오랫동안 비가 내리지 않는다면? – 이야기 책 꾸미기 ▷활동3 : 개별 활동 · 물 부족 국가의 조사한 내용을 바탕으로, 느낌을 나타내기 – 이야기 혹은 시로 표현하기 ◈ 선택 활동 · 내 생각은…. : 신문기사 읽고 생각쓰기 · 물이 되어 간 곳은? 그리고 한 일은? ◈ 모둠 활동– 마을 지도 위에 만든 것을 붙여서 우리 마을의 특징을 살리면서 마을 꾸미기.	25'	②개별 학습지 색연필 크레파스 ※ 활동이 끝난 학생은 교사의 확인 받기 ※교과서에 없는 창의적인 생각이 발표될 수 있도록 격려한다.
정리	◈ 학습 결과 발표 · 주변 정리 정돈. · 토의 및 마무리 · 물이 우리생활에 이용되는 경우는? · 세계 여러나라에 한달 동안 비가 오지 않는다면? ◈ 집중모임 · 가 시간 공부를 하면서 생각한 점은? 느낀 점은? · 더 알아보고 싶은 것이 있다면? · 차시예고	10'	

학생 자료	필리핀의 전통가옥과 자연환경	일시	월 일
		성명	

🌐 필리핀의 전통 가옥

고온 다습하고 열대성 나무들이 많아 그 위에 집을 짓고 더위를 피한다.

필리핀의 수상(樹上)가옥

● 필리핀의 자연환경

▷ 11~3월

필리핀에서 가장 좋은 시기인 건기이다. 낮에는 평소와 비슷한 30도 초반대 온도를 보이지만, 밤에는 20도 초 반대 온도를 보이며, 시원한 편이고 현지인들은 밤에는 긴팔을 입고 다닌다. 비가 거의 오지 않고 건조하여 여행하기에도 좋은 시기이다.

▷ 4~6월 중순

필리핀의 초절정의 건기이다. 이때는 온도가 최고 40도까지 올라간다. 덥고 건조하며 태양빛을 받으면 따갑다는 느낌이 든다. 필리핀은 이때가 방학기간이라서 이때는 휴양지의 비용이 많이 오른다고 한다.

▷ 6월 중순~10월

우기이다. 특히 7, 8월 달은 초 절정 우기라서 일주일 내내 비가 오는 경우도 있다. 태풍이 자주 발생하며, 홍수피해도 잦은 시기이다. 온도는 30도 초중반에 습도까지 높아서 불쾌지수가 오르는 시기이다. 갑자기 소나기가 내리다가 그치는 경우도 빈번하다. 이 시기엔 항상 우산을 가지고 다녀야 한다.

학생 활동지	땅과 물의 이용알기	일시	월 일
		성명	

◆ 필리핀으로 여행을 가려고 합니다. 필리핀 전통가옥을 소개하는 안내장을 만들어 보세요.
   - 필리핀에 대한 사진이나 설명 자료를 미리 수집합니다.
   - 8절 도화지를 세로로 4칸 접기를 하여 아코디온 북으로 안내장을 제작합니다.

- 더 많은 양의 자료를 넣으려면 도화지를 더 연결할 수 있습니다.
- 들어갈 내용

꼭 봐야 하는 BEST 3	
여행하기 좋은 계절	
여행할 때 가지고 가야할 것	
전통가옥의 구조와 특징	
그 밖에 소개하고 싶은 것	

◈ '세계 여러나라에 한달 동안 비가 오지 않는다면?' 이라는 주제를 가지고 이야기책을 꾸미려고 합니다. 활동 전에 스토리보드를 작성하세요.

1)	2)	3)
4)	5)	6)
7)	8)	9)

나. 다문화교육 사회과 교수 · 학습 과정안 및 학습지 2

단원	3 - 4) - 고장의 문화유산	학년	3학년
학습 주제	동요 알아보기	시간	40
학습 목표	· 각 나라별로 어린이 들이 부르는 동요와 우리 동요를 비교 할 수 있다.	학습형태	조사 학습
학습 자료	PPT. 플래시 이름뽑기 툴.	다문화 요소	문화간 이해 (문화의 다양성)

학습 흐름	교 수 · 학 습 활 동	시간	자료 및 유의점(※)
도입	◈ 학습 동기 유발하기 - "여우야, 여우야" 노래를 불러봅시다. - 이 노래는 누가 무엇을 하며 불렀던 노래일까요? - 옛날 어린이들이 놀이를 할 때 불렀던 것입니다. ◈ 학습 문제 파악 - 예습 과제를 살펴보고 이번 시간 어떤 공부를 해 보면 좋을지 이야기해 봅시다	5'	1들기자료 2PPT자료

학습 흐름	교 수 · 학 습 활 동	시간	자료 및 유의점(※)
전개	− 옛날 어린이들이 불렀던 전래동요에 대해 살펴보았으면 좋겠습니다. − 세계 각국의 어린이들이 부르는 동요에 대해 살펴보았으면 좋겠습니다. ◆ 학습 목표 　각 나라별로 어린이 들이 부르는 노래를 찾고 우리 동요와 비교해 봅시다. ◆ 학습 활동 알아보기 　활동1 : 우리 고장의 전래 동요 찾아보기 　활동2 : 다른 나라의 동요 찾아보고 비교하기 ◆ 우리 고장의 전래 동요 찾기 − 우리 고장의 전래 동요를 어떤 방법으로 찾아보았습니까? − 부모님과 친지들에게 여쭈어 보았습니다. − 인터넷에서 찾아보았습니다. − 전래 동요 책에서 찾았습니다. − 부모님과 친지들에게 여쭈어 보았습니다. − 인터넷에서 찾아보았습니다. − 전래 동요 책에서 찾아보았습니다. ◆ 과제학습 자료 나누기 − 각자 조사해온 다양한 전래동요를 모둠원끼리 서로 소개한다. − 이름 뽑기로 진행해서 뽑힌 학생이 발표한다. ◆ 다른 나라의 동요 찾아보고 비교하기 − 다른 나라의 동요를 백과사전 및 인터넷을 통하여 찾아보도록 합시다. − 한번 들어보고 우리 동요와 어떤 느낌, 차이점이 있는지 말해 봅시다. ◆ 생각하는 모둠 활동 − 다양한 방법으로 동요를 찾는다. − 모둠에서 나와서 발표한다. − 다른 학생들은 한번 따라 부르도록 한다.	15'	※자칫 장난스 럽게 활동이 흐트러지지 않도록 각 모둠을 살핀 다. ③이름 뽑기 프로그램 ※발표할 때와 들을 때의 자세를 주지 시킨다.
정리	◆ 전래 동요 속에 담긴 사람들의 생활 모습 알아보기 − 오늘 우리가 불러본 전래 동요는 주로 언제 부르는 동요인가요? − 놀이하면서 부르는 노래가 많습니다. − 아기를 재재울 때 부르는 자장가 노래가 있습니다. ◆ 다른 나라 동요와 우리 동요에 대한 차이점 이야기 하기	15'	
과제 안내	− 그 나라의 생활상이 잘 나타나 있습니다. − 우리 동요와 느낌이 사뭇 다릅니다. ◆ 과제학습 안내하기 − 다음시간에는 선택학습을 하겠습니다. 　①고장에 얽힌 이야기 　②우리 고장의 민속놀이 　③기준에 따라 민속놀이 분류하기	5'	④PPT자료

학생 활동지	전래동요와 다른나라 동요	일시	월 일
		성명	

◈ 우리 나라의 전래동요와 다른 나라 동요를 비교하세요.

	우리나라 동요	다른 나라 동요
동요 제목 2가지씩 적어보기		

◈ 생각나는 전래동요 노래 제목 :

_____

_____

전래동요는 주로 언제 부르나요?

_____

_____

_____

Ⅱ. 초등학교 3학년 2학기 다문화교육의 실제

1. 3학년 2학기 사회과 교육과정 목표 및 내용 분석

3학년 2학기 사회과 교육과정은 우리고장의 생활에서 경제, 교통, 교육, 행정,

서비스, 문화, 여가 등 사람들의 다양한 욕구들을 살펴보기 위해서 설정되었다. 고장 사람들은 욕구를 충족시키기 위해 일정한 장소에 모여 서로 필요한 것들을 교환한다. 이러한 장소는 고장에서 일정한 중심지를 이루며, 중심지에서는 고장 사람들의 다양한 삶의 모습을 찾아볼 수 있다. 고장 사람들이 많이 모이는 곳을 찾아보고, 그곳에서 고장 사람들이 어떤 모습으로 살아가고 있는지 탐색한다. 또한 고장의 중심지는 나의 생활과 밀접하게 연결되어 있고, 다른 고장과도 연결되어 고장 사람들의 욕구를 해결해 준다는 것을 이해하고자 한다.

두 번째 단원에서는 고장 생활 속에서 이루어지는 고장 간, 지역 간의 다양한 이동, 의사소통의 필요성과 양상 그리고 이를 가능하게 하는 수단과 이들이 고장 생활의 변화에 미치는 영향에 대하여 이해하고자 설정하였다. 이동과 의사소통은 물자, 사람, 정보 간의 상호 의존성을 포함하는 경제, 문화, 교육, 정보의 흐름이며 이를 가능케 하는 다양한 교통·통신 수단을 매개로 이루어진다. 이러한 내용의 학습을 위해 이 단원에서는 이동과 의사소통 방법의 변화를 중심으로 생활이 변화된 모습을 살펴보고 고장 생활이 더욱 편리하게 변화해왔음을 이해하도록 한다. 또한 우리 고장과 다른 고장 사이의 이동과 의사소통 모습을 조사하여 고장 간에 어떤 관계를 맺고 살아가고 있는지 알아보도록 한다.

세 번째 단원에서는 오늘날 이웃간, 고장간, 지역간, 국가 간에 존재하는 문화의 특수성과 보편성을 이해함으로써 우리 문화에 대한 정체성 형성과 다른 문화에 대한 상호 존중의 마음을 가지게 하고자 설정되었다. 이를 위해 놀이, 친교, 간체 활동 등을 통해 학생 문화에 대하여 이해하고, 고장, 지역, 국가의 서로 다른 학생 문화를 파악하도록 한다. 고장의 독특한 문화적인 특성을 이해하고 그러한 특성이 만들어지게 된 자연적·역사적 환경에 대하여 이해하도록 한다. 또한 우리나라의 여러 기념일들의 특징과 의미를 외국의 경우와 비교하여 파악함으로써 그 문화적인 특성을 이해하도록 한다.

〈표 3〉 3학년 2학기 사회과 교육과정 영역 및 세부 내용

영역	내용		기본 개념
지리 역사 일반사회 통합 구성	· 고장 생활 의 중심지	①생활에 필요한 것 사람들의 다양한 필요 ②사람들이 모이는 곳 사람들의 다양한 필요와 관련된 고장의 중심지 ③우리 고장과 이웃고장 우리 고장과 다른 고장간의 교류와 상호 의존 ④고장의 중심지 답사 고장 중심지의 특징 조사	필요 중심지 상호의존 교류 이동 의사소통 변화 문화 전통의례 유사점 차이점 존중
	· 이동과 의 사소통	①생활 속의 이동과 의사소통 고장 사람들의 이동과 의사소통 모습 ②이동과 의사소통 수단의 발달 옛날과 오늘날의 이동과 의사소통 수단의 발달 과정 ③오늘날의 이동과 의사소통 이동 수단과 의사소통수단의 차이에 따른 생활모습 ④미래의 이동과 의사소통 이동과 의사소통 수단의 변화에 따라 달라질 미래의 모습	
	· 다양한 삶 의 모습	①우리들이 살아가는 모습 문화의 의미와 기능, 다양한 표현물 ②변화하는 전통 의례 문화가 생겨나는 다양한 요인과 변화 ③세계 여러 나라의 명절과 기념일 문화의 유사점과 차이점 ④서로 배우고 존중하는 문화 문화 간 상호 존중과 배움의 태도	

2. 3학년 2학기 사회과 교육과정에서의 다문화교육 내용 추출

3학년 2학기는 사람들이 살아가는 모습을 통해 다양한 문화와 그 가치에 대한 열린 태도로 사회 형성을 지향할 수 있도록 하고 있다. 학생들이 가정이나 공동체의 문화를 이해하도록 함과 동시에 다양한 문화, 기존의 가치에 대한 비판을 통해 문화적 제약으로부터 자유로워지도록 도울 필요가 있는 것이다. 사회적 관계를 형성하는 과정에서 자신들이 속해있는 문화뿐 아니라 서로 다른 문화에 대하여 올바른 지식과 가치, 태도를 갖을 수 있도록 다양한 문화에 대한 교육의 필요성을 강조하고 있다.

다문화교육과 관련하여 3학년 2학기 사회과 교육과정에서 적용 가능한 학습 내용과 다문화 지도 요소를 추출하면 다음과 같다.

〈표 4〉 3학년 2학기 다문화교육 관련 교과서 지도 요소 추출

지도 시기	단원(제재)	차시	다문화교육 관련 주요 학습 내용	다문화 지도요소
9월	1-2)-사람들이 모이는 곳	5-7/15	◪ 사람들의 다양한 필요와 관련된 고장의 중심지 ◉ 고장의 중심지에 대하여 알아보는 방법 ◉ 고장에서 사람들이 많이 모이는 곳의 역할과 주변 모습의 특징 알아보기 ◉ 세계 여러 나라의 중심지의 모습과 특징 알아보기	문화간 이해
10월	1-3)-우리고장과 이웃고장	9-11/15	◪ 우리고장과 다른 고장간의 교류와 상호의존 ◉ 우리 고장과 이웃고장 간의 생산물 및 문화 교류와 이유 알아보기 ◉ 세계 여러나라와 우리 나라간의 생산물 및 문화교류 알아보기	세계적인 시각
10월	2-1)-생활 속의 이동과 의사소통	2-4/15	◪ 고장 사람들의 이동과 의사소통 모습 ◉ 고장 사람들의 이동과 의사소통 모습 알아보기 ◉ 세계 여러 나라와 우리나라 간의 이동 모습과 의사소통 모습 및 특징을 알아보기	문화간 이해 (문화의 다양성)
10월	2-3)-생활 속의 이동과 의사소통	9-10/15	◪ 이동 수단과 의사소통 수단의 차이에 따른 생활 모습 ◉ 오늘날 이동 수단과 의사소통 수단의 종류와 특징 알아보기 ◉ 고장 간 이동과 의사소통 수단의 좋은 점과 문제점 찾아보기 ◉ 인천 국제 공항의 모습을 영상을 통해 살펴보고, 이동수간과 의사소통의 모습 살펴보기	문화간 이해 (문화의 다양성)
11월	3-1)-우리들이 살아가는 모습	2-4/15	◪ 문화의 의미와 기능 그리고 다양한 표현들 ◉ 문화에 따른 친구들의 생활 모습, 생각과 행동의 차이 살펴보기 ◉ 다양한 삶의 모습과 관계 살펴보기	문화간 이해 (문화의 다양성)
11월	3-2)-변화하는 전통의례	5-8/15	◪ 문화가 생겨나는 다양한 요인과 변화 ◉ 옛날과 오늘날 돌잔치 비교하기 ◉ 옛날과 오늘날의 혼례, 장례의 모습 비교하기 ◉ 여러나라의 전통의례의 모습을 살펴보고 문화적 특징 알아보기	문화간 이해 (문화의 다양성)
12월	3-3)-세계 여러 나라의 명정과 기념일	9-11/12	◪ 문화의 유사점과 차이점 ◉ 우리나라의 다른 나라의 명절과 기념일에 대해 조사하는 방법 알아보기 ◉ 우리나라의 명절과 기념일의 종류와 특징 알아보기 ◉ 세계 여러 나라의 명절과 기념일의 종류와 특징 알아보기	문화간 이해

| 12월 | 3 - 4) - 서로 배우고 존중하는 문화 | 12 - 14/14 | ◘ 문화 간 상호존중과 배움의 태도
◉ 다양한 문화를 대하는 마음가짐 알아보기
◉ 여러 나라의 다양한 문화 체험하기
◉ 다른 나라 문화를 우리나라에 알리는 광고 만들기 | 문화간 이해 |

3. 다문화교육 사회과 지도안 및 학습지

가. 다문화교육 사회과 교수 · 학습 과정안(예시1)

단 원	3 - 3) - 세계 여러 나라의 명절과 기념일	학년	3학년
학습 주제	· 민속놀이 알아보기	시간	40
학습 목표	· 세계 여러 나라의 기념일에 하는 놀이에 대해 알 수 있다.	학습형태	조사발표학습
학습 자료	녹음기, 비디오	다문화 요소	정체성

학습 흐름	교 수 · 학 습 활 동	시간	자료 및 유의점(※)

도입	◆ 학습동기 유발
	- 노래를 함께 들어 봅시다. 어떤 내용을 노래하고 있습니까?
	- 연날리기 노래입니다.
	- 놀이와 관련된 다른 노래는 없을까요?
	◆ 제재 관련 생활 경험 이야기
	- 여러 가지 민속놀이를 해 본 경험이 있습니까?
	- 지난 시간에 도서관에서 어떤 자료를 수집하였습니까?
	- 우리 고장 및 다른 나라의 전통 민속놀이에 대해 수집하였습니다.
	◆ 학습 목표 확인하기
	- 이번 시간에 공부할 문제를 말해 봅시다.
	  나라별로 기념일에 하는 민속놀이에 대해 알아 보고 분류해 봅시다.
	◆ 조사자료 발표하기
	- 여러분이 조사한 민속놀이에는 어떤 것들이 있습니까?
	◆ 민속놀이 기준 정하기
	- 여러분이 조사한 세계 여러 나라 민속놀이를 어떤 기준으로 나누면 좋을까요?
	◆ 분류 기준 정하기
	- 민속놀이를
	  ①계절별로 나누어 봅니다.
	  ②대륙별로 나누어 봅니다.
	  ③놀이하는 사람에 따라 나누어 봅니다.
		5'
		
		60'
		
		15'
			①동요 테이프
			②PPT자료
			
			※분류 기준을 명확히 제시하도록 한다.
			
			③메모지, 필기도구

전개			

	◈ 학습과제 선정하기
	  – 학습과제가 주어진 전문가 활동지에서 한 가지를 정합니다.
	 〈활동1〉세계 여러 나라 민속놀이를 계절별로 나누어 봅시다.
	 〈활동2〉세계 여러 나라 민속놀이를 대륙별로 나누어 봅시다.
	 〈활동3〉세계 여러 나라 민속놀이를 놀이하는 사람에 따라 나누어 봅시다.
	 ◈ 각 모둠별로 전문가를 한명씩 두어 과제 해결하기
	 ◈ 분류활동하기
	  – 각 활동별로 모인 여러분들이 전문가가 되어 활동과제를 해결해 봅시다.
	 ◈ 전문가 활동하기
	  – 조사한 자료를 바탕으로 하여 민속놀이를 기준에 따라 분류하기.
	 ◈ 전문가 활동 내용 통합하기
	  – 전문가 활동을 통해 정리된 내용을 모둠 친구들에게 전달해 봅시다.
	  – 전달한 내용을 간단하게 표로 정리하고 발표해 봅시다.
	 ◈ 학습정리
	  – 세계 여러 나라의 민속놀이를 조사하여 기준에 따라 분류해 보았습니다. 같이 확인해 봅시다.
	 ◈ 차시예고
		※ 모든 학생들이 참여하여 과제를 해결할 수있도록 임장지도 한다.
		
		 ④ PPT자료

정리	– 다음 시간에는 여러 가지 민속놀이 도구를 실제로 만들어 보는 시간을 갖겠습니다.	

학생 활동지	세계 여러나라의 민속놀이	일시	월 일
		성명	

◆ 친구들과 함께 다음 민속놀이를 해 보세요.

팽이치기

(베트남)

팽이는 우리나라의 것과 모양은 약간 다르지만 줄을 감아 돌리는 것과 찍기 후에 손바닥에 올려 세우고 그걸로 다시 상대방의 팽이 위에 올려 공격하는 방식은 우리와 똑같다.

따까우

(베트남)

여러 사람이 원형으로 둘러서서 한 개의 제기가 땅에 떨어지지 않도록 돌려가면서 공중에 높이 차올린다. 무릎으로 살짝 받아서 다시 발로 높이 차는 것이 기본동작이다. 뒷발로 차는 묘기도 볼 수 있다.

켄다마

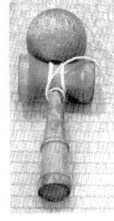

(일본)

- 죽방울 -

끈이 달린 나무 공을 공중에 던져서 받침 위에 살짝 얹는 놀이이다.

공기놀이

(태국)

우리나라 친구들이 하는 공기놀이와 아주 똑같으며, 5단에 이르기까지의 과정이 동일하다.

◆ 다른 나라와 우리나라의 전통놀이의 공통점과 차이점을 비교하여 생각해 봅시다.

학습자료	세계의 전통 놀이	일시	월 일
		성명	

필리핀의 전통 놀이

필리핀의 '티니클링(tinikling)'

'티니클링'이란 목과 다리가 길고 점잖 게 걷는 새의 이름입니다. 이 춤은 쌀을 미끼로 해서 이 새를 새틀로 잡으려고 하 지만 먹이만 먹고 피하는 새의 동작을 표 현한 춤입니다.

<음악> 3/4박자 <스텝> 홉, 점프

<놀이방법>

- 2명이 대나무 장대 양 끝을 손으로 잡는다.
- 음악에 맞추어 제 1,2박에는 대나무 장대를 벌린 상태로 각목 양쪽에서 2회 치고,
- 제 3박에는 각목의 중앙에서 대나무 장대를 마주 친다.
- 춤을 추는 사람은 대나무 주위를 돌아 춤을 추거나 대나무 사이를 닿지 않게 걸어가며 율동을 한다.

여러 나라의 민속놀이

△ 일본

일본은 하네츠키, 연날리기, 팽이돌리기, 가루 타, 스고로쿠(윷놀이와 비슷함) 등 여러 가지가 있다. 그러나 현재는 이러한 놀이들은 거의 행해 지고 있지 않다.

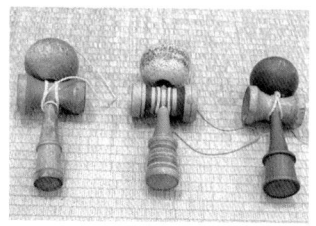

△ 베트남

베트남의 민속 놀이로는 따까우(제기차기), 팽이치기, 고무줄놀이, 연날리기, 꺼드엉(co tuong, 장기) 등이 있다.

△ 태국

태국의 민속놀이로는 땅따먹기, 나무배 놀이, 팽이 돌리기, 실뜨기, 비석치기, 공기놀이 등이 있다. 공기놀이는 우리의 공기놀이와 아주 똑같으며, 5단에 이르기까지의 과정이 동일하다. 비석치기(사방치기)는 편이 정해지면 손으로 비석을 던져 맞추면 이기는 놀이로 우리의 비석치기(사방치기)와 동일하다. 차이는 열대의 납작한 열매를 이용한다는 사실이다.

나. 다문화교육 사회과 교수·학습 과정안(예시2)

단 원	3-4) - 서로 배우고 존중하는 문화	학년	3학년
학습 주제	여러 나라의 문화축제	시간	40
학습 목표	· 우리 고장 외국출신 아주머 나라의 축제를 알고, 축제를 여는 이유를 말할 수 있다.	학습형태	조사발표학습
학습 자료	사진자료, 동영상자료,PPT, 수업활동지 조사보고 발표자료, 골든벨 퀴즈 판	다문화 요소	문화의 다양성

학습 흐름	교 수·학 습 활 동	시간	자료(□) 및 유의점(※)
도입	◆ 동기유발 - 스페인의 축제 동영상 시청(토마토축제) - 축제하면 떠오르는 단어 브레인스토밍 하기 ◆ 학습 문제 확인하기 ▷ 우리 고장 외국출신 아주머니 나라의 축제를 알고 축제를 여는 이유를 알아봅시다. ◆ 학습 순서 안내하기 〈활동1〉 축제에 참여한 경험 이야기하기 〈활동2〉 우리 고장 외국출신 아주머니 나라의 축제 조사 발표하기 〈활동3〉 전통 문화 축제를 여는 까닭 이야기하기 ◆ 축제에 참여한 경험 이야기하기 - 다른 고장의 축제에 참여해 본 경험 이야기하기	5' 5'	1 동영상자료 ※ 판서하면서 모둠별 게임 형식으로 진행한다 2 사진자료 ※전시학습 자료를 보면서 이야기한다.
전개	- 참여해 본 축제 발표하기		

학습 흐름	교 수 · 학 습 활 동	시간	자료(□) 및 유의점(※)
정리	· 행사 이름, 하는 곳, 행사 기간, 행사 유래, 행사 내용, 느낀 점 등을 발 표하기 － 가장 인상 깊었던 것 발표하기 － 전통 문화 행사를 통해 알게 된 우리 고장의 자랑거리 발표하기 ◆ 우리 고장 외국출신 아주머니 나라의 축제 조사 발표하기 － 외국출신 아주머니 고장의 축제에 대해 듣기 － 일본 오키나와 지방의 축제에 대해 외국출신 아주머니의 설명을 듣기 － 모둠별로 조사 내용 발표하기 － 모둠별로 조사한 나라의 축제에 대해 자료를 제시하면서 발표한다. ◆ 전통 문화 축제를 여는 이유 발표하기 － 여러 나라에서 전통 문화 축제를 여는 이유 － 고장을 사랑하는 마음을 기를 수 있다. － 고장 사람들이 서로 단결하고 정답게 지내게 된다. － 고장을 세계에 알려, 많은 사람들이 우리 고장을 찾게 되고 지역 경제 　발전에도 도움이 된다. － 모둠 대결 골든벨 퀴즈 대회 － 모둠 발표 자료를 토대로 모둠별로 골든벨 퀴즈하기 ◆ 정리 및 차시예고 － 학습내용 정리 － 세계에는 다양한 전통 문화 축제가 있다. － 전통 문화 축제를 여는 까닭 　· 고장을 사랑하는 마음을 기를 수 있다. 　· 고장 사람들이 단결하고 정답게 지낼 수 있다. 　· 고장을 세계에 알리고 경제에도 도움이 될 수 있음 ◆ 차시예고 － 선택 학습과 단원 정리 학습	10' 15' 5'	※학습과정 중 　자료의 정리 　및 해석 과정 　은 사전과제 　로 제시하여 　준비한다. ③동영상 가상 　인터뷰자료 ④조사발표자료 ※모둠별로 발 　표가 끝나면 　궁금한 점을 　질문하고 답 　변해 본다 ⑤PPT자료

학생 활동지	고장의 전통 문화 축제 조사하기	일시	월　일
		성명	

◆ 태국의 축제를 알고 우리 고장의 축제와 비교하여 봅시다.

태국	축제 이름	축제의 내용

우리고장	축제 이름	축제의 내용

◆ 태국의 축제와 우리 고장의 축제를 비교해보고 각자의 생각을 정리해
봅시다.

_____
_____
_____

학습자료	우리 안의 세계 문화	일시	월 일
		성명	

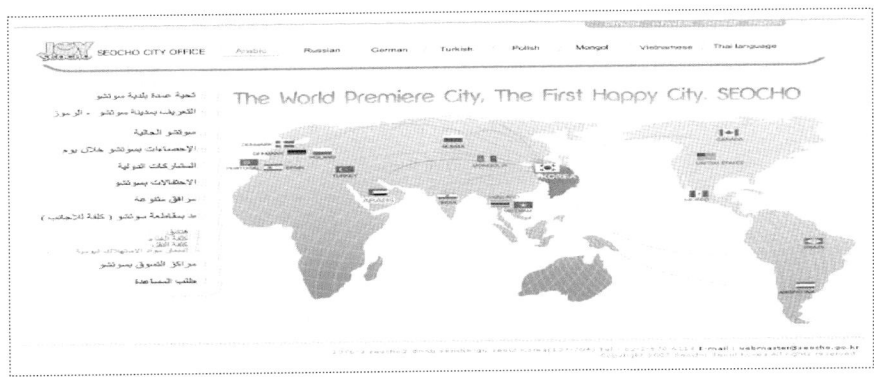

<서울 서초구가 8개 외국어로 운영하는 구청 홈페이지>

<부산 차이나타운 축제 포스터>

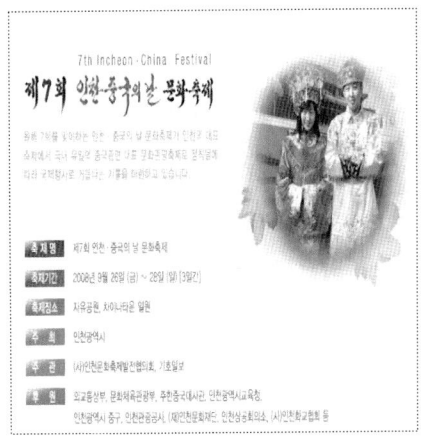

<인천 중국의 날 문화 축제 포스터>

02. 다문화교육의 실제 223

자료: 서울특별시, 경기도 수원시 영통구청 홈페이지

<여러 나라의 언어로 만들어진 행사용 포스터>

 초등학교 4학년 다문화교육의 실제

1. 4학년 사회과 교육과정 분석

4학년 1학기

순	과목	단원 및 차시	학습주제	다문화 관련내용 및 참고자료 (인터넷 주소 포함)	다문화 내용
1	도덕	4. 네가 먼저 1/3	남에게 친절하게 대하고 양 보하는 태도의 중요성 알기	다문화가정에게도 친절을 베풀어야 하는 이유	존중
2	도덕	4. 네가 먼저 3/3	남에게 친절하게 대하고 양 보하는 행동 실천하기	역할극을 통한 친절 실천 연습하기	존중 협력
3	도덕	5. 우리는 정다운 친구 2/3	서로 믿고 아껴주는 마음 다 지기	국가간에 어려울 때 도와주는 경우 찾고 도와주려는 마음 다지기, 주변의 다문화 가정과 함께 할 방법 찾기	협력 평등성
4	도덕	5. 우리는 정다운 친구 3/3	정다운 친구 되기	도움이 필요한 친구를 도와주는 활동 해 보기	협력
5	사회	1. 우리 시·도 모습 8/18	기후의 특징을 알고 계절에 따른 지역 주민의 생활 알기	세계 여러 나라의 기후에 따른 생활모습 탐색	다양성 문화
6	사회	2. 우리 시·도의 발전하는 경제 4-5/16	해외 경제 협력 사례 조사 기업의 해외 진출 활동	상품의 이동을 통한 세계화 시대에 대비 하고 적응하기 위한 노력	협력
7	사회	2. 우리 시·도의 발전하는 경제 11-12/16	화폐의 필요성과 지역 시장 의 필요성	여러 나라의 화폐와 시장 조사를 통한 친밀감 갖기	협력 존중

순	과목	단원 및 차시	학습주제	다문화 관련내용 및 참고자료 (인터넷 주소 포함)	다문화 내용
8	사회	2. 우리 시·도의 발전하는 경제 14/16	경제생활에 있어 여러 지역과 나라간의 협력 사례 조사	나라간 경제 협력의 필요성과 함께 살아가야 하는 이유 알기 우리 도시와 자매결연한 도시 찾아보기	협력
9	사회	3. 새로워지는 우리 시·도 9/18	일상생활에서 일어나는 문제	다문화사회로 인한 문제와 대비하는 방법	협력
10	사회	3. 새로워지는 우리 시·도 11/18	지역 문제 해결을 위한 노력	역할 놀이를 통한 다문화사회로 인한 문제의 해결 방법 찾기	정체성 형성
11	사회	3. 새로워지는 우리 시·도 13~14/18	우리 지역 사람들의 바람 알아보기	다문화가정의 바람 조사 활동을 통해 더 잘사는 우리 지역 만들 방법 찾기	협력
12	사회	3. 새로워지는 우리 시·도 15~16/18	우리 시·도의 미래의 모습 꾸미기	좀더 발전적인 다문화사회로의 진입 내용도 협의하기	다양성 협력
13	음악	4. 도라지 타령 2/2	제재곡에 어울리는 춤동작 만들어 표현하기	'왈츠'와 같은 점과 다른 점 찾기	다양성
14	영어	1. Nice to meet you 4/4	역할 놀이를 통해 처음 만나는 사람에게 인사하기	다른 나라 사람들이 처음 만나서 하는 예절 알아보기	다양성 문화
15	영어	3. How old are you? 4/4	역할놀이를 통해 도움을 청하는 말과 나이를 묻고 대답하는 말 하기	다른 나라 사람들의 나이 세는 법과 나이에 대한 문화 알기	문화
16	영어	4. What time is it? 4/4	역할 놀이를 통한 시각 묻고 답하기	약속시간 지키기 문화 알아보기	문화

4학년 2학기

순	과목	단원 및 차시	학습주제	다문화 관련내용 및 참고자료 (인터넷 주소 포함)	다문화 내용
1	도덕	4. 자랑스런 우리 문화 1/3	우리 문화 유산에 깃든 조상의 정신 알고 이를 소중히 해야 하는 까닭 알기	여러 나라의 음식 비교 http://shala.new21.org/	다양성
2	도덕	4. 자랑스런 우리 문화 2/3	전통 문화 유산에 대한 평상시 태도를 확인하고 반성한다.	각자 자신의 문화에 대한 자부심과 소중히 하는 마음을 다지고 서로 다른 문화에 대한 존중감 기르기	다양성
3	도덕	4. 자랑스런 우리 문화 3/3	전통 문화유산을 소중히 여기고 발전시키기 위해 할일 알아보기	여러 나라의 고유의 의복 알아보고 서로의 장점 찾아보기 http://blog.daum.net/duksu56/9929734	다양성 문화

순	과목	단원 및 차시	학습주제	다문화 관련내용 및 참고자료 (인터넷 주소 포함)	다문화 내용
4	사회	1. 문화재와 박물관 14/18	우리 문화재의 우수성과 과학성 알기	외국의 문화제 탐색을 통해 서로의 가치 존중하기 http://www.cha.go.kr/newinfo/index.action	문화 협력
5	사회	2. 가정 생활과 여가 생활 2/13	가정의 여러 형태와 옛날과 오늘날의 가정생활 모습 비교하여 말하기	새로운 가정의 형태로 자리 잡은 다문화 가정에 대한 관심 갖기 http://www.migrant.or.kr/new/	협력 편견
6	〃	2. 가정생활과 여가 생활 (3/13)	자신의 가정 소개하기	● 다문화가정소개를 통해 여러 형태의 가정 이해하기 http://kr.kids.yohoo.com/multi/term2	협력 다양성
7	사회	2. 가정 생활과 여가 생활 5/13	행복한 가정을 위한 역할 알고 이를 위해 노력하는 태도 갖기	각자 가족 구성원으로서의 역할 알고 우리 가족의 소중함 알기	협력
8	사회	2. 가정 생활과 여가 생활 8/13	옛날과 오늘날의 여가 생활을 비교하여 그 차이점 말하기	우리나라와 다른 나라 사람들의 여가생활 비교해 보고 같은 점과 다른 점 알아보기	다양성
9	사회	2. 가정 생활과 여가 생활 11/13	민속놀이 하기	세계 여러 나라의 민속놀이 체험하기	다양성 문화
10	음악	15. 사물놀이 1/2	사물놀이의 특징과 장단의 변화 알기	다른 나라의 타악기 연주와 비교하기	다양성
11	음악	17. 여러 가지 현악기 2/2	연주 악기들의 공통점과 차이점 알기	우리나라와 다른 나라 현악기 연주를 듣고 모양, 소리, 음색 등의 공통점과 차이점 알아보기	다양성
12	음악	25. 금다래꿍 2/2	전래 동요를 듣고 노래하기	남북한의 전래동요 비교를 통한 북한 이해하기	다양성
13	영어	6. Is this your cap? 4/4	역할 놀이를 통해 소유 여부를 묻는 말과 대답 연습	다른 나라에서 쓰이는 '나'와 '우리'에 대한 표현의 차이점 알아보기	문화
14	영어	8. How much is it? 2/4	How much is it?을 사용하여 물건값 묻고 답하기	외국의 화폐 단위 알아보고 물건 사는 문화 이해하기	문화

교과	학기	단원명	학습주제	다문화 교육요소
국어	1	읽)첫째마당 - 1 생각을 가지런히	유관순과 우리나라의 역사	평등/정의
		읽)첫째마당 - 2 뜻 모아 하나되어	경칩과 우리나라의 24절기	정체성
		읽)첫째마당 - 2 뜻 모아 하나되어	우리 나라의 민속놀이 윷놀이	정체성
		말)첫째마당 - 한 걸음 더	우리 나라는 어떤 나라일까?	다양성 창조성

교과	학기	단원명	학습주제	다문화 교육요소
국어	1	읽)첫째마당 – 한 걸음 더	우리의 질그릇	정체성
		읽)첫째마당 – 한 걸음 더	전통문화를 지키자	정체성
		말)셋째마당 – 1 두 눈을 반짝이며	우리 조상의 지혜	정체성
		읽)셋째마당 – 2 아하, 그렇군	국어 사전에서 낱말 찾는 방법	정체성
		읽)셋째마당 – 한 걸음 더	우리 나라의 민속놀이 씨름	정체성
		말)넷째마당 – 1 서로서로 도우며	말을 주고 받을 때의 예절	정체성 다양성
		읽)넷째마당 – 한 걸음 더	우리 나라의 전통 탈놀이	정체성
도덕	1	1. 바른 몸가짐	웃어른을 공경하는 태도	정체성
		4. 네가 먼저	웃어른께 자리를 양보하는 태도	정체성
		5. 우리는 정다운 친구	친구간의 서로 돕고 이해하는 태도	정체성
사회	1	1. 우리 시·도의 모습 3) 우리 시·도의 달라진 모습	우리 시도의 문화재 알기	정체성
		2. 우리 시·도의 발전하는 경제 1) 우리 시·도의 자원과 생산 활동	세계 여러 나라와의 경제적 교류	다양성
		3. 새로워 지는 경기도 2) 경기도의 여러 문제와 해결 노력	대화와 타협을 통해 시·도의 문제 점을 해결하기 위해 노력하는 모습 경기도 안산의 문제점	평등/정의
과학	1	8. 별자리를 찾아서	여러 나라의 별자리 전설	다양성
체육	1	셋째 표현활동 3. 덩 덕 덩덩	탈춤 익히기	정체성
		셋째 표현활동 4. 손 잡고 발맞추어	세계 각국의 민속춤 배워보기 (패티 케이크 폴카, 에이스 오브 다 이아몬드, 티니클링)	다양성
음악	1	3. 화음 삼형제	화음 반주를 할 수 있다.	다양성
		6. 음악과 춤	문화적 배경이 다른 춤곡의 비교	다양성
		8. 어머님 은혜	성부의 어울림을 느끼며 2부 합창	다양성
미술	1	6. 판본체로 쓰기	우리 나라의 붓글씨	정체성
		12. 우리 나라 미술품	우리 나라의 미술품 감상하기	정체성
영어	1	1. Nice to meet you.	소개와 처음 만날 때의 인사하기	시민성 다양성
재량	1	다른 빛깔 다른 무늬(다문화)	다문화 이해 교육(1/2)	시민성
		다른 빛깔 다른 무늬(다문화)	다문화 이해 교육(2/2)	시민성
		세계의 국기 (다문화)	세계의 국기 알아보기(1/2)	다양성
		세계의 국기 (다문화)	세계의 국기 알아보기(2/2)	다양성
		5대양 6대주 퍼즐 맞추기(다문화)	나라의 지리적 위치 알기	다양성
		세계의 의상(다문화)	세계의 민속 의상 알기(1/2)	다양성
		세계의 의상(다문화)	세계의 민속 의상 알기(2/2)	다양성
		세계의 식생활(다문화)	세계 각국의 민속 음식알기(1/2)	다양성
		세계의 식생활(다문화)	세계 각국의 민속 음식알기(2/2)	다양성

교과	학기	단원명	학습주제	다문화 교육요소
재량	1	세계의 주거생활(다문화)	세계의 주거생활(1/2)	다양성
		세계의 주거생활(다문화)	세계의 주거생활(2/2)	다양성
		세계의 언어(다문화)	세계의 언어 배우기	다양성
		세계의 언어(다문화)	베트남 전래동화에는 누가 나올까?	다양성

2. 4학년 사회과 교수·학습 과정안

배려·나눔·소통의 다문화 학습지

다문화 이해를 위한 학습지(지구촌은 한 가족)
◆기아로 굶주리는 아프리카 어린이들의 생활모습 및 그 해결방안 알아보기◆

영역	세계 문제의 이해	단원	세계의 기아문제	주제	굶주리는 아프리카
활동 주제	**기아로 굶주리는 아프리카 어린이들의 생활모습과 그 해결방안 알아보기**				
활동 내용	♠기아로 굶주리는 아프리카 어린이들의 생활모습을 알아보며, 아프리카 아이들에게 따뜻한 사랑의 마음을 전하는 편지글을 작성하고 그 해결방안 찾아보기				

(월드비전이 배부한 기아(굶주림)돌보기 저금통 회수를 즈음한 계기 교육 자료 학습)

1. 기아로 굶주리는 아프리카 어린이들의 생활모습 조사하기(인터넷, 신문검색 등).
   예)사진부착, 굶주리는 이유, 문화적 상대성, 기후변화(재앙, 재해 등), 기타.

♣사진부착♣

2. 기아로 고통을 겪고 있는 아이들에게 사랑의 마음이 담긴 편지글 작성하기

3. 전 세계 기아 문제의 원인 및 해결방법, 또 초등학생인 우리가 할 수 있는 일을 인터넷 에서 검색하여 생각해보고 그 내용을 아래에 작성하세요.
(인터넷 검색:"아프리카 기아 문제" "유니세프" "국경없는 의사회" 등 등)

☞ 전 세계 기아 문제의 원인 및 해결방안을 구체적인 이유와 근거를 들어 기록해봅시다.

_____

_____

_____

_____

_____

_____

_____

☞ 기아 문제의 원인 및 문제해결을 위해 우리가 할 수 있는 일은 어떠한 것들이 있는지 자유롭게 기록해봅시다.

_____

_____

_____

_____

_____

_____

_____

사회과 교수 · 학습 과정안

일 시	2010. 06. 16 (수) 4교시	대상	4 - 1	장소	4 - 1교실	수업자	김영순
단 원	4 - 1 - 2. 세계로 열린 경제					차시	5/16

학습주제	우리나라와 교류하는 세계 여러 나라들
학습목표	· 생활 속 수입상품을 통해 나라끼리 어떤 관계를 맺고 있는지 알 수 있다. · 다른 나라의 특유자원을 알고, 나라끼리 돕는 마음을 갖는다.
예습 과제	· 다른 나라의 상품들의 원산지와 자연환경을 조사하여 모둠별로 보고서 만들어오기

다문화교육 영역	평등한 인권	회해와 협력	다양한 문화	올바른 정체성	중심 학습활동	토의 토론	문제 해결	조사 탐구	역할 놀이	자원인 시활용
		○						○		

과정 (분)	중심내용	교수 · 학습 활동	자료(□) 및 유의점(○)
문 제 파 악 (7')	학습 동기 유발 하기	T₁. (파일자료와 ICT자료를 보여주며) 이 자료는 어떤 내용인지 누가 말해 볼까요? S₁. 4학년 학생들이 좋아하는 과일입니다. S₂. 제일 좋아하는 과일은 바나나입니다. S₃. 4학년 학생들은 포도, 바나나, 수박, 오렌지, 키위, 딸기 순서대로 좋아합니다.	□ 파일자료, ICT 자료 (4학년을 대상으로 조사 한 과일 선호도 를 제시한다.)
	예습 과제 확인하기	T₂. 이 시간 공부를 위한 예습과제는 무엇이었나요? S₄. 우리 주변에서 볼 수 있는 수입 상품들을 조사해 서 보고 서로 만들어오는 것이었습니다. S₅. 수입 상품들의 원산지와 자연 환경을 조사하여 모둠별로 정리하는 것이었습니다.	
	공부할 문제 파악하기	T₃. 제시된 자료와 예습과제로 보아 이 시간에는 어떤 공부를 해 볼까요? S₆. 우리 주변에서 흔히 볼 수 있는 다른 나라의 상품에 대하 여 공부하면 좋겠습니다. S₇. 다른 나라의 상품을 알아보고, 우리나라와 어떤 관계가 있 는지 알아보면 좋겠습니다. T₄. 네, 이 시간에는 외국에서 들어온 상품들을 통해 나라끼리 어 떤 관계가 있는지 공부해 봅시다. ────── 〈공부할 문제〉────── 생활 속 수입품들을 통해 나라끼리 어떤 관계가 있는지 알아봅시다. S₈. (공부할 순서를 생각하며 공부할 문제를 확인한다.)	○ 제시된 자료와 예습 과제를 통 해 학생 스스로 공부할 문제를 파악할 수 있도 록 유도한다. ○ 공부할 문제를 확인하며 공부 할 순서를 생각 해 보도록 유도 한다.

과정 (분)	중심내용	교수·학습 활동	자료(□) 및 유의점(○)
문제 추구 및 해결 (20')	공부할 순서 알아보기	T5. 이 시간 공부할 문제를 해결하기 위해 어떤 순서로 공부하면 좋을까요? S8. 모둠에서 조사한 내용을 알아보면 좋겠습니다. S9. 우리나라의 품질 좋은 상품들을 다른 나라에 알리는 활동 을 해 보면 좋겠습니다.	□ 모둠별 조사 보 고서 ○ 조사해 온 과제 를 정리하여 발 표한다. 발표 후 질의 응답이 오가도 록 한다.
	모둠발표 하기	T6. 먼저 바나나에 대해 집중 조사해온 모둠에서 발표해 주시기 바랍니다. S10. 저희 모둠에서는 바나나의 원산지와 자연환경에 대해 서 조사하였습니다. (바나나의 원산지, 환경에 대해 발표한다.) T7. 포도에 대해 집중 조사해온 모둠에서 발표해 주시기 바랍니다. S11. 저희 모둠에서는 포도의 원산지와 자연환경에 대해서 조 사하였습니다. (포도의 원산지, 환경에 대해 발표한다.) T8. 옷에 대해 집중 조사해온 모둠에서 발표해 주시기 바랍 니다. S12. 저희 모둠에서는 옷의 원산지와 자연환경에 대해서 조사 하였습니다. (옷의 원산지, 환경에 대해 발표한다.) T9. 학용품에 대해 집중 조사해온 모둠에서 발표해 주시기 바랍니다. S13. 저희 모둠에서는 학용품의 원산지와 자연환경에 대해 서 조사하였습니다. (학용품의 원산지, 환경에 대해 발표한다.)	
	외국상품을 수입하는 까 닭 이해하기	T10. 각 모둠에서 발표한 상품들이 수입되어 우리나라에서 팔리고 있는 이유를 이야기해 볼까요? S14. 우리나라와 자연환경의 차이가 있기 때문입니다. S15. 우리나라에서 부족한 상품을 다른 나라에서 수입해 오 기 때문입니다. S16. 먹고 싶은 것을 먹기 위해 다른 나라로 가려면 돈이 많 이 들기 때문입니다.	
적용 및 발전 (12')	다른 나라와 교류하면 좋은점알기	T11. 다른 나라와 서로 교류하지 않는다면 우리 생활에 어떤 불편 함이 있을까요? S17. 먹고 싶은 것이나 사고 싶은 것이 있으면 그 나라로 직 접 가야합니다. S18. 우리나라에 좋은 물건이 있어도 다른 나라에 알릴 수 있는 방법이 없습니다. S19. 서로 부족한 상품들을 얻을 수 없고, 외화를 벌어들일 수도 없습니다. S20. 다른 나라 교류를 하면 우리나라가 발전할 수 있지 만 협력을 하지 않는다면 다른 나라보다 발전을 할 수 없 습니다.	○ 발문을 통해 다 른 나라와 서로 교류하는 이유 를 알게 한다.

과정 (분)	중심내용	교수 · 학습 활동	자료(□) 및 유의점(○)
적용 및 발전 (12')	우리나라 물건을 다른 나라에 알리기 활동 내용 발표하기 알게 된 점, 느낀 점 이야기하기	T₁₂. 이 시간에 공부한 내용을 바탕으로 내가 기업에 사장이라면 다른 나라에 팔고 싶은 물건을 정하여 홍보하는 글을 써 봅시다. Sₙ. (공부한 내용을 바탕으로 우리나라의 좋은 물건을 정하여 다른 나라에 팔고 싶은 글을 쓴다.) T₁₃. 자기가 팔고 싶은 물건을 발표하면서 서로의 생각을 나누어 봅시다. Sₙ. (각자 쓴 글을 발표한다.) T₁₄. 이 시간 공부를 통해 알게 된 점을 이야기 해 볼까요? S₂₁. 다른 나라의 자연 환경에 대해 알 수 있었습니다. S₂₂. 다른 나라와 서로 교류하면서 부족한 물건을 얻을 수 있다는 것을 알게 되었습니다. S₂₃. 다른 나라와 협력함으로써 외화를 벌어들일 수 있고 우리나라가 발전할 수 있다는 것을 알게 되었습니다.	□ 활동지 ○ 학생들이 어려워하는 경우 적절한 지도적 평가로 교사가 유도한다.
과제 파악 (1')	차시예고 하기	T₁₅. 다음 시간에는 여러 사람들이 함께 이용하는 곳에 대해 알아보도록 하겠습니다. 다음 학습을 위해 통학로 중에서 안전에 도움이 되는 시설을 생각해 오도록 합니다. 이것으로 이 시간 공부를 마치겠습니다. Sₙ. 감사합니다.	○ 차시 예고 및 과제를 자세히 안내한다.

◈ 형성 평가 계획

평가 관점	평가시기	평가방법
◦ 수입된 상품들의 원산지를 알고 있는가?	문제해결과정	관찰법
◦ 다른 나라의 자연환경과 국가 간의 서로 협력하는 이유를 알고 있는가?	문제해결과정	관찰법
◦ 다른 나라 문화를 소중히 여기고 존중하는 태도를 갖는가?	적용 · 발전과정	관찰법

◈ 판서 계획

```
단원 : 4 - 1 - 2. 세계로 열린 경제

〈공부할 문제〉
생활 속에서 볼 수 있는 외국상품들을 통해      · 자연환경의 차이
나라끼리 어떤 관계가 있는지 알아봅시다.        · 경제적 원인          수입된      다른 나라와
 - 수입상품 발표하기                          · 부족한 자원수입   ⇒   상품   ⇒   경제적 협력
 - 우리나라 물건 다른 나라에 알리기
```

사회과 교수·학습 과정안

일 시	10. 05. 19	대 상	4-1	장소	4-1반 교실	수업자	김영순
단 원	4-1-2. 우리 시·도의 발전하는 경제					차 시	4/16

학습 주제	해외 경제 협력 사례 알아보기

학습 목표	○ 수입품과 수출품의 종류 및 무역 상대 국가, 교류하는 이유를 알 수 있다. ○ 해외 경제 협력과 관련된 자료를 조사하고, 통계자료를 분석 할 수 있다. ○ 나라 간에 협력하는 마음과 존중하는 마음의 중요성을 깨닫는다.

예습적과제	우리 주변에서 볼 수 있는 외국 제품 알아오기

다문화 교육 영역	인권 존중	개 방 성	협 동 성	책 임 감	정 의 감	봉 사 성	중심학습 활 동	토의 토론	문제 해결	조사 탐구	역할 놀이	자원인사 활 용
		○	○						○			

과정 (분)	중심 내용	예상되는 발문과 응답	자료 및 유의점
문제 파악 (5')	동기유발하기	T₁. (ICT 자료를 제시한 후) 어떤 사진인가요? 　S₁. 다른 나라에서 볼 수 있는 우리 나라의 상품입니다. 　S₂. 우리가 다른 나라에 물건을 수출하는 사진입니다.	□ 파워포인트 자료 (세계에 서 볼 수 있 는 우리 나 라의 상품, 상품을 수출 하는 사진)
	예습적 과제확인하기	T₂. 이 시간 공부를 위한 예습적 과제는 무엇이었나요? 　S₃. 우리 주변에서 볼 수 있는 외국 상품 알아오기 입니다. 　S₄. 외국 상품의 생산지를 알아오는 것이었습니다.	
	학습 문제 파악하기	T₃. 그럼, 지금까지 본 자료와 예습적 과제로 보아 이 시간에는 어떤 　공부를 하면 좋을까요? 　S₅. 우리나라에 들어온 다른 나라의 상품과 우리가 다른 나라에 　　보내는 상품을 알아보면 좋겠습니다. 　S₆. 세계 여러 나라와 어떻게 교류하는지 알아보는 공부를 하면 　　좋겠습니다. T₄. 좋아요, 이 시간에는 우리가 세계 여러 나라와 어떻게 교류하는지 　알아봅시다. 　┌─────── 〈학습 문제〉 ───────┐ 　│　세계 여러 나라와 어떻게 교류하는지 알아보자.　│ 　└────────────────────────┘ 　Sₙ. (학습 문제를 칠판에 적는 동안 학습 순서를 생각한다.)	○ 제시된 자료 와 예습적 과 제를 통해 학 생 스스로 학 습 문제를 파 악할 수 있도 록 한다.

과정 (분)	중심 내용	예상되는 발문과 응답	자료 및 유의점
문제 추구 및 해결 (23')	학습 순서와 방법 알기	T5. 학습 문제를 해결하기 위하여 어떤 순서로 공부하면 좋을지 말해 볼까요? S7. 수입품과 수출품을 알아보면 좋겠습니다. S8. 우리가 다른 나라와 교류하는 이유를 알아보면 좋겠습니다. S9. 물건 외에 우리가 다른 나라와 교류하는 것은 무엇이 있는지 알아보면 좋겠습니다.	
	수입품 알아보기	T6. 좋아요. 먼저, 우리 주변에서 볼 수 있는 다른 나라의 상품은 어떤 것이 있고, 생산지가 어디인지 발표해 볼까요? S10. 동생이 사용하는 장난감은 중국에서 왔습니다. S11. 부모님이 사용하시는 디지털 카메라는 일본 것이었습니다. S12. 우리가 자주 먹는 바나나는 필리핀에서 생산되었습니다.	○ 예습적 과제를 바탕으로 조사한 내용을 발표하도록 하고, 교사는 이를 보조판서 한다. □ 통계자료 (품목별, 국가별 수출액)
	수출품 알아보기	T7. 제시 된 자료를 보고 우리가 알 수 있는 내용은 무엇이 있을까요? S13. 수출한 상품의 종류를 알 수 있습니다. S14. 우리가 어떤 상품을 얼마나 수출했는지 알 수 있습니다. S15. 우리가 어떤 나라에 수출을 했는지 알 수 있습니다.	
	지도에 나타내기	T8. 그러면 우리가 지금까지 살펴 본 수입, 수출과 관련된 내용을 세계 백지도에 나타내어 봅시다. Sn. (짝끼리 협동하여 수출품과 수입품을 기록하고, 우리와 교류하는 나라를 찾아 표시한다.)	□ 세계 백지도, 통계자료(품목별, 국가별 수·출입액), 싸인펜
	다른 나라와 교류하는 이유 알기	T9. 활동을 끝낸 팀은 나와서 활동 결과를 발표해 볼까요? Sn. (실물화상기를 이용해 발표하고, 발표된 결과와 자신의 활동 결과를 비교한다.) T10. 아주 잘 했어요. 그런데 이렇게 우리가 상품을 수출, 수입을 하며 교류하는 이유는 무엇일까요? S16. 그 상품이 우리나라에는 없거나 다른 나라에 없기 때문입니다. S17. 상품이 있더라도 수가 부족하기 때문입니다. S18. 우리나라와 환경, 자원, 기술이 달라서 다른 물건이 만들어지기 때문입니다. S19. 교류를 하면 협력할 수가 있어 모든 나라가 발전할 수 있기 때문입니다.	○ 모둠별로 교류하는 이유를 토의하여 학습지에 기록하도록 한다.

과정 (분)	중심 내용	예상되는 발문과 응답	자료 및 유의점
적용 및 발전 (10')	물건 외에 교류하는 것 알아보기	T₁₁. (ICT 자료를 제시하며) 그렇다면, 물건이나 상품 외에 우리가 다른 나라와 교류하는 것에는 무엇이 있을까요? S₂₀. 외국인 선생님이 있고, 공부를 하기 위해 다른 나라로 가는 학생도 있습니다. S₂₁. 해외에 선교사를 보내거나 기부를 하는 교회와 성당 등이 있습니다. S₂₂. 영화, 전시회 등 문화적으로 교류를 합니다. S₂₃. 운동 선수가 다른 나라 팀에서 활동도 하며, 관광도 합니다.	□ 파워포인트 자료(교육, 종 교, 문화, 여 가 분야에서 교류하는 모 습을 담은 사 진)
	협력, 존중하는 마음 갖기	T₁₂. 방금 살펴본 내용과 같이 우리는 교육, 종교, 문화, 여가 등 다양한 분야에서 세계와 서로 어울려 교류하고 협력하며 살고 있는데, 그래서 생겨난 말에는 어떤 것이 있을까요? S₂₄. 지구촌이란 말이 있습니다. S₂₅. 세계화라는 말도 있습니다. S₂₆. 국제화라고도 표현합니다. T₁₃. 이런 지구촌 시대에 살고 있는 우리들은 어떤 마음과 태도를 가져야 할까요? S₂₇. 다른 나라에 관심을 갖습니다. S₂₈. 우리 주변에 있는 외국인을 차별하지 않고, 어려움을 겪고 있는 외국인을 도우며 우리와 똑같은 사람이므로 사랑하는 마음을 갖습니다. S₂₉. 다른 나라와 서로 도우며 존중하는 태도를 갖습니다.	○ 지구촌, 세계 화, 국제화의 의미를 설명 하고, 세계가 하나임을 알 며 교류와 협 력이 서로에게 이익을 주는 일임을 상기 시켜 나라 간 에 존중하는 마음을 중요 성을 깨닫도 록 한다.
	알게 된 점 알아보기	T₁₄. 자, 이 시간 공부를 정리해 보도록 합시다. 다른 나라와의 교류란 무엇이라고 말할 수 있을까요? S₃₀. 교류란 부족한 상품을 수출하고 수입을 하는 것입니다. S₃₁. 물건 외에 교육, 종교, 문화, 여가 등도 교류라고 할 수 있습니다. S₃₂. 세계의 여러 나라가 서로 돕고 협력하며 함께 살기 위해서 노력하는 것이라고 할 수 있습니다.	
과제 파악 (2')	차시 예고하기	T₁₅. (ICT자료를 제시한 후) 다음 시간에 공부할 내용을 말해 볼까요? S₃₃. 광주의 단체나 기업의 해외진출 노력을 알아보면 좋겠습니다. S₃₄. 경제발전을 위한 노력을 알아보면 좋겠습니다.	□ 파워포인트 자료 (단체와 기업의 해외 진출 노력과 관련된 사진)
	예습적 과제 제시하기	T₁₆. 좋아요. 다음 시간 공부를 위한 예습적 과제는 광주의 단체나 기업의 해외진출 노력을 인터넷이나 신문에서 스크랩 해오기입니다. 이 시간 공부를 마치겠습니다. Sₙ. 감사합니다.	

◈ 형성 평가 계획

평가 관점	평가 시기	평가 방법
◦ 수입품과 수출품의 종류 및 무역 상대 국가, 교류하는 이유를 알고 있는가?	문제 추구 및 해결	관 찰
◦ 해외 경제 협력과 관련된 자료를 조사하고, 통계자료를 분석 할 수 있는가?	문제 추구 및 해결	관 찰
◦ 나라 간에 협력하는 마음과 존중하는 마음의 중요성을 깨닫는가?	전 시기	관 찰

다문화 교수 · 학습 과정안

학습주제	세계화(글로벌)		
학습목표	1.세계화란 무엇인지 알아보고 세계화의 장점 및 단점에 대해 의견을 나눌 수 있다. 2.우리 주변의 세계화로서 다문화에 대해 열린 사고와 태도를 가지도록 한다.		
학습단계	활 동 내 용	시간	지도상 유의점 및 관련사이트
준비활동	〈세계가 만일 100명의 마을이라면〉의 표지를 보여주며 어린이들의 동기를 유발하는 질문으로 자유롭게 생각을 말해본다.	5'	〈세계가 만일 100명의 마을이라면〉1권
중심활동	〈활동 1〉 1.1. 나의 생활에 필요한 것들은 어디에서 왔는지 적어보며, 　　　나의 생활이 이미 세계화 되어있음을 깨닫도록 한다. (유형, 무형의 생활요소들을 찾아서 학습지를 완성하도록 한다. - 영어, 발레, 컴퓨터, 중국산 신발에 이르기까지 원산지와 기원 으로 나누어 정리) 1.2. 세계화 열쇠 말 학습지를 풀며 세계화에 관련한 용어들을 알 아본다. 〈활동2〉〈세계가 만일 100명의 마을이라면〉을 읽어주거나 　　　읽기자료를 통해 읽은 후 느낀 점을 발표해본다.		학습지1 학습지2 읽기자료
정리활동	〈세계가 만일 100명의 마을이라면〉이라는 책이 어떻게 탄생하게 되었는지 이야기한 뒤, 세계 시민으로서 어떤 자세를 가지고 지구촌의 문제를 풀어야할지 발표해본다.		
기대효과	어린이들의 일상생활에까지 많은 영향을 미치고 있는 세계화에 대하여 어느 한쪽으로 치우친 생각을 지양하고 미래가 우리 지구인 전체의 손에 달려있음을 자각하는 계기가 될 수 있다.		

오색 무지개 체험학습 교수 · 학습 과정안

학습 주제	세계 여러 나라의 고유한 전통 민속 및 일상 의상 알기		지도교사			김보나
다문화 요소	문화적 다양성	차 시	1	시간		40분
학습 목표	세계 여러 나라의 전통의상을 알아보고 존중하는 자세를 가질 수 있다.					
학습 자료	교사	ppt 자료, 세계의 전통의상 자료				
	학생	색연필, 사인펜, 가위, 풀				

단계	과정	교 수 - 학 습 활 동	시간	자료 및 유의점
도입	동기유발	▶ 한국의 의상 ppt 자료 보여주기 　- 한복의 특징과 장점 이야기하기 ▶ 전통의상과 나라 맞추기 게임 　- 전통의상을 보고 어느 나라의 전통의상인지 맞추기	5'	*ppt 자료
전개	학습목표 확인 중심활동	♣ 세계 여러 나라의 전통의상을 알아보고 존중하는 자세를 갖는다. ▶ 학습활동 안내 ㅇ 활동 1 : 여러 나라의 전통의상 살펴보기 　- ppt 자료를 통해 여러 나라의 전통의상 살펴보기 ㅇ 활동 2 : 여러 나라의 전통의상 색칠하기 　- 각자 원하는 나라의 전통의상 학습지를 다양한 방법으로 색칠한 　　다. (색연필로 칠하기, 색종이 오려 붙이기 등) ㅇ 활동 3 : 세계지도에 표시하기 　- 각자 칠한 다문화 전통의상을 입은 인형을 오려 지도에 해당하 　　는 국가 위에 표시해 본다.	30'	*ppt 자료, 세계 지도
정리	정리하기	▶ 정리하기 ㅇ 인형을 붙인 세계지도를 보며 각 나라의 위치와 그 나라의 전통 　의상을 알아본다.	5'	
기대 효과		ㅇ 세계의 다양한 국가들의 전통의상에 다양한 의미들이 있음을 이 　해하고 각각의 나라의 전통의상을 존중하는 태도를 기를 수 있다.		

오색 무지개 체험학습 교수 · 학습 과정안

학습 주제	전통 전래 놀이 및 베트남 놀이 체험			지도교사	나기영	
다문화 요소	전통 전래 놀이 체험, 외국 놀이 체험		차 시	1	시간	60분
학습 목표	우리 전통놀이 및 외국 놀이를 체험하는 가운데 다문화 가정 학생을 이해 할 수 있다.		주 제	놀이 체험을 통한 다문화가정 학생의 이해		
학습 자료	교사	호루라기, 운동복, 긴대나무2, 짧은 나무1		학습 유형	체험활동(민속놀이)	
	학생	간편한 운동복				

단 계	교 수 - 학 습 활 동		시간	자료 및 유의점
	교 수 활 동	학 습 활 동		
우리 놀이 체험	1. 전통 전래 놀이 가. 무궁화 꽃이 피었습 니다.	1. 전통 전래 놀이 가. 무궁화꽃이 피었습니다. 　1) 술래를 정한다. 　2) 술래가 무궁화 꽃이 피었습니다를 재빨리 외 　　치고 뒤를 돌아본다. 　3) 이때 움직인 사람이 술래가 된다. 　4) 술래에게 점점 가까이 간다.	15' 15'	
	나. 우리집에 왜 왔니?	나. 우리집에 왜 왔니? 　1) 두 조로 나누어 우리집에 왜왔니 노래를 부르 　　며 가까이간다. 　2) 가위바위보를 하여 진 사람을 빼앗아 가면 된다.	30'	
외국 놀이 체험	2. 외국 놀이 체험 (베트남 내이삽 놀리)	2. 내이 삽(베트남) 준비물 : 긴 대나무 2개 짧은 대나무 2개 오색천 중앙선을 기준으로 두 사람이 양손에 대나무 끝을 잡고 마주본다. · 앉은 사람은 양손에 대나무를 어깨 넓이로 벌려 　잡는다. · 가운데서 뛰기를 할 사람은 대나무 사이 중앙에 　선다. · 대나무를 잡은 사람이 나무를 가운데로 모았다 　떼기를 반복한다. · 대나무를 밟거나 걸리면 다음 사람과 바꾼다.		긴대나무2 짧은 대나 무1

4학년 1반

학습주제	인도사람들의 환영인사 방법 배우기		지도교사	유의연	
다문화요소	문화의 다양성		차 시	1	시간	40분
학습목표	인도사람들의 환영인사 방법인 랑고리를 알고, 그릴 수 있다.				
학습 자료	교사	ppt 자료, 색도화지, 색연필 혹은 파스텔 마스킹 테이프			
	학생	연필, 연습종이			

단 계	과 정	교 수 - 학 습 활 동	시간	자료 및 유의점

도입	동기유발	▶ 세계 각국의 다양한 인사 모습 동영상 보기
		  - 환영인사를 하는 다양한 방법을 안다.
		▶ 세계 각국의 다양한 환영 인사마음을 표현하는 방법 알기
		  - 나라는 달라도 환영의 마음은 모두 같음을 안다.
			5'	동영상

전개	학습목표 확인	♣ 인도사람들의 환영인사 방법인 랑고리를 알고, 그릴 수 있다.		

		▶ 인도의 환영인사 랑고리에 대해 알아보기
		 ○ 랑고리란 무엇인가요?
		  - 손님이 왔을 때 현관 청소를 하고 그림을 그리는 것을 말한다.
		  - 흰색 가루를 사용하여 몇 개의 점을 그린 후, 그 점을 선으로 이은 좌우가 똑같은 모양의 대칭그림이다.
		 ○ 랑고리를 그리는 이유는 무엇인가요?
		  - "우리 집에 오는 사람을 환영해요" 라는 뜻을 가지고 있기 때문이다.
		 ○ 랑고리의 특징은 무엇인가요?
		  - 대개 매일 아침 다시 그리는데, 만약 잘 지워지지 않는 것으로 그린 경우에는 며칠 동안 놓아두기도 한다. 그리고 특별한 날에는 현관이 아닌 실내에 그림을 그리기도 하는데 이때는 색칠도 하고 환영인사도 적는다.
		 ○ 랑고리의 다른 의미는 없나요?
		  - 랑고리를 방문 앞에 그리면 "환영합니다" 라는 뜻이지만, 이 그림을 지웠다면 "저는 지금 외출중입니다." 라는 뜻입니다.
		▶ 랑고리 그려보기
		  - 좌우 대칭 그림 이용하여 다양한 모양의 랑고리 붙여보기.
		▶ 랑고리 외에 다른 나라의 환영인사 알아보기
		  - 다른 나라의 특별한 환영인사에 대해 알아본다.
			7'
			
			20'
			5'
				랑고리
				소개 ppt
				
				색도화지,
				색연필,테
				이프

정리		▶ 랑고리 걸어두기 - 랑고리를 교실 문이나 복도 벽에 붙여 다른 친구를 환영하는 의미를 표현한다.	3'	
기대 효과		○ 세계 여러 나라에는 다양한 환영인사 방법이 있음을 알고 그 문양이 가지는 의미를 이해할 수 있다.		

오색 무지개 체험학습 교수 · 학습 과정안

4학년 1반

학습 주제		여러 나라의 전통 신발 만들기			지도 교사	이상민
다문화 요소		문화의 다양성	차 시	1	시간	40분
학습 목표		세계 여러 나라의 전통 신발에 대해 알아보고 다양한 재료를 가지고 만들 수 있다.				
학습 자료	교사	ppt 자료, 세계의 전통 신발 자료				
	학생	지점토, 끈, 가위, 물감, 팔레트, 붓, 물통 등				

단 계	과 정	교 수 - 학 습 활 동	시간	자료 및 유의점
도입	동기 유발	▶ 일본의 전통 신발 사진 보여주기 - 신발의 특징과 이러한 신발을 신는 이유 알아보기 ▶ 다양한 신발과 관련된 나라 맞추기 - 전통 신발을 보고 어느 나라의 신발인지 추측해 보기	5'	*사진자료
전개	학습 목표 확인	세계 여러 나라의 전통 신발에 대해 알아보고 다양한 재료를 가지고 만들 수 있다.	30'	*ppt 자료
	중심 활동	▶ 학습활동 안내 ○ 활동 1 : 여러 나라의 전통 신발 살펴보기 - 각자 조사한 자료를 가지고 친구들 앞에서 발표하기 ○ 활동 2 : 여러 나라의 전통 신발 표현하기 - 각자 조사한 여러 나라의 전통 신발의 특징이 잘 나타나도록 표현한다. (지점토를 중심으로 다양한 재료를 활용하여 표현하기) ○ 활동 3 : 작품 전시하기 - 각자 만든 작품을 전시하고, 친구의 작품을 감상하기		
정리	정리 하기	▶ 정리하기 ○ 친구들의 작품을 감상하고 어떠한 특징이 잘 나타났는지 발표하기	5'	
기대 효과		○ 날씨가 더운 곳, 날씨가 추운 곳, 강가, 사막지역, 비가 자주 오는 곳에 따라 신발의 형태가 다양함을 이해할 수 있다. ○ 세계의 다양한 나라들의 전통 신발이 나라의 지형 및 자연 환경에 영향을 받았음을 이해할 수 있다. ○ 전통 신발의 특징을 통해 그 국가의 생활 모습을 추측해 볼 수 있다.		

다문화 관련 학습지

 학습지 1 - 세계화 된 나

나의 모습을 그리고 머리끝부터 발끝까지 세계 여러 나라의 도움을 받은 것이 있는지 생각해보고 써봅시다.

의	식	주	언어	친구	장난감	학용품	놀이

세계화와 관련하여 전에는 없던 일이 생겨났습니다. 다음을 보고 연결해보세요.

세계화
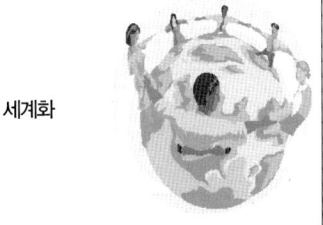

자유 경쟁적 세계 경제 체제로 새로운 자원, 값싼 노동력, 끊임없는 발명, 세계기업들이 어디에서나 공장을 짓고 사업을 하게 되고 자유무역으로 값싸고 다양한 물건들을 많이 만들어내게 되었습니다.

경제성장

세계가 하나의 사회로 통합되는 것, 우리 입장에서 우리 것을 널리 알리고 외국 문화를 받아들여 우리 것으로 만드는 것을 말합니다.

환경파괴

물건이나 자원을 전 세계 이리저리로 실어 나르고 아주 먼 곳이라도 여행이 가능해져서 병원균 매개체의 이동성을 크게 높였습니다. 공장형 기업농, 산업적 농업도 빠르게 증가하여 질병을 확산시킵니다.

새로운 질병
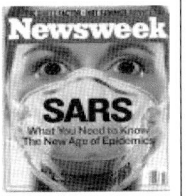

더 값싼 물건을 만들어 내고자 경쟁이 치열해지면서 자원을 남용하게 되고, 텔레비전 방송과 광고로 인해 소비를 부추기는 생활양식이 전 세계 곳곳으로 퍼져나가 오존층 감소, 바다오염, 석유전쟁, 세계기후변화, 녹는 빙산, 파괴되는 생물서식지등 환경에 대한 염려가 더욱 커졌습니다.

다인종
다문화
사회

사람과 물자가 자유로이 오고가고 좋은 문화들이 나라의 벽을 넘어 교류되어 서로 다른 인종과 문화가 어울려 지내며 서로의 좋은 점을 배우고지구가 처한 여러 가지 문제들을 같이 의논할 수 있게 되었습니다.

다문화 이해교육 학습지

- 다른 나라의 기후와 전통의복 조사 -

영역	세계 여러 문화의 이해	단원	세계의 전통의복	주제	**다른 나라의 전통의복**
활동 주제	**다른 나라의 기후와 전통의복 조사하기**				
활동 내용	♠ 아시아 국가 중에서 한 나라의 기후를 조사하고, 기후에 따른 그 나라의 독특한 전통의복을 조사하여 발표해 봅시다.				

※ 아시아 국가 중에 한 나라를 선택하여 기후를 알아보고, 그 기후에 맞는 전통 의상을 조사하여 그 특징을 기록하시오.

　(예시, 중국의 치파오, 베트남의 아오자이, 필리핀의 바롱, 일본의 기모노, 몽골의 델……)

1. 선택한 나라의 자연환경과 기후 특징(4계절)을 기록하여 보세요.

_____

_____

_____

_____

_____

_____

2. 선택한 나라의 전통 의복을 조사해 보세요.
　- 사진을 인쇄하거나 그림을 그려서 붙여보세요. 뒷면에 이어서 기록

앞면에서 이어짐 (인터넷, 신문 검색).

〈아래의 사진은 어느 나라의 어떤 전통 의상일까요?〉

	의상이름	
	의상이름	
	의상이름	의상을 입은 자신의 모습은 어떠할지 글로 적어보세요 ⇒
	의상이름	
	의상이름	

다문화 이해교육 학습지

- 우리 고유의 한복 바로입기 -

영역	세계 문화의 이해	단원	우리 문화의 이해	주제	한복 바로입기
활동 주제	한복 바르게 입기 익히기				
활동 내용	◆치마와 저고리, 저고리 고름 매는법, 바지와 저고리, 대님 매는법을 조사하고 실연하여 보기.				

1. 여성용 치마저고리를 바르게 입는 법을 조사하여 보세요.
   (인터넷, 신문 검색, 백과사전, 부모, 친지 등)
   - 사진을 인쇄하여 붙이거나 혹은 그림으로 그려보세요.

2. 저고리 고름을 바르게 매는법 조사하고 실제로 매어보기.
   (사진이나 그림 추가)

〈저고리 고름매는 법〉

3. 남성용 바지저고리를 바르게 입는 법 조사하기 (인터넷, 신문 검색, 백과사전 등)
   - 사진을 인쇄하거나 그림을 그려서 붙여보세요.

4. 바지의 대님 매는법을 조사하고 실연하기.(사진이나 그림추가)

〈대님 매는 법〉

5. 우리고유의 민속 한복을 주로 입는 날과 입었던 소감을 글로 적어봅시다.

 1. 주로 입는 날 : _____

 2. 입었던 소감글 : _____

   _____

   _____

다문화 이해교육 학습지
- 거대 인구의 중국에 대한 이해 -

영역	세계 문화의 이해	단원	아시아 국가의 이해	주제	중국 국가 이해
활동주제	**중국의 문화와 자연환경에 대한 이해**				
활동내용	◆가까운 나라 중국의 자연환경에 대하여 조사해보기. ◆상대방의 입장을 이해해보고 중국의 문화의 차이에 대하여 알아보기.				

※http://cmc.snu.ac.kr나 중국대사관 홈페이지에서 자료를 이용할 수 있다.

1. 중국을 우리나라와 비교하여 알아봅시다.

국명	우 리 나 라	중 국
면적		
수도		
인구		
사용 언어		
시차		
통화 단위		
국기		

2. 그 외 중국의 자연환경, 관광, 특징에 대해 알아보고 적어보세요.

_____

_____

_____

_____

_____

_____

앞면에서 이어짐 (인터넷, 신문 검색 등)

2. 우리나라와 중국의 문화적 차이점 알아보기(중국의 문화, 우리나라와의 관계)

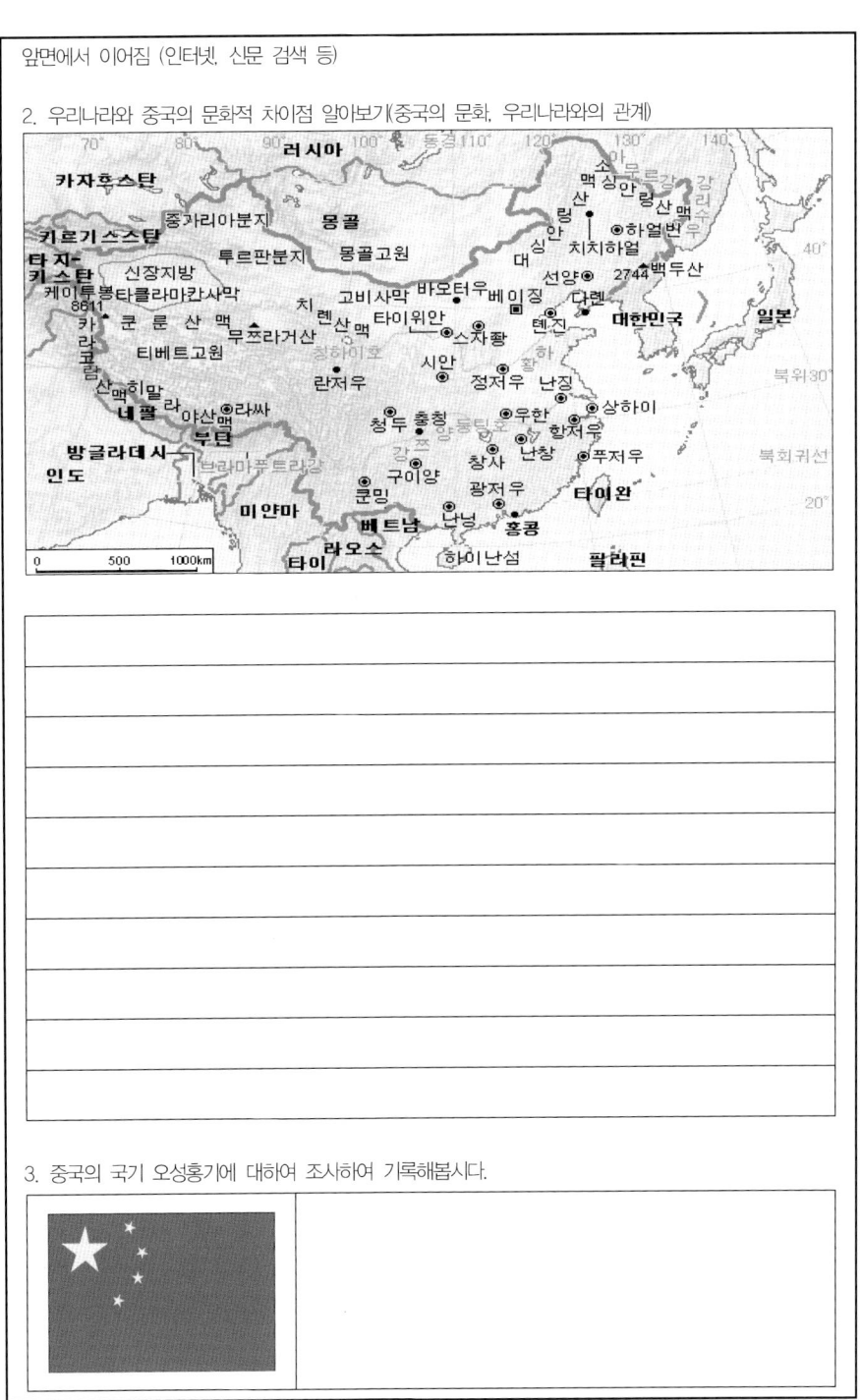

3. 중국의 국기 오성홍기에 대하여 조사하여 기록해봅시다.

 초등학교 5학년 다문화교육의 실제

1. 5학년 사회과 교육과정 목표 및 내용 분석

〈표 1〉 2007개정 교육과정의 다문화교육

학년	불일치 : 간접관련단원 (주된 다문화지도요소)	부분일치 : 중간관련단원	전면일치 : 직접관련 단원
5학년	하나 된 겨레(문화이해) 다양한 문화가 발전한 고려(문화이해) 유교 전통이 자리 잡은 조선(문화이해) 조선 사회의 새로운 움직임(문화이해) 새로운 문물의 수용과 민족 운동	대한민국의 발전과 오늘의 우리	없음

　　5학년은 역사 교육 내용의 시계열성을 고려하여 국사를 한 학년에 집중적으로 배열하여 일관된 학습이 이루어지도록 하였다. 또한, 생활사, 문화사, 인물사 중심으로 우리나라 역사를 쉽게 다룰 수 있도록 내용을 조직하였다.

<표 2> 2007개정 교육과정의 5학년 역사영역 목표와 강조점

순	2007개정교육과정 목표	강조점
역사영역 목표 '다'항	'다'항은 "각 시대의 특색을 중심으로 우리나라의 역사적 전통과 문화의 특수성을 파악하여 우리 문화와 민족사의 발전상을 체계적으로 이해하며, 이를 바탕으로 인류 생활의 발달 과정과 각 시대의 문화적 특색을 파악한다."이다.	- 국사 영역과 세계사 영역을 종합적으로 이해하는 것을 강조 - 역사적으로 구분되는 '각 시대의 특색'을 중점적으로 이해 - 시대의 특색을 중심으로 우리 민족의 '역사적 전통과 문화의 특수성'을 파악할 것을 강조 - 시대의 흐름에 따른 전통과 문화의 특수성 파악은 '우리 문화와 민족의 발전상을 체계적으로 이해'하는데 핵심이 됨 - 한국사 지식을 바탕으로 세계사의 전개 과정에서 나타난 '인류 생활의 발달 과정과 각 시대의 문화적 특색'을 파악할 것을 요구됨
기능영역 목표 '마'항	'마'항은 "사회 현상과 문제를 파악하는 데 필요한 지식과 정보를 획득, 조직, 활용하는 능력을 기르며, 사회생활에서 나타나는 여러 문제를 합리적으로 해결하기 위한 탐구 능력, 의사 결정 능력 및 사회참여 능력을 기른다."이다.	- 지식 영역의 전 목표와 깊은 관련을 가지면서 길러야 할 기능 또는 능력에 대한 것임 - '사회 현상과 문제를 파악'하는 데 있어 현상과 문제란 역사, 지리, 제 사회과학과 관련되는 문제들이며, 어느 지식 영역의 학습에서든 '지식과 정보를 획득, 조직, 활용하는 능력'이 필요한 것임 - 사회과의 '탐구 능력', '의사 결정 능력', '사회 참여능력' 등은 모든 지식 영역의 학습 과정에서 지식의 이해와 함께 추구되는 것이며, 그렇게 될 때 비로소 '사회생활에서 나타나는 여러 문제를 합리적으로 해결'할 수 있는 능력과 의사 결정 능력이 길러진다는 점을 강조하고 있음
가치·태도 목표 '바'항	'바'항은 "개인과 사회생활을 민주적으로 운영하고, 우리 사회가 당면한 문제들에 관심을 가지고 민족 문화 및 민주 국가의 발전에 적극적으로 이바지하려는 태도를 가진다."이다.	- 사회과 교육에서 정의적 영역의 교육이 중요함을 강조함 - '사회 문제들에 관심을 가지는 태도'와 '민주 국가 발전에 이바지하려는 태도'는 역사, 지리 및 사회 과학의 모든 지식 영역과 관련되어야 한다는 점을 강조함

2. 5학년 다문화교육의 목표 설정 및 주제 재구성 방향

가. 다문화 내용요소와 학습내용

다문화 내용요소	다문화 관련 학습내용
문화이해	– 문화간의 유사점과 차이점, 그리고 특징을 알고, 각 문화에 대한 이해와 존중심을 갖 　도록 하는 내용 – 문화집단을 인종 및 민족 집단 등으로 한정하지 않음(탄력적 환경 확대법 적용) – 이질적인 문화의 차이를 드러냄 – 문화의 다양성을 인식하도록 함 – 다른 문화에 대한 맥락적 이해를 강조함 – 개인의 자기 문화 정체성 형성을 강조함 – 다양한 민족집단 및 문화 집단의 관점에서 개념, 이슈, 사건, 주제, 인물 이해를 추구
평등성	– 기본적인 인권의 개념에서 출발하여 인간은 어느 것에 관계없이 평등하다는 가치 아 　래 국가와 민족, 인종, 능력, 계층에 대한 올바른 이해와 긍정적 태도를 가지도록 하는 　내용 – 문화 간 차이 이해를 기본적으로 고려함 – 문화에 대한 평가적 관점과 그로 인한 문화 간 불평등 현상을 강조함 – 소수 집단이 소외되는 현실을 인지하는 것을 강조함 – 문화 속에 담긴 계급성을 인식하는 것에 초점을 둠 – 문화 정체성 인식에서 지배와 피지배적 관계를 인식하는 것에 초점을 둠 – 다양한 문화집단이 누려야 할 평등과 권리를 고려하도록 함
다양성	– 다문화를 이해하고 수용하기 위해서는 먼저 개인은 모두 소중하고 존중되어야 한다는 　입장과 주변의 다양한 개인과 다른 집단 존재를 인정하는 내용 – 세계사적 요소 반영 – 의·식·주 등 생활 모습의 차이에 대한 인식과 체험 강조 – 각 나라의 언어, 종교 및 전통문화 요소 반영 – 타문화에 대한 상대주의적 이해 강조
정체성	– 긍정적인 자아개념을 형성하여 자아정체감 형성을 돕고 나아가 다문화간의 집단 정체 　감을 형성 할 수 있도록 하는 내용 – '한국인' 혹은 '대한민국'과 같은 정체성이 본질적인 것이 아니라 유동적이며 지속적 　으로 구성되며 특히 다른 민족과 국가와의 차이에 의해 구성되는 측면으로 학습
반편견	– 선입견이나 편견, 고정관념에 대하여 알도록 하고, 이를 드러내어 반성적 사고를 통한 　비판적 사고를 형성하도록 하는 내용
협력	– 다양한 사람(국가·민족)들과 상호 작용하는 능력을 증진시키도록 하는 내용 – 세계사적 내용과 통합적으로 접근하여 다른 나라의 역사적 사실로부터 예시, 자료, 정 　보를 가져와 사용

5학년 역사단원 다문화교육은 문화와 정체성의 차이에 대한 인정을 넘어, 이질적인 문화 집단 간 소통, 이해, 공존 그리고 연대를 지향해야 한다. 그러

기 위해서 '문화'를 다룸에 있어서는 '문화는 무엇인가?' 보다는 '문화는 무엇을 하는가?'에 초점을 맞출 필요가 있다.

3. 다문화교육 사회과 교수 · 학습 과정안 및 학습지

가. 삼국의 생활 모습을 이해하기(고대의 한일 문화교류)

일 시	2010.09.29(수) 3~4교시	지도 교사	김영식		장 소				5학년 1반 교실		
학습자	5학년 1반 30명(남 15명, 여 15명)	시량	80분	교과서(쪽)				( )쪽			
단 원	(1) 하나 된 겨레	차시	11~12/18	다문화 교육 요소	문화 이해	다양성	평등성	정체성	반편견	협력
					○	○		○		○
학습주제	삼국의 생활 모습을 이해하기			학습형태						
학습목표	♣ 삼국인의 불교 전파 모습과 중국, 일본 등과 교류를 통해 형성된 삼국 문화의 특징을 살핀다. ♣ 삼국의 생활 모습과 관련된 '지식과 정보를 획득, 조직, 활용'한다. ♣ 문화교류에 관심을 가지고 인간으로서 평등과 권리의 발전에 적극적으로 이바지하려는 태도를 가진다.									

◆ 문제 파악 (전체, 10분)

　◎ 학습 동기 유발하기

　　○ 다양한 삼국시대 문화재를 동영상이나 사진 등으로 안내하기

　　　- 자료에 나타난 한 · 일문화재의 공통점 알아보기

　　　- 삼국 및 중국, 일본이 모두 불교를 받아들인 까닭 발표하기

　　　　(왕의 권위를 세우고 백성들을 불교를 중심으로 뭉치게 하려고)

자료	교토의 코오류지의 본존불(미륵보살 반가상–일본 국보 제1호, 한국의 금동 미륵보살 반가상–한국 국보78호), 백제의 미륵사지 석탑, 호류지 목탑

　◎ 공부할 문제 알아보기

○ 이번 시간에 공부할 문제 말하기

삼국인의 불교 전파 모습과 중국, 일본 등과 교류를 통해 형성된 삼국시대 문화의 특징을 살펴보자.

◆ 문제 탐색 (전체, 5분)
  ◎ 학습 활동 안내하기
  【활동1】 고구려, 백제, 신라의 불교 발달 모습을 유물과 설화를 통하여
          알아보기
  【활동2】 삼국시대 문화의 특징을 토의해 보기
  【활동3】 삼국 문화의 일본 전파 모습 알아보기
  【활동3】 고분벽화와 출토 유물을 통하여 삼국문화와 일본문화의 특징
          비교해 보기

◆ 문제 해결 (55분)
  【활동1】 고구려, 백제, 신라의 불교 전파 모습을 유물과 설화를 통하여
          알아보기

    ○ 설화이야기 읽기   -모둠 자리로 이동하여 앉기
    - 설화이야기(아도전설, 허황옥이야기, 이차돈이야기를 읽고 삼국의
      불교 수용 모습 찾아보기
※ 삼국의 불교수용 모습
① 고구려 : 중국 전진(前秦)의 왕 부견(符堅)이 보낸 '순도(順道)'에 의해
  불교를 수용한 왕: 소수림왕 2년(372년)
② 백제 : 중국 동진(東晉)에서 인도의 승려 '마라난타(摩羅難陀)'에 의해
  불교를 수용한 왕: 침류왕(枕流王) 원년(384)
③ 신라 : 고구려 승려 '묵호자(墨胡子)'에 의해 불교가 전래된 시기: 눌지
  왕(417~58년) 때 신라 불교 공인에 기여한 이: '이차돈(異次頓)'의 순
  교로 신라 불교를 공인한 왕: 법흥왕(528년)

- 삼국시대 불교관련 유적·유물 알아보기(고구려, 백제, 신라 등 대표 유물·유적-지역화해서 활용)

자료 유의점	아도전설, 허황옥이야기, 이차돈이야기 불교의 수용은 중앙집권 체제가 정비되던 시기로 불교가 국가체제 정비와 관련이 있음을 알게한다.

【활동2】 삼국시대 문화의 일본 전파 모습 알아보기

○ 삼국시대 문화를 문화재를 중심으로 알아보기

- 고구려문화(장군총, 광개토대왕릉비, 무용총, 수렵도, 금동여래 입상, 안학궁터, 평양성 터, 수렵도, 기마행렬, 씨름도 등)의 특징 토의해보기

 ※ 고구려 문화의 특징 : 패기가 있고 힘이 넘친다.

- 백제문화(무령왕릉, 정림사지 5층 석탑, 금동 대향로, 익산미륵사지 석탑, 서산 마애불 등)의 특징 토의해 보기

 ※ 백제 문화의 특징 : 다른 나라에 비해 섬세하고 온화한 아름다움 과 우아하다.

- 신라문화(대릉원, 천마총의 천마도, 금관총의 금관, 토기, 황룡사터, 첨성대 등)의 특징 토의해 보기

 ※ 신라 문화의 특징 : 화려하다. 과학기술이 뛰어났다.

- 가야문화(수로왕릉, 회현리 패총, 대성동고분군, 갑옷, 투구, 환두대 도 등)의 특징 토의해 보기

 ※ 철을 다루는 기술이 뛰어났다. 토기의 모양이 다양하다.

○ 토의 결과를 정리하여 발표하기

- 다양한 갈래로 해석된 의견을 모아서 정리하고 발표하기

자료 유의점	삼국시대 문화재가 나타난 지도, 문화재 사진 조사한 내용은모든 모둠의 대표적인 생각을 함께 발표한다.

【활동3】 삼국시대 문화의 일본전파 모습을 고구려, 백제, 신라와의 관 계를 중심으로 알아보기

○ 삼국문화의 일본전파 양상

- 한국의 고대 삼국은 고구려, 백제, 신라를 일컫는데 이들 세 나라는 중국 불교의 영향을 받아 각각의 특성대로 그 문화를 수용하고 발전시켰다.
- 한국의 문화가 직접 일본에 전해져 일본의 문화를 한 차원 높은 단계로 끌어올리는 데 큰 구실을 한 것은 삼국시대의 문화였다.
- 삼국은 대륙으로부터 선진 문화를 받아들여 이 문화를 개성 있는 자기의 문화로 만든 후 다시 일본에 전하였다. 이 때의 문화 전파는 단순히 선진 중국의 문화를 그대로 전한 것이 아니었다.
- 삼국이 독자적으로 발전시킨 문화를 삼국의 주민들이 직접 일본에 가서 전해 준 것이었다. 따라서 일본 고대 국가의 성립과 고대 문화 발전에 많은 역할을 한 것이다.

○ 백제문화의 일본전파 양상
- 삼국문화의 일본전파는 백제 사람들의 활동이 가장 컸는데, 그것은 삼국 가운데 백제가 일본과 가장 정치적으로 연결되어 친선 관계를 오래 지속하였기 때문이다.
- 백제에서는 일찍이 근초고왕 때 아직기와 왕인이 일본에 건너가 한문을 가르쳤다. 이 때의 한문은 일본인으로 하여금 문화의 필요성을 깨닫게 해 주었으며 유교의 충효 사상도 보급시켰다.
- 근구수왕때에는 일본의 요청으로 백제의 학자들이 초빙되어가서 유학뿐 아니라 도기, 직조, 도화 등의 기술을 전해 주었다.
- 무령왕 때에는 오경 박사 단양이와 고안무를, 성왕 때에는 오경 박사와 의,역 박사 등을 보내어 일본인들에게 유학과 기술을 전했다.
- 특히 성왕 때에는 노리사치계가 일본에 불교를 전하였다. 무왕 때에는 관륵이 역법과 천문학을 전하고 일본 불교를 크게 일으켰다.

이와 같은 백제 문화의 전파는 일본 고대문화인 아스카 문화 형성의 원동력이 되었다. 그리하여 일본에서는 백제 문화의 영향으로 5층탑이 세워지고 백제 가람이라는 건축 양식도 생겨났다.

　※ 아스카 문화 : 백제 사람들이 일본의 아스카 지방에 이주하여 아스카라는 절을 세우고 아스카 문화를 발전시켰다. 아스카 시대를 연 핵심 인물은 백제계 이주민의 외손인 쇼토쿠 태자였다. 쇼토쿠 태자는 백제계 이주민의 협력을 얻어 백제의 기술자와 스님을 모셔다가 아스카 문화라 불리는 일본 불교 문화의 꽃을 피웠다.

　※ 아스카문화(飛鳥文化)와 일본으로 간 사람의 학습지를 보고 당시 교류의 모습에 대해 느낀 점을 써 보자(학습지 참조)

　※ 삼국의 문화 전달에 공헌한 백제 인물

　　왕 인 : 백제의 학자. 근초고왕 때 일본에서 학자와 책을 주기로 요청하자, 왕의 손자인 진손왕과 함께 「논어」 10권과, 「천자문」을 갖고 가서 전해 주었다. 오사카지방에 왕인 공원이 있고 왕인의 묘로 알려진 유적이 있으며 도쿄의 공원에는 왕인을 추모하는 비석이 2개 있다. 일년에 한번씩 왕인 유적지에서 한문과 유학을 알게 한 왕인을 추모하는 제사를 지낸다.

　　아직기 : 백제 근초고왕 때 일본에 건너간 학자. 근초고왕의 지시로 말 2필을 이끌고 가서 일본왕에게 선사한 후, 말을 기르는 일을 맡아 보던 중 그가 경서에 능통한 것을 안 일본 천황이 쇼오토크 태자의 스승으로 삼았다.

　○ 고구려의 문화와 일본과의 관계

고구려는 백제만큼 빈번한 교류는 없었지만, 승려들에 의해 많은 문화를 전하였다.

영양왕 때 일본에 건너간 혜자는 일본 쇼토구 태자의 스승이 되었고, 담징은 유교의 5경과 그림을 가르쳤으며, 종이와 먹의 제조 방법까지 전해 주었다. 일본의 자랑거리인 호류 사 금당 벽화는 담징의 그림으로 전해 온다. 또 영류왕 때에는 혜관과 도징이 일본에 건너가 삼론종을 전하였다.

※ 유적을 통해 알아보는 일본과 고구려의 교류의 흔적

돌방무덤: 일본에는 고구려 사람들이 돌을 이용하여 방 모양으로 꾸민 돌무덤들이 있다.

고분벽화: 일본의 다카마쓰 고분의 벽화에는 치마 저고리를 입은 부인 모습, 청룡, 백호 등이 그려져 있는데 이것은 고구려 귀족의 무덤과 매우 비슷한 것이다.

고마신사: 일본의 고마(일본말로 고구려를 가르킴)촌에는 고마신사가 있어 고구려의 조상들을 모시고 있다.

※ 일본에 영향을 준 고구려 인물

담 징 : 610 년 영양왕때 승려 법정과 함께 일본에 건너가 공예 및 종이, 칠, 맷돌 등의 제조법을 가르쳤다. 그가 남긴 호류사의 금당 벽화는 중국 운강 석불, 경주 석굴암과 함께 동양 3대 미술품의 하나였으나 , 1949년에 불탔고 , 지금은 그 모사품이 호류사에 남아 있다.

○ 신라와 일본 문화와의 관계 : 신라는 지리적으로 일본과 가장 가까웠으나 군사적 대립이 잦아 문화 교류가 그리 활발하지 못하였다. 그러나 신라에서도 배 만드는 기술,·저수지 쌓는 기술을 일본에 전하였다. 이 밖에 도자기 만드는 기술과 의약,·불상 등을 전하여 일본의 문화 발달에 적지 않은 영향을 주었다. 특히 축제술은 일본에 큰 영향을 끼쳐 '한인의 연못'이라는 이름까지 생기게 하였다.

※ 기타 : ① 삼국의 음악도 전해져 고구려악, 백제악, 신라악 등의 이름까지 생겨났으며, 드디어 일본 음악의 주류를 이루었다.

② 일본 나라현에는 한국어와 관계있는 지명이 많이 남아 있다.

자료 유의점	한국문화의 일방적 일본 전파가 아닌 문화의 상호의존성, 각각 나라의 문화 다양성과 문화 교류측면에 대해서도 학습하도록 한다. 다양한 역사적 상상이 드러나도록 한다.

◆ 정리 (전체, 10분)

◎ 학습 내용 정리하기

○ 삼국시대 문화재 속에 담긴 한·일 두 나라의 유사점을 통해 오랜 교류 관계 알기

  - 한·일 두 나라 공히 불교의 수용은 중앙집권 체제가 정비되던 시기로 불교가 국가체제 정비와 관련이 있다는 점을 정리하기

  - 문화재에 담긴 유사성을 통해 두 나라의 오랜 교류 관계 알기

  - 느낀 점 발표하기

  - 최근의 한일 문화 교류에 대해 이야기 해보기(실생활 적용)

자료 유의점	여러 가지 사진 자료 한·일 관계에 관한 최근의 다양한 사이트를 소개한다.

◎ 차시 예고하기

○ 고구려, 백제가 멸망하고 신라가 당을 물리침으로써 삼국 통일을 달성하는 과정과 고구려를 계승한 발해가 건국되는 과정을 인물을 중심으로 살피기

학생 활동지	삼국인의 불교 전파 모습과 중국, 일본 등과 교류를 통해 형성된 삼국 문화의 특징을 살피기	일시	월 일
		성명	

※ 삼국 시대를 형성했던 고구려, 백제, 신라의 문화재를 세 가지 이상 선정하여 그 특징에 대해 써 보고 삼국과 일본의 문화교류에 대해 정리 해 봅시다.

구분	문화재 이름	문화재의 특징	삼국시대 문화의 일본전파 모습
고구려			
백제			
신라			

※ 아래 한국어와 관계있는 일본 나라현의 지명을 보고 느낀 점을 써 봅시다.

	나라	어원	알게 되거나 느낀 점
1	奈良(나라)	나라, 평야, 궁전왕	
2	春日(카스가)	한국어의 可村(카스구)에서 나옴(큰 마을)	
3	百濟(쿠다라)	백제에서 나옴	
4	橿原(카시하라)	신라의 서울(徐伐=京都의 뜻)에서 나옴	
5	生駒(이코마)	고려(코마)에 "이"가 붙은 것	
6	飛鳥(아스카)	안숙에서 나옴, 외래재(飛鳥)의 편안한 곳	
7	唐古(카라코)	韓(카라)에서 나옴	

자료: 金達壽저 "日本の中の朝鮮文化" 講談社.

※ 아래 아스카문화(飛鳥文化)와 일본으로 간 사람(일본=渡來人) 관계연표를 보고 교류의 모습을 상상하여 느낀 점을 써 봅시다.

연표	관계사항	알게 되거나 느낀 점
538	백제의 聖明王, 일본 조정에 불상과 경전(經論) 등을 보냄	
552	백제의 聖明王, 금동불상과 경전 등을 천황에 보냄	
554	백제로부터 오경박사, 역(易), 역(曆)·의박사·음악인(樂人), 승려 등이 건너감	
577	백제에서 경전, 승려, 비구니, 불상 만드는 사람, 절을 짓는 사람 등이 건너감	
579	신라에서 공물과 불상을 보냄	
588	백제에서 승려, 불교의 사리, 절을 짓는 사람, 로반(露盤)박사, 기와박사, 화공 등이 건너감	
594	성덕태자가 소아마자(蘇我馬子)에게 불교를 부흥 시키라고 함	
595	고구려 승려 혜자(慧慈), 백제 승려 혜총(慧聰)이 건너감	
596	법흥사(飛鳥寺) 건물이 완공 됨. 혜자(慧慈), 백제 승려 혜총(慧聰)이 법흥사(飛鳥寺)에서 거주함	
602	백제 승려 觀勒이 건너감. 역서(曆書), 천문지리서 등을 전함	
604	성덕태자, 헌법 17조를 만듦	
605	고구려왕, 불상을 만들기 위한 황금 300냥을 줌	
610	고구려 승려 담징(曇徵)이 채색, 종이, 먹 등의 제조법을 전함	
612	백제인 路子工이 건너가 수미산(須彌山)·오교(吳僑)를 만듦. 백제인 미마지(味摩之)가 건너가 기악무(伎樂舞)를 전함	
616	신라가 불상을 전해줌.이 금동불상을 (廣隆寺)에 둠	
622	고려의 가서일(加西溢)이 ≪천수국만다라수장(天壽國曼荼羅繡帳)≫의 밑그림을 그림	
623	신라와 가야가 불상과 불사리 등을 보냄. 법륭사금당석가삼존상을 만듦	
625	고구려 승려 혜권(惠權)이 일본으로 감	
639	신라 사신이 건너감	
640	백제와 신라의 사신이 건너감	

(明石書店 "歷史に見る日本·韓國·朝鮮)2000년에 의해 작성함

㉠ 수업감상문

▷ 나는 일본과 한국의 교류와 불상 등의 같은 점과 다른 점을 이 수업을 통해 많이 알게 되었다. 사신도 청룡그림, 부인도, 석상, 보살상 이 있다. 탑의 종류도 다양하다. (박선빈)

▷ 고대 한국과 일본은 교류를 많이 하였는 것 같다. 왜냐하면 배 만드는 기술, 저수지 쌓는 기술 등을 일본에 전하였고 그 밖에 의학, 불상 등을

전하여 일본의 문화발달에 많은 영향을 주었다고 하니 정말 대단하다. 또 음악, 그림, 도기 등도 우리나라와 거의 비슷하다. 게다가 건물, 탑까지 비슷하다. 우리나라가 문화로 일본에게 이렇게 많은 영향을 주다니…. (이동욱)

▷ 우리나라랑 일본이 비슷한 점이 많다는 것을 알게 되었다. 예를들면 백제의 미륵사지 석탑모양과 일본의 호류사의 목탑이랑 모양이 비슷한 걸 보고 매우 놀랐다. 내 생각엔 그 만큼 서로 친했다는 것을 알 수 있다는 것이다(하략). (손예솔)

▷ 나는 예전부터 일본어는 어떻게 탄생되었는지 정말 궁금했다. 하지만 오늘 수업을 듣고 한국과 일본이 많이 닮았다는 것을 느꼈다(하략). (김다희)

▷ 나는 일본과 한국의 불상들의 같은 점과 다른 점을 김영식선생님 덕분에 많이 알게 되었다. 예를들면 사신도, 청룡그림, 부인도, 보살상 등이 있다. 탑의 종류도 다양하다. 미륵사지 석탑과 목탑 등도 있다. 이 책은 정말 유익하고 역사를 잘 알 수 있는 책인 것 같다. (박선빈)

ⓛ 감상문을 통해 본 성과: 삼국시대의 일본 문화 전파의 양상과 한일 문화의 공통점과 차이점에 대해 알 수 있는 기회가 되었다.

나. 연오랑과 세오녀 이야기(포항지역의 옛이야기를 활용한 수업)

1) 수업 개요 : 연오랑 세오녀의 이야기를 통해 고대 한·일의 교류 관계를 알아보기 위하여 수업을 실시하였다.

2) 수업방법 : 수업은 다음과 같은 세 가지 활동을 중심으로 이루어졌다.
   【활동1】 연오랑 세오녀의 이야기를 읽고 우리 고장과의 관계 알아보기
   【활동2】 연오랑 세오녀 이야기 속에 담긴 의미를 다양하게 해석해 보기
   【활동3】 일본의 일월신화와 연오랑 세오녀 이야기와 비교해 보기

ⓐ 수업감상문

▷ (상략) 일본은 지금은 잘 살고 있지만 예전에는 못 사는 나라였다는 것이 놀랍고 이제는 더 이상 이런 일이 일어나지 않았으면 좋겠다. 연오랑과 세오녀 같은 사람이 또 있었으면 이라고 느꼈다. (김다희)

▷ 일본하면 좋은 이미지가 아니었다. 하지만 연오랑 세오녀에 담긴 이야기가 이런것이었다니 놀랍고, 더더욱 일본에 대해 관심을 가져야겠다는 생각이 든다.
또 일본 아이들도 우리 한국에 대한 생각과 연오랑 세오녀에 대한 소감도 듣고 싶다. 일본은 우리와 가까운 나라인데, 일본에 대해 아는 것이 별로 없다는 것이 조금 부끄럽다. 일본 아이들에게도 좀 미안하고…. (김혜빈)

▷ 이 수업을 통해 연오랑 세오녀에 대해 알게 되었다. 연오랑 세오녀 설화에서 연오와 세오가 신라에서 없어지니 해와 달이 빛을 잃었다는 이야기가 너무 신기하고 이상하였다.
이야기 속에서 한국과 일본과의 오랜 교류 흔적을 엿볼 수 있어서 좋았다. 설화를 읽으면서 그동안 일본에 대한 나쁜 감정이 조금은 누그러졌다. (최지영)

▷ 일본은 우리와 빼놓을 수 없는 관계이다. 신라의 문화는 우리나라의 자랑이다. 연오랑 세오녀는 일본과 한국의 문화 관계를 이어준 것이 아닐까하는 생각이 든다. (최유나)

▷ 연오랑은 '일본에 가서 신라의 문화 중 쇠를 다루는 방법을 전해준 것이다'는 것과 '세오녀는 비단 짜는 방법에 대해서 도움을 준 것이다'라고 주장하는 사람들도 있다. 어쨌든 일본과 더 많이 친해져서 '일본은 좋은 나라다'라는 생각이 들 정도로 한국과 관계가 친해졌으면 좋겠다. (김의윤)

ⓑ 감상문을 통해 본 성과: 연오랑 세오녀의 이야기를 읽고 우리 고장과의 관계를 알 수 있었고, 연오랑 세오녀 이야기 속에 담긴 의미를 다양하게 해석

해 볼 수 있었다. 나아가 일본의 일월신화와 연오랑 세오녀 이야기와 비교해 보는 계기가 되었다.

다. 통신사 이야기 수업

1) 수업 개요 : 통신사의 이야기를 통해 조선시대의 우리나라와 일본과의 교류활동 모습을 알아 보기 위하여 실시하였다.
2) 수업방법 : 수업은 다음과 같은 세 가지 활동을 중심으로 이루어졌다.
【활동1】통신사를 보낸 배경 알기
【활동2】당시 통신사의 교류 모습과 영향에 대해 알아보기
【활동3】통신사의 의미 알기

㉠ 수업감상문

▷ 우리나라가 일본한테 정말 많은 도움을 준 것 같다.(중략) 앞으로도 일본과 우리나라가 싸우지 말고 우호관계를 유지하기 바란다.(이동욱)

▷ 처음에는 일본이 독도는 자기네 땅이라고 우기며, 우리 나라를 옛날에 비참하게 부려 먹어서 일본 사람은 우리 나라를 얕보는 나쁜 사람이라고 생각했는데 알고 보니 일본과 우리 나라는 교류를 하며 서로서로 어려운 일을 도와준 사실 들을 알고 새롭게 생각했다. 우리 나라의 이웃이고 또 좋은 관계를 맺기 위해 교류 한 점은 잘 한 것 같다. 만약 그렇지 않았더라면 발전하기 힘들었을 것이다. 조선 총신사에 대해 알다보면 재미있고 많은 공부가 되었다. 앞으로도 통신사에 대한 이야기를 들으면 좋을 것 같고 좀 더 자세하게 알아보아야 겠다.(김혜빈)

▷ 삼족오란 세 개의 다리를 가진 까마귀이다. 이 삼족오는 일본, 중국과 우리 나라에 나오는 상상의 동물이다. 이 삼족오는 아마도 우리 나라와 가까운 나라에서 전파된 문화일 것이다. 일본은 우리나라와 가장 가까운 나라로써 많은 문화가 전파된 것으로 알고 있다. 또한 임잔왜란이

끝난후 화해의 의미로 통신사를 보내 일본과 문물 교류를 많이 하였다. (최유나)

▷ 통신사의 규모는 400명 정도 였으며, 조정의 관리와 그 수행원 뿐만 아니라 의원, 화원, 인쇄공, 악공, 도공 등 다양한 직업의 사람들이 함께 갔다. 통신사의 파견으로 일본과 조선은 학문과 기술, 문화를 교류하는 역할을 하였다고 한다. 이런 이유로 통신사에 대한 일본 정부의 대접은 매우 융숭하였으며 통신사가 지나는 지역에는 많은 일본인들이 통신사를 만나기 위해 몰려 들었다고 한다. 통신사에 대해서 알 수 있게 되어서 좋았다. (최지영)

ⓛ 감상문을 통해 본 성과: 통신사의 교류 모습을 탐구하고, 통신사가 끼친 영향을 알아보았으며, 일본과 우리나라와의 관계를 생각해 보는 계기가 되었다.

라. 표류민 이야기 수업

1) 수업 개요 : 표류민 이야기를 통해 그 당시 한·일의 우호 관계를 알아보기 위하여 수업을 실시하였다.

2) 수업방법 : 수업은 다음과 같은 세 가지 활동을 중심으로 이루어졌다.

【활동1】 표류민 이야기 집중탐구하기

【활동2】 그 당시의 상황을 역할극으로 나타내기

【활동3】 표류민 이야기 신문 기사 만들기

※ 아래 족자를 보고 느낀점을 써 봅시다.

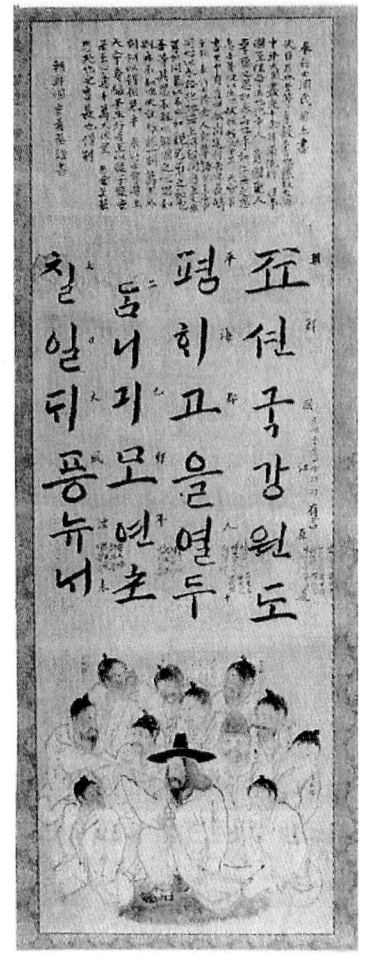

1819년 1월 평해를 나온 안선장 일행은 열흘만에 폭풍에 휩쓸려 표류하다 아카사티관헌에 의해 목숨을 건졌다. 달포쯤 이 마을에서 보호를 받은 이들은 돗토리시쪽으로 숙소를 옮겨 3개월 동안 묵는다. 이후 번측의 도움으로 나사키항, 쓰시마섬을 거쳐 그 9월 부산항으로 돌아온다(왜관일기).

족자에 감사문은 안선장이 돗토리를 떠나면서 전달한 것으로 고마움과 아쉬움이 배어있다.

"..일행이 은혜를 갚지 못하고 돌아가게 돼 유감입니다. 헤어지면 만리가 떨어져 어떻게 다시 만날 수 있겠는지요..." 일행은 귀환 후 그해 11월 돗토리로 가는 보은의 사례품과 감사문을 쓰시마쪽에 보냈다.

16세기의 임진왜란과 정유재란, 19세기 말 일제 참략을 떠올리기 어려운 정다운 교류다. 족자의 반향은 컸다.

출처 : 중앙일보 2000. 1. 5(수)

㉠ 수업감상문

▷ (상략) 족자를 바탕으로 한·일 양국의 사료를 훑은 결과 동해를 사이에 둔 풀뿌리 교류가 숨어 있다는 사실이 너무나도 놀라웠다. (김다희)

▷ (상략) 만약 내가 그 시절로 돌아가면 나도 한번 찾아 보고 싶다. 지금은 없겠지만 그 사람들을 찾으면 일본에 알려 줄 것이다. (손예솔)

▷ 표류민'이라는 단어가 무엇일까부터 사전에 찾아보았다. 우리들이 평소

에 사용하는 단어가 아니어서…

1819년에 있었던 아름답고 따뜻한 이야기라는 사실을 수업을 하면서 처음알게되었다. 세월이 그렇게 많이 흘렀는데도 그 정을 잊지 않고 그 후손을 찾는다니… 수업시간에 역할놀이를 이렇게 재미있게 한 적은 처음이다. (김혜빈)

▷ 이번 수업을 통해서 '지구상에 모든 나라들과 다 우정을 나눌 수 있겠구나, 그리고 일본은 알고보면 속이 따뜻한 민족이구나'를 느꼈다. (최유나)

ⓒ 감상문을 통해 본 성과: 표류민 이야기를 통해 그 당시의 우리나라와 일본과의 우호관계를 알 수 있었다.

마. 종두법 이야기 수업

1) 수업 개요 : 지석영의 종두법 이야기를 통해 근대 한 · 일간의 문화 교류가 우리나라 사람들의 삶에 많은 영향을 미쳤음을 알아 보기 위하여 수업을 실시 하였다.

2) 수업방법 : 수업은 다음과 같은 세 가지 활동을 중심으로 이루어졌다.

【활동1】 천연두를 포함한 옛날의 대표적인 전염병 알아보기
【활동2】 지석영이 종두법을 배운 과정 알아보기
【활동3】 지석영의 종두법이 당시 사람들에게 끼친 영향 알아보기

ⓐ 수업감상문

▷ 이 사람은 참 대단하다. 이 사람은 의학자 · 행정가 · 어학자로서 많은 업적을 남기셨다고 했는데 의학자 한가지도 아니고 세 가지를 한꺼번에 하는 똑똑함을 나도 닮았으면 한다. (박선빈)

▷ (상략) 지석영 선생님처럼 앞으로는 남을 도와주는 그런점을 본받아야겠다(하략). (김혜빈)

▷ 종두법을 배우기 전에는 일제강점기 때문에 일본이 많이 싫었는데 종두

법 이야기에서 일본이 우리와 교류한 이야기가 나오니 일본을 싫어했던 것이 일본에게 미안한 마음이 들고 일본이 옛날 같지 않다는 것을 느꼈다. 그리고 나는 일본이 계속 이렇게 친절이 대해주었으면 좋겠다. 계속 이렇게만 해 준다면…. (최지영)

한·일 교류에는 반대할 이유가 없다고 생각한다. 만약에 한·일 교류가 된다면 나는 일본이 왠지 갑자기 돌변할 것 같다. 정부도 이런 마음이나 일제강점기 때문에 교류를 많이 하지 않는 것 같다. 나는 그래도 여전히 일본이 변하지 않고 우리에게 잘해 주었으면 좋겠다. (김의윤)

ⓛ 감상문을 통해 본 성과: 지석영의 종두법 이야기를 통해 근대 한·일간의 문화 교류가 우리나라 사람들의 삶에 많은 영향을 미쳤음을 알 수 있었다.

참고문헌

초등학교 교육과정 해설(Ⅲ) / 교 육 과 학 기 술 부(2008)
다문화교육의 현황과 다문화교육 접근방향 탐색 / 안병환
초등학교 사회과 교육과정에 나타난 다문화교육의 논리 / 남호협
다문화사회의 시민성 육성을 위한 초등 사회과 전통문화 교육과정의 구성 방향 / 박상준
다문화교육 적용을 위한 사회과 교수·학습 방안에 관한 연구 / 박길자
다문화교육 연구학교의 프로그램에 대한 비판적 분석(한국사회과교육학회 시민교육연구 42권 2호) / 박선웅외
행복한 어울림! 함께하는 다문화교육(장학자료-34) / 경상북도교육청(2009)
歴史に見る日本·韓國·朝鮮/明石書店(2000)
日本の中の朝鮮文化/金達壽 1. 5학년 사회과 교육과정 목표 및 내용 분석

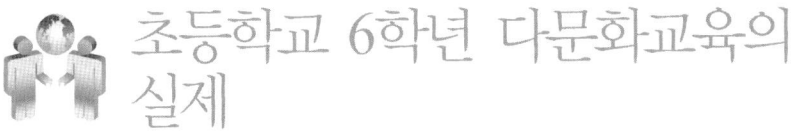

초등학교 6학년 다문화교육의 실제

Ⅰ. 초등학교 6학년 1학기 다문화교육의 실제

1. 6학년 1학기 사회과 교육과정 목표 및 내용 분석

　6학년 1학기 사회과 교육과정은 첫째 여러 분야에서 활약한 인물을 중심으로 우리 민족과 민족 국가의 성립, 발전, 변화 과정과 각 시대의 특징을 이해하도록 하고, 둘째 근대 이후 우리 민족이 겪은 시련과 대외 항쟁을 파악하여 민족의 자주와 독립, 통일의 역사적 의의를 이해하는 것을 그 목표로 설정되어 있다.

　이러한 목표를 달성하기 위해 학습 내용은 우리 민족의 역사 흐름과 문화의 특징을 역사적 인물과 주요 사건을 중심으로 파악하도록 하는 '우리 겨레, 우리 나라'와 '새로운 사회, 문화로 가는 길'이라는 2개의 주제 단원으로 구성되어 있다.

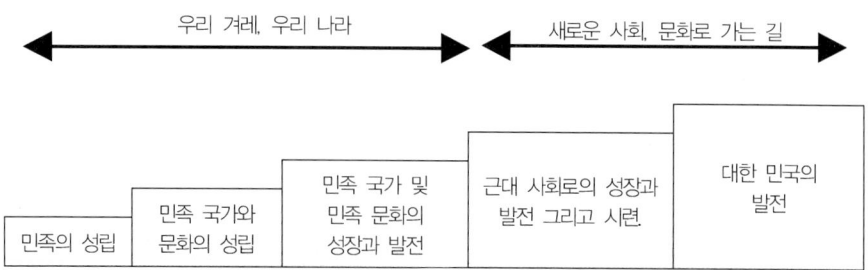

〈그림 1〉 6학년 사회과 교육과정 내용 구성 방향

이들 주제 단원에 대한 세부 학습 내용은 인간과 공간, 인간과 시간이라는
영역 아래 <표>와 같이 구성되어 있다.

〈표 1〉 6학년 1학기 사회과 교육과정 영역 및 세부 내용

영역		내용
인간과 공간	· 우리 겨레의 삶의 터전	① 우리 겨레의 삶의 터전 한반도와 중국 동북부의 지리적 환경.
인간과 시간	· 민족 국가의 성장	① 나라를 일으킨 조상들 선사 시대의 주민, 하나로 뭉친 우리 겨레, 민족 국가의 신장 /〈심화〉나라를 일으킨 역사적 인물의 업적
	· 민족 문화의 발달	② 문화를 빛내고 외침을 물리친 조상들 민족 문화의 발달, 국난의 극복/〈심화〉민족 문화 발달과 국난의 극복에 기여한 역사적 인물의 생애와 업적
인간과 시간	· 근대사회로 가는 길	① 국가의 부강과 국민의 복지를 위해 노력한 조상들 실학의 출현과 사회 변화, 사회 개혁을 위한 노력, 예술 · 종교면에서의 새로운 움직임 /〈심화〉 문학, 예술 작품에 나타난 실학과 서민 정신
	· 현대의 한국	②자주와 독립을 위해 싸운 조상들 근대화를 위한 자주적 노력, 항일 독립 전쟁, 8 · 15광복과 민주 국가 건설 /〈심화〉근대 이후의 역사적 인물 가운데 존경 할 인물을 선택하여 생애와 업적 조사하기

먼저 '우리 겨레와 우리나라' 주제는 우리 조상들이 이룩해 온 근대 이전까
지의 역사를 민족의 형성과 국가의 성장, 문화의 발전, 외침의 격퇴 등의 주제
를 중심으로 나라를 일으키고 발전시킨 역사적 인물과 연표, 역사 지도, 사료

등의 자료를 이용하여 학생들에게 민족 국가의 형성과 발전 과정을 파악하도록 구성되어 있다. 또한 학생들에게 외침을 격퇴하여 민족 문화를 발전시킨 조상들의 자주성과 문화적 창조성에 대해 자긍심을 가지고, 국가와 문화 발전에 이바지하고자 하는 태도를 가지도록 하고 있다.

'새로운 사회, 문화로 가는 길' 주제는 우리나라와 서구 세계의 만남이 이루어진 근대 이후의 역사를 새로운 사상과 문화의 출현, 정치와 사회 개혁의 움직임, 근대 국가 건설을 위한 노력, 일제의 침략과 국권 회복을 위한 투쟁, 8.15광복과 민주 국가의 건설 등의 주제를 중심으로 구성되어 있다. 학생들은 조선 후기의 주요한 역사적 인물의 업적과 사상을 조사함으로써 제도 개혁과 실학의 대두, 서민들의 의식 변화 등 사회와 문화의 변화를 이해하고, 근대 이후 조상들의 자주와 독립을 위한 노력과 일제 침략에 대항한 항일 독립 투쟁이 대한민국 성립의 기반이 되었음을 인식하도록 함으로써 오늘날 우리 사회가 지닌 문제와 그 특성의 역사적 배경을 이해하도록 구성되어 있다. 이를 바탕으로 민족과 국가의 발전에 헌신한 조상들의 애국정신과 민주주의에 대한 신념을 이어받고자 하는 태도를 가지도록 하고 있다.

2. 6학년 1학기 사회과 교육과정에서의 다문화교육

다문화교육의 핵심은 다양성의 존중과 함께 사람들 사이에서 존재하는 다 관점을 바르게 이해하는 것이라 할 수 있다. 이런 면에서 볼 때 오천년 단일 민족의 역사를 그 학습 내용으로 삼고 있는 6학년 1학기 사회과는 다문화교육과 다소 거리가 먼 것으로 생각하기 쉽다. 그러나 역사는 다양성과 사람들 사이의 서로 일치하지 않는 관점 즉 다관점을 이해하고 길러주는데 가장 좋은 학습 재료 중 하나라 할 수 있다(배한극 외 역, 2007: 240).

역사에는 과거의 많은 사건과 사람들이 존재한다. 그리고 역사에서 나타나고 있는 많은 사건들은 당시 살았던 사람들의 다양한 생각과 행동의 결과로 만들어진 것이다. 역사 학습은 이러한 역사의 많은 사람들과 사건을 배우는 시간이다. 따라서 학생들은 역사 학습을 통해 과거 사건들을 깊이 있게 생각하면서 과거의 사건을 둘러싼 사람들의 다양한 생각과 행동, 사건을 보는 사람들의 다양한 관점등 을 이해하게 된다. 이 과정에서 학생들은 다문화교육이 강조하고 있는 다양성을 이해하고, 이를 바탕으로 사람들 사이의 일치하지 않는 생각인 다관점에 대한 올바른 이해를 가지게 된다. 나아가 서로 다른 문화와 배경을 가진 사람들에 대한 올바른 관심과 이해를 가지면서, 그들과 함께 어울려 생활할 수 있는 생활 태도를 가지게 된다.

역사 영역이 중심인 6학년 1학기 사회과 교육과정에서 다문화교육과 관련하여 적용 가능한 학습 내용과 다문화 지도 요소를 추출하면 다음과 같다.

〈표 2〉 6학년 사회과 다문화교육 관련 학습 내용과 지도 요소

지도 시기	단원(제재)	차시	다문화교육 관련 주요 학습 내용	다문화 지도요소
3월	1-1)-1 처음으로 세운 나라 고조선	2/21	먼 조상들의 생활 모습 알아보기 ● 구석기, 구석기, 청동기 시대 도구 알아보기 ● 구석기, 구석기, 청동기 시대 조상들의 생활 모습 알아보기 ● **도구의 발달과 인류 생활 모습 알아보기**	정체성
	1-1)-2 힘을 겨루며 성장한 세 나라	4/21	삼국의 성장과 발전 과정 알아보기 ● 건국 신화를 통해 삼국의 형성 과정 알아보기 ● 삼국의 발전 과정 알아보기 ● **다른 나라 건국 신화 이해하기**	문화간 이해
	1-1)-2 힘을 겨루며 성장한 세 나라	5/21	삼국 문화의 특징 알아보기 ● 삼국의 문화재 알아보기 ● 삼국 문화의 특징 알아보기 ● **다른 나라 문화재와 문화의 우수성 알아보기**	문화 다양성
4월	1-2)-1 고려의 건국으로 달라진 정치	9/21	후삼국을 통일 과정과 통일의 의의 알아보기 ● 후삼국의 통일 과정 알아보기 ● 고려의 후삼국 통일의 의의 알아보기 ● **세계 여러 나라 역사에서 서로 나눠진 국가 중 통일이 된 국가 찾아보기**	정체성

지도 시기	단원(제재)	차시	다문화교육 관련 주요 학습 내용	다문화 지도요소
4월	1-2)-① 고려의 건국으로 달라진 정치	10/21	고려의 발전 모습 알아보기 ● 고려의 정치적 발전 모습 알아보기 ● 고려의 대외 무역 활동 알아보기 ● **고려의 대외 무역 활동을 통한 고려 문화의 전파 과정 알아보기**	문화간 이해(문화 교류)
	1-3)-③ 유교를 정치 근본으로 삼은 조선	18/21	임진왜란의 원인과 극복과정에 대해 알아보기 ● 임진왜란 발발한 원인과 극복 과정 알아보기 ● **외침을 받았던 나라의 사례와 그 극복 과정 조사하기** ● 조선통신사의 파견 동기 및 목적 알아보기 ● **조선통신사가 일본 문화에 끼친 영향 알아보기**	문화간 이해, 세계적인 문제
5월	2-1)-① 잘사는 백성, 부강한 나라로	5/16	실학자의 주장과 활동 알아보기 ● 실학자의 주장 알아보기 ● 실학자의 활동 알아보기 ● **살기 좋은 세상을 만들기 위한 다른 나라의 과학자 조사하기** ● **살기 좋은 나라의 조건 알아보기**	문화 다양성, 세계적인 문제
	2-1)-③ 복을 빌고, 평등한 세상을 바라고	6-7/16	민간 신앙과 천주교 및 동학이 성행한 이유 알아보기 ● 조선 후기 가난한 백성들의 어려움 알아보기 ● 조선 후기 성행한 민간 신앙 알아보기 ● 천주교와 동학이 널리 퍼진 이유 알아보기 ● **세계의 여러 가지 종교와 그 특징 알아보기**	문화간 이해
6월	2-2)-① 조선, 어디로 가야 하는가	11/16	강화도 조약과 그 후의 개화정책에 대해 알아보기 ● 강화도 조약에 대해 알아보기 ● 조선 정부의 근대화 노력 알아보기 ● **개항기에 조선에 들어온 다른 나라 문화에 알아보기** ● 갑신정변에 대해 알아보기	문화간 이해 (문화의 다양성)
	2-2)-③ 대한 제국을 선포한 뜻은	14/16	개화정책과 근대문물의 도입으로 달라진 사회모습 알아보기 ● 근대 문물 도입에 대한 찬반의견 알아보기 ● 근대 문물의 도입으로 달라진 사회 모습 알아보기 ● **우리나라에 많은 영향을 끼친 일본, 러시아, 미국, 영국 프랑스에 대해 알아보기**	세계적인 문제
7월	3-2)-② 민주시민이 승리하던 날		4.19혁명에 대해 알아보기 ● 4.19혁명의 원인, 과정 결과 알아보기 ● **다른 나라의 시민 혁명 알아보기** ● **4.19혁명과 다른 나라의 시민 혁명 비교하기**	세계적인 문제, 문화적 다양성

3. 다문화교육 지도의 실제

가. 사회과를 통한 다문화교육의 실제 1

단 원	1 −1)−② 힘을 겨루며 성장한 세 나라	학년	6학년
학습 주제	삼국의 성립과 발전 알아보기	시간	80(분)
학습 목표	· 삼국의 성립 과정과 발전 모습을 설명할 수 있다. · 다른 나라의 건국 신화를 조사하여 우리나라 건국 신화와 비교할 수 있다.	학습 형태	모둠 활동 개별 활동
학습 자료	사회과부도, 역사관련 참고자료	다문화 요소	문화간 이해

학습 흐름	교 수 · 학 습 활 동	시간	자료(□) 및 유의점(※)
도입	◆ 학습 문제 파악하기 · 우리 동네 전설 듣고 이야기 나누기 ◆ 목표 확인 및 공부할 문제 찾기 **신화와 인물을 통해 삼국의 건국과 발전 과정 알아보기**	5	□ 설화집
전개	◆ 학습 활동 ▷활동1 삼국의 건국 과정 알아보기 · 삼국의 건국 신화 조사하기 · 건국 신화에서 살펴본 삼국의 건국 과정 알아보기 ▷활동2 삼국의 발전 과정 알아보기 · 삼국의 전성기 왕 조사하기 · 전성기 왕 업적을 바탕으로 삼국의 발전 과정 알아보기	15' 20'	※활동1,2,3은 모둠별로 하나씩 선택하여 학습하도록 안내한다. ※건국 신화의 내용을 중심으로 삼국의 건국 과정과 다른 나라의 건국 과정을 비교해 본다.
정리	▷활동3 다른 나라의 건국 신화 알아보기 · 고대 그리스나 로마의 건국 신화 조사하기 · 건국 신화를 통해 다른 나라의 건국 과정 알아보기 · 신화에서 나타난 나라의 건국 과정 비교하기 ◆ 정리단계 · 삼국 및 다른 나라의 건국과 발전 과정 발표하기 · 삼국의 성립 과정과 발전 과정 정리하기 · 다른 나라의 건국 신화와 비교 정리하기	25' 15'	※역사가 장소와 형태가 바뀌어도 그 흐름은 비슷함을 이해 시킨다.

학생 활동지	건국 신화를 통해 나라의 건국 과정 알아보기	일시	월 일
		성명	

◆ 삼국에는 주몽신화, 박혁거세신화, 온조신화 등의 건국 신화가 전해내려
오고 있습니다. 또한 세계 많은 나라에도 다양한 건국 신화가 존재하고 있습
니다. 우리 나라 건국 신화와 다른 나라 건국 신화를 서로 비교하며 비슷한
점과 차이점을 찾아보도록 하세요.

1) 우리 나라의 건국 신화

건국 신화	주인공	관련 나라	신화로 살펴본 건국 과정

2) 다른 나라

건국 신화	주인공	관련 나라	신화로 살펴본 건국 과정

3) 나라별 건국 신화 비교하기

	우리나라	국가 - ( )
비슷한 점		
차이점		

나. 사회과를 통한 다문화교육의 실제 2

단 원	1 -1)-② 힘을 겨루며 성장한 세 나라	학년	6학년
학습 주제	삼국 문화의 특징 알아보기	시간	80'
학습 목표	·삼국의 문화적 특징을 비교하여 설명할 수 있다. ·삼국 및 여러 나라의 문화재를 소개할 수 있다.	학습형태	모둠 활동 개별 활동
학습 자료	사회과탐구, 사회과부도, 역사관련 참고자료	다문화 요소	문화적 다양성

학습 흐름	교 수 · 학 습 활 동	시간	자료(□) 및 유의점(※)
도입	◆ 학습 문제 파악하기 ·고구려, 신라, 백제의 문화재 이야기 나누기 · 각 나라 문화재 우수성에 대하여 발표하기 ◆학습 문제 파악하기 **삼국 및 지구촌 문화재의 우수성 소개하기**	5	※각자 아는 대로 자유롭게 발표를 하면서 우리 문화재에 대한 새로운 인식을 갖게 한다.
전개	◆학습활동 ▷ 활동1 각 나라 문화재 조사 계획 세우기 – 나라, 조사 방법, 조사 내용, 역할 분담 정하기 ▷ 활동2 삼국 및 여러 나라의 문화재 조사하기 – 각 나라의 대표 문화재 알아보기 – 각 나라의 문화재 조사하기 – 각 나라 문화재의 우수성 및 특성 찾기 – 조사 결과 정리 및 발표하기 ▷ 활동3 문화재의 우수성 소개하기 – 소개할 나라와 문화재 선정하기 – 문화재 홍보 및 광고물 만들기 – 각 나라 및 문화재 우수성 소개글 쓰기 – 각 나라 문화재 안내 및 우수성 소개하기	60'	※우리의 문화재와 외국 문화재를 함께 알아보고 우리 문화에 대한 긍지를 갖게 한다. ①문화재 사진 전지나 도화지 ※각 팀별로 선택한 나라의 문화재를 다양한 방법으로 소개할 수 있도록 안내한다.
정리	◆ 학습 정리 · 삼국의 대표 문화재 및 각 나라의 문화의 특징 정리하기 · 문화 발전을 위해 우리들이 할 수 있는 일 토의하기	15'	

학생 활동지	삼국 및 지구촌 문화재 소개하기	일시	월 일
		성명	

◆ 여러 나라 문화재의 우수한 점에 대해서 알아보세요.

1) 삼국 시대 각 나라별로 문화재에 대해서 조사해 보세요.

만들어진 시대	신라	백제	고구려
역사적 가치			
관련 설화			
사진			

2) 다른 나라의 우수한 문화재에 대해서 조사하세요.

나라	일본	( )	( )
만들어진 시대			
역사적 가치			
사진			

3) 문화재를 보전해야 하는 까닭에 대해서 적으세요.

다. 사회과를 통한 다문화교육의 실제 3

단원	3-2-② 민주 시민이 승리하던 날들	학년	6학년
학습 주제	4·19 혁명의 원인과 과정, 결과에 대하여 알아보기	시간	80'
학습 목표	·4·19 혁명의 원인, 과정, 결과에 대하여 말할 수 있다. ·다른 나라의 시민 혁명을 조사할 수 있다.	학습형태	모둠 활동 개별 활동
학습 자료	사회과탐구, 사회과부도, 역사관련 참고자료	다문화 요소	세계적 문제, 문화적 다양성

학습 흐름	교 수 · 학 습 활 동	시간	자료(□) 및 유의점(※)
도입	◆ 자료①을 통해 학습 문제 파악하기 · 자료와 관련된 민주화 운동에 대해 이야기 나누기 · 목표 확인 및 공부할 문제 찾기 **4 · 19 혁명의 원인과 과정, 결과를 알고 다른 나라 시민혁명과 비교하기**	5	① 민주화 운동 과정에 관련된 사진보기

전개	◆ 학습 방법 및 순서 안내
	◆ 학습 활동
	▷ 활동1
	· 4.19 혁명 조사하기
	  주제1) 4 • 19 혁명의 원인
	  주제2) 4 • 19 혁명의 과정
	  주제3) 4 • 19 혁명의 결과
	
	▷ 활동2
	· 4.19 혁명 조사 내용 발표하기
	- 정보 분석가 되어 4.19혁명의 원인, 과정 결과 정리하기
	- 전문가가 되어 4.19 혁명 조사 결과 발표하기
	
	▷ 활동3
	· 다른 나라의 시민 혁명과 비교하기
	- 영국, 미국, 프랑스의 시민혁명 조사하기
	- 각 나라 시민 혁명의 원인, 과정, 결과 정리하기
	- 각 나라 시민 혁명과 4.19 혁명 비교하기
		60	※ 각 모둠은 탐구 주
			제 1,2,3 중 하나씩
			선택하여 학습하도
			록 안내한다.
			※ 시민 혁명의 원인,
			과정 결과를 중심
			으로 여러 나라의
			민주화 과정을 비교
			해 본다
			
			② 다른 나라 시민 혁
			명 소개 자료 및 책
			자
			
			※ 역사가 장소와 형태
			가 바뀌어도 그 흐
			름은 비슷함을 이해
			시킨다.

정리	◆ 정리단계 · 4.19혁명의 원인, 과정, 결과 정리하기 · 다른 나라의 시민 혁명 정리하기	15'	

Ⅱ. 초등학교 6학년 2학기 다문화교육의 실제

1. 6학년 2학기 사회과 교육과정 목표 및 내용 분석

6학년 2학기 사회과 교육과정은 우리나라와 지구촌 사회와의 관계를 다루는 단원으로 구성되어 있다. '우리나라의 민주 정치' 단원에서는 민주주의 제도와 신념을 일상생활 속에서 참여를 통해 이해하도록 하였으며, '함께 살아가는 세계' 단원에서는 우리와 관계 깊은 나라를 중심으로 한 지구촌 사회의 문제와 우리 민족의 과제를 문제 해결의 관점에서 파악하게 하였고, '새로운 세계에서 우리가 할 일' 단원에서는 세계 속의 우리 문화유산과 한국인에 대해 알아봄으로써 우리 문화에 대한 자긍심을 갖고, 나아가 통일을 위한 필요성과 당위성을 살펴보도록 하였다.

따라서, 이를 토대로 오늘의 우리 사회와 지구촌 사회의 문제를 탐구하는 학습 경험을 제공하고 있다.

'우리나라의 민주 정치' 단원은 우리나라 민주 정치의 기본 원리를 이해시키기 위해 일상생활과 정치의 입법·사법·행정부의 기본 개념, 국민의 기본권 등을 다루는 내용으로 구성되어 있다. 일상생활 가운데 민주 정치가 실현되는 과정을 발견하도록 하고, 나아가 민주 국가의 주인으로서 정치 참여의 중요성을 과거의 정치 참여 과정을 통해서 발견하여 참여 의식을 고취시키도록 한다. 또, 입법부·사법부·행정부의 기능을 국민과의 관계 속에서 깨닫도록 하여 국민의 누려야 할 권리와 지녀야 할 의무를 알도록 하고 있다.

'함께 살아가는 세계' 단원은 최근 교통·정보 통신의 발달로 인한 여행, 매스미디어의 보급 증대로 학생들의 기존 지식이 비교적 많고 관심 또한 큰 영역이다. 따라서 자연 지리적 접근보다는 각국 사람들의 생활 모습이나 문화 등 주변 생활과 관련된 내용을 중심으로 알아보는 문화적인 접근이 보다 흥미와 학습 동기를 높일 것이다. 우선 여행 경험이나 선수 학습 지식을 바탕으로 하고, 세계 지도, 인터넷이나 신문들의 여러 가지 시사 자료의 활용을 통하여 세계의 사정을 조사하는 방법을 체득하게 하고, 이것을 바탕으로 우리나라 및 지구촌 사회의 정치, 경제, 문화, 지리적 의존 관계를 알아보도록 한다. 즉, 다양한 인종과 민족, 국가로 구성된 사회는 이제 하나의 '지구촌'으로 변해 가고 있으며, 기아나 환경 문제와 같은 지구촌 문제는 어느 특정 지역만의 문제가 아닌 우리 지구촌의 문제임을 이해하고 이의 해결을 위한 국제기구와 우리나라의 기여에 대해서 알아보고 학생 수준에서의 참여를 강조하도록 한다.

〈표 3〉 6학년 2학기 사회과 교육과정 영역 및 세부 내용

영역	내용		기본 개념
인간과 사회	1. 우리 나라의 민주 정치	① 우리 생활과 정치 １ 민주정치와 생활 ２ 국민의 정치 참여	민주정치 권리 의무
		② 나랏일을 맡아 하는 기관들 １ 국민의 대표들이 모인 국회 ２ 나라 살림을 맡아 하는 행정부 ３ 국민의 권리를 보호하는 법원	
		③ 국민의 권리와 의무 １ 누려야 할 권리, 지켜야 할 의무 ２ 보호해야 할 인권	
	2. 함께 살아가는 세계	① 변화하는 세계의 여러 나라 １ 세계를 한눈에 ２ 우리와 관계 깊은 나라들 ３ 더 가까워지는 세계의 여러 나라	세계화 관계 지구촌 통일
		② 지구촌 속의 우리 나라 １ 인터넷으로 하나가 된 지구촌 ２ 지구촌의 여러 문제	
	3. 새로운 세계에서 우리가 할 일	① 세계 속의 대한민국 １ 자랑스러운 우리 문화 ２ 세계 속에 한국을 심는 사람들	
		② 통일과 민족의 앞날 １ 통일을 위한 우리의 노력 ２ 통일 한국의 미래	

2. 6학년 2학기 사회과 교육과정에서의 다문화교육 내용 추출

6학년 2학기는 '인간과 사회' 영역으로 지구촌이라는 시각으로 세상을 바라보았을 때, 이 지구상에는 여러 가지 문화가 존재하고 있음 제시하고 있다.

여러 문화들과 관계에서 특수성과 보편성이 존재하는 있으며, 문화의 특수성과 보편성을 통해서 다문화에 대한 접근을 시도해 보고자 한다.

특히 문화의 특수성은 우리와 다른 문화를 배타적인 시각에서 바라보는

것이 아니라 우리와 다른 문화를 가지게 된 이유를 살펴봄으로써 다른 문화에 대한 이해도를 높이고 또한 우리문화에 대한 정체성도 확립해 보고자 한다.

결국, 다문화교육은 옳고 그름의 문제가 아니라 관심과 이해의 문제로 귀결됨을 학생들에게 지도하는 것이 목적이라 할 수 있을 것이다.

다문화교육과 관련하여 6학년 2학기 사회과 교육과정에서 적용 가능한 학습 내용과 다문화 지도 요소를 추출하면 다음과 같다.

〈표 4〉 6학년 2학기 다문화교육 관련 교과서 지도 요소 추출

지도 시기	단원(제재)	차시	다문화교육 관련 주요 학습 내용	다문화 지도요소
9월	1. 우리 나라의 민주정치 (1) 우리 생활과 정치	2/19	① 민주정치에서 의사 결정을 위한 과정 알아보기 ◉ 지역문제의 해결방안 결정 과정 알아보기 ◉ 정치의 의미와 민주정치의 과정 알아보기 ◉ **민주주의를 제일 먼저 꽃피운 그리스와 이탈리아의 민주 정치에 대해 알아보기**	문화간 이해
10월	2. 함께 살아가 는 세계 (1) 변화하는 세계의 여러 나라	2/12	① 세계 지형의 모습과 특징 알아보기 ◉ 세계 지형의 모습과 우리나라의 위치 알아보기 ◉ 지구본과 세계지도의 특징과 용도 알아보기 ◉ **세계지도에서 5대양 6대륙 살펴보고 특징 알아보기**	세계적인 시각
10월	2. 함께 살아가 는 세계 (1) 변화하는 세계의 여러 나라	3/12	② 우리나라와 관계깊은 나라 알아보기 1 ◉ 중국, 일본의 자연 환경 및 사회모습에 대해 알아보기 ◉ **중국, 일본의 문화적인 특징 알아보기** ◉ 중국, 일본과 우리나라의 관계 알아보기 ◉ **중국, 일본의 관광 안내책자 만들기**	문화간 이해 (문화의 다양성)
10월	2. 함께 살아가 는 세계 (1) 변화하는 세계의 여러 나라	4/12	② 우리나라와 관계깊은 나라 알아보기 2 ◉ 미국, 러시아의 자연 환경 및 사회모습에 대해 알아보기 ◉ **미국, 러시아의 문화적인 특징 알아보기** ◉ 미국, 러시아와 우리나라의 관계 알아보기 ◉ **미국, 러시아의 관광 안내책자 만들기**	문화간 이해 (문화의 다양성)
10월	2. 함께 살아가 는 세계 (1) 변화하는 세계의 여러 나라	5/12	③ 세계의 여러 나라를 분류기준을 세워 분류해보기 ◉ 세계의 여러 나라를 분류하는 기준 찾기 ◉ 분류기준에 따라 분류해보기 ◉ **세계를 같은 문화권을 이루고 있는 나라로 분류하기**	세계적인 시각

지도 시기	단원(제재)	차시	다문화교육 관련 주요 학습 내용	다문화 지도요소
10월	2. 함께 살아가는 세계 (1) 변화하는 세계의 여러 나라	6-7/12	③ 우리나라와 관계를 맺고 있는 나라 조사하기 ● 주요 자원을 수입해 오는 나라들 조사하기 ● 경제협력을 맺고 있는 나라들 조사하기 ● 학문과 문화의 교류가 많은 나라들 조사하기 ● **우리나라와 관계를 맺고 있는 나라들의 문화적 특징 알아보기**	문화간 이해 (문화의 다양성)
11월	2. 함께 살아가는 세계 (2) 지구촌 속의 우리나라	12/12	② 세계에 대한 단원 정리학습하기 ● 교통 통신의 발달 조사 발표하기 ● 세계 여러 나라 중 가 보고 싶은 곳 정하여 여행일정 짜기 ● **세계 여러 나라의 문화적인 특징 살펴보기**	문화간 이해
11월	2. 함께 살아가는 세계 (2) 지구촌 속의 우리나라	11/14	② 지구촌에서 발생하는 여러 문제들에 대해 알아보기 ● 자연환경 문제에 대해 알아보기 ● 인구, 기아, 문맹 문제에 대해 알아보기 ● **종교, 인종, 민족간의 갈등에 대해 알아보기**	문화간 이해
11월	3. 새로운 세계에서 우리가 할 일 (1) 세계 속의 대한민국	3/12	① 세계에 자랑할만한 우리 문화에 대해 알아보기 ● 우리나라를 대표하는 문화에 대해 알아보기 ● 세계화된 우리 문화에 대해 알아보기 ● **자랑스러운 우리 문화 널리 알리기**	문화간 이해

3. 다문화교육 사회과 교수 · 학습 과정안 및 학습지

가. 다문화교육 사회과 교수 · 학습 과정안(예시1)

단원(차시)	학반	학생	지도일시 (장소)	지도교사	적용모형	다문화지도요소
2-(1) 변화하는 세계의 여러 나라(3/12)	6-1	남 15 명 여 15 명 계 30 명	2010. 10. 13. 수요일 2교시	최호영	문제해결 학습	문화간 이해 (문화의 다양성)

학습 목표	지식·이해 : 중국·일본의 자연환경과 문화적 특징을 이해하고 우리나라와의 관계를 말할 수 있다. 기능 : 중국·일본의 자연환경과 문화적 특징을 비교·대조할 수 있다. 가치·태도 : 중국·일본과 우리나라와의 관계에 대해 이해하려는 태도를 가진다.		
단계	학습요항 (분)	교 수 · 학 습 활 동	자료(□) 및 유의점(※)

문제
파악
	동기 유발
	(5)
		■ 자료 ①을 보고 우리나라와 가까운 나라 알아보기
		ㅇ 자료 ①의 공통점은 무엇입니까?
		  – 중국과 일본에서 인기를 누리고 있는 우리나라 연예
		    인입니다.
		ㅇ 중국, 일본과 우리나라와는 어떤 공통점이 있나요?
		  – 생김새가 비슷합니다.
		  – 젓가락을 사용합니다.
		  – 한자를 많이 사용합니다.
		ㅇ 중국, 일본과 우리가 여러 면에서 비슷한 까닭이 무엇
		  일까요?
		  – 우리나라와 지리적으로 가까운 위치에 있어서입니다.
		ㅇ 중국과 일본의 위치를 세계지도에서 찾아봅시다.
		  – 자료②를 통해 위치 확인하기
			①한류열풍과 관련된
			연예인 사진
			
			②사회과부도

문제
해결
방법
탐색
	학습 문제
	확인(3)
		■ 공부할 문제 알아보기
		ㅇ 이번 시간에는 어떤 공부를 할까요?
		
		♣ 중국, 일본의 자연 환경과 문화적 특징을 이해하고, 우
		  리나라와의 관계에 대해 말할 수 있다.
		
		ㅇ 학습 활동 순서 및 방법을 알아봅시다.
		  – 중국, 일본의 자연 환경과 생활모습 알아보기
		  – 중국, 일본의 문화적 특징 알아보기
		  – 중국, 일본과 우리나라와의 관계 알아보기
		  – 중국, 일본 관광 안내 책자 만들기	

문제
추구 및
해결
	자연 환경과
	생활 모습
	정리 하기
	(10)
		■ 중국, 일본의 자연 환경과 생활모습 알아보기
		ㅇ 중국, 일본의 자연환경과 생활모습을 조사한 내용을
		  바탕으로 모둠별로 정리하여 봅시다.
		〈중국〉
		  – 세계에서 인구가 가장 많은 나라이다.
		  – 중국 면적은 아시아의 1/5, 전 세계 육지의 1/15를
		    차지하는 넓은 영토를 가지고 있다.
		  – 주요도시에는 수도인 베이징과 대한민국 임시정부가
		    있었던 최대의 공업도시인 상하이가 있다.
		  – 한족을 비롯한 55개의 소수 민족으로 구성되어 있다.
		〈일본〉
		  – 4개의 큰 섬과 여러 개의 작은 섬으로 이루어진 나라
		    로 국토의 80%가 산지이다.
		  – 지진, 태풍, 해일의 피해를 자주 입는다.
		  – 주요도시에는 수도인 도쿄와 교포들이 많이 살고 있
		    는 오사카, 삼국시대의 문화가 많이 남아있는 나라가
		    있다.
			※조사활동은 사전에
			과제로 제시하여
			해결하도록 한다.
			
			.
			
			③학습지

단계	학습요항 (분)	교 수 · 학 습 활 동	자료(□) 및 유의점(※)
	문화적 특징 정리 하기 (10)	■ 중국, 일본의 문화적 특징 알아보기 ○ 중국, 일본의 자연 환경과 생활모습을 바탕으로 나라 별 문화적인 특징을 연결하여 정리해 봅시다. 〈중국〉 　－ 자전거문화, 다양한 의복문화 　－ 기름진 음식, 차 문화 발달 　－ 만리장성, 자금성 〈일본〉 　－ 낮은 건물, 목조건물, 집단성(지역 공동체성) 　－ 초밥, 회 등의 음식문화 발달 　－ 기모노, 스모	④ 참고자료(수출액, 　출국자료현황 등)
	우리나라와의 관계 정리하기(7)	■ 중국, 일본과 우리나라의 관계 알아보기 ○ 중국, 일본과 우리나라의 관계는 어떻게 될까요? 　－ 최근 중국과 우리나라는 우호적인 관계를 맺고 있습 　 니다. 　－ 한일 월드컵으로 한일관계가 좋아졌습니다. 　－ 정치, 경제, 스포츠, 문화 등에서 더 밀접한 관계가 있 　 습니다.	

정리 및
예고
	학습 정리
	(5)
		■ 학습 정리
		○ 중국, 일본과 우리나라의 관계 및 환경적 특징 이야기
		  하기
		
		■ 차시예고
		○ 다음시간에는 미국 및 러시아의 자연환경, 문화적 특
		  징, 우리 나라와의 관계에서 알아보도록 합시다.	

평가 목표	지식·이해 : 중국·일본의 자연환경과 문화적 특징을 이해하고 우리나라와의 관계를 말할 수 　　　　　 있다. 기능　　 : 중국·일본의 자연환경과 문화적 특징을 비교·대조할 수 있다. 가치·태도 : 중국·일본과 우리나라와의 관계에 대해 이해하려는 태도를 가진다.
평가 방법	수업 중 관찰 평가, 학습지 평가

평가 관점	평가 척도		
	상	중	하

① 중국·일본의 자연환경과 문화적 특징을 이해하고 우
  리나라와의 관계를 말할 수 있는가?
② 중국·일본의 자연환경과 문화적 특징을 비교·대조할
  수 있는가?
③ 중국·일본과 우리나라와의 관계에 대해 이해하려는
  태도를 가지고 있는가?
	3개 항목이
	만족스럽다
		2개 항목이
		만족스럽다
			1개 항목이
			만족스럽다

학생 활동지	중국과 일본의 문화적 특징 알아보기	일시	월 일
		성명	

♠ 다음의 자연환경 및 생활모습에 해당되는 문화적 특징과 해당 나라를
연결하여 봅시다.

섬나라의 특성상 육류보다
는 어류를 통한 음식문화
가 발달하였다.

일본 전통의상으로 같은
형의 옷을 겹쳐 있는 특징
이 있다.

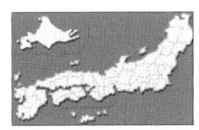

일본

한족을 비롯한 55개의 소
수민족으로 구성되어 다양
한 복장을 갖추고 있다.

넓은 국토에 교통이 발달
하지 못해 신선한 음식 재
료를 사용 못하고 주로 기
름에 튀겨서 먹는다.

중국

평소 기름진 음식의 섭취
가 많아 차를 자주 마셔
차 문화가 발달하였다.

나. 다문화교육 사회과 지도안(예시2)

단원(차시)	학반	학생	지도일시 (장소)	지도교사	적용모형	다문화지도요소
2-(2) 지구촌 속의 우리나라(11/14)	6-1	남 15 명 여 15 명 계 30 명	2010. 11. 10. 수요일 2교시	최호영	탐구학습	문화간 이해

학습 목표	지식·이해 : 지구촌에서 발생하는 문제가 우리나라에 미치는 영향을 설명할 수 있다. 기능　　　 : 지구촌 문제가 우리나라에 미치는 영향을 사례조사를 통해 정리할 수 있다. 가치·태도 : 지구촌 문제에 적극적으로 관심을 가진다.

단계	학습요항 (분)	교 수·학 습 활 동	자료(□) 및 유의점(※)
문제 제기	지구촌의 의미 (5)	■ 전시학습 상기 ㅇ 우리가 살고 있는 세상을 왜 "지구촌"이라 할까요? - 이 세계가 마을 사람들이 한 집안처럼 서로 잘 알고 　도우며 살아가듯 그렇게 살아가고 있기 때문이다. ■ 동기 유발 ㅇ ①을 보고 어떤 장면인지 말해 봅시다. - 아이들이 굶주리고 있는 장면입니다. ㅇ ①과 같은 상황이 여러분과 직접 관계가 있을까요?	①지구촌문제관련사 진 ※지구촌의 문제로 　사고가 확대될 수 　있도록 유도한다.
문제 해결 방법 탐색	공부할 문제(3)	■ 공부할 문제 알아보기 ㅇ 이번 시간에는 어떤 공부를 할까요? ♠ 지구촌 문제에 관심을 가져야 하는 이유를 알아보 자.	
	지구촌 문제의 영향 (2)	■ 지구촌 문제의 영향 알기 ㅇ ②를 보며 우리나라와 어떤 관련이 있을지 생각해보 자. - 이라크전쟁으로 인해 국군을 파병하고 있습니다.	②이라크 전쟁사진
가설설정	지구촌 문제를 해결해야하는 까닭 (5)	■ 지구촌 문제에 관한 가설 세우기 ㅇ 모둠별로 지구촌 문제에 관심을 가지지 않으면 어떻 게 될지 가설을 세워봅시다. - 우리(학생) 생활에 피해를 준다. - 문제가 해결되지 않으면 우리나라에 많은 피해를 줄 　것이다.	
	가설검증방법 (5)	■ 가설 검증 방법 생각해보기 ㅇ 모둠별로 세운 가설을 검증할 수 있는 방법들을 알아 봅시다. - 우리(학생) 생활에 미치는 영향 조사 - 우리나라에 주는 피해 사례 조사 - 지구촌에 끼치는 피해 사례 조사	

단계	학습요항 (분)	교 수 · 학 습 활 동	자료(□) 및 유의점(※)
자료수집	가설검증자료 수집분석 (10)	■ 가설검증 자료 분석해보기 ○ 모둠별로 가설을 검증할 ③를 분석해봅시다. 분석한 자료를 여러 가지 방법으로 ③에 정리 해봅니다. 　– 환경문제 관련 자료 분석 　– 자원문제 관련 자료 분석 　– 인종문제 관련 자료 분석 　– 전쟁문제 관련 자료 분석 등	③ 사회책 　사회과탐구 　신문자료 　참고도서 　사전과제 ④ 모둠활동지 ※ 모둠원 모두가 참 　여할 수 있도록 지 　도한다.
가설 검증	탐구내용발표 (5)	■ 탐구내용 발표하기 ○ 모둠별로 분석한 자료를 여러 가지 방법으로 발표해 봅시다. 발표 후 정리한 자료를 ⑤에 붙입니다. 　– 지구촌 사건 신문(기사) 　– 방송뉴스(대본) 　– 만화 　– 역할극(대본) 　– 노래(가사)	⑤ 학습게시판 ※ 학습게시판에 학습 　결과물을 부착하여 　살펴볼 수 있게 한 　다.
정리	학습 내용 정리 (3)	■ 학습 내용 정리하기 ○ 지구촌에서 발생하고 있는 문제들을 종합하여 정리해 보자. 　– 지구촌 문제는 전 세계에 영향을 미치며 우 리생활 　곳곳에 영향을 미칩니다.	
	느낀 점 발표 (2)	■ 알게 된 점이나 느낀 점 발표하기 ○ 새롭게 알게 된 것이나 느낀 점을 이야기해 보자. 　– 지구촌 문제는 어느 한 나라만의 것이 아님 을 알 　게 되었습니다. 지구촌 문제에 관심을 갖지 않으면 　더 피해가 커질 것이라 느꼈습 니다.	

평가목표	지식·이해 : 지구촌에서 발생하는 문제가 우리나라에 미치는 영향을 설명할 수 있다. 기능 : 지구촌 문제가 우리나라에 미치는 영향을 사례조사를 통해 정리할 수 있다. 가치·태도 : 지구촌 문제에 적극적으로 관심을 가진다.
평가 방법	수업 중 관찰 평가. 학습지 평가

평가 관점	평가 척도		
	상	중	하
① 지구촌에서 발생하는 문제가 우리나라에 미치는 영향을 설명 　할 수 있는가? ② 지구촌 문제가 우리나라에 미치는 영향을 사례조사를 통해 정 　리할 수 있는가? ③ 지구촌 문제에 적극적으로 관심을 가지는가?	3개 항목이 만족스럽다	2개 항목이 만족스럽다	1개 항목이 만족스럽다

학생 활동지	지구촌 문제에 관심을 가져야 하는 이유를 알아보기	일시	월　일
		성명	

♠ 다음의 자연환경 및 생활모습에 해당되는 문화적 특징과 해당 나라를 연결하여 봅시다.

▶ 모둠별로 가설을 한 가지씩 정하고 자료 분석을 통해 확인된 내용을 정리해 보자.

가설	
확인 된 사실	

▶ 오늘 수업을 통해 알게 된 내용을 정리해 보자.

지구촌의 문제들	
우리나라에 영향을 끼치는 사실들	

4. 다문화교육을 위한 사회과 수업의 실제

가. 학습 주제 : 함께 해결하는 지구촌 문제 프로젝트

나. 학습 목표

: 지구촌 문제 해결을 위한 다양한 노력을 이해한다.

: 지구촌 문제 해결을 위해 우리가 실천할 수 해결 방안을 제시할 수 있다.

: 지구촌 문제 해결을 위한 실천 활동에 적극 동참한다.

다. 학습 활동 과정

1) '동전의 양면' 동영상을 통해 지구촌 문제의 심각성 인식하기

- 동전의 양면 동영상 시청하기

- 동영상에 나오는 지구촌 친구들의 생활과 우리의 생활 비교하기

- 동영상을 통해 알 수 있는 지구촌 문제의 심각성 이야기 나누기

2) 학습 문제 확인하기
  - 지구촌 문제 해결하기

3) 지구촌 문제 해결을 위한 지구촌 사람들의 노력 이해하기
  - 지구촌 문제 해결 위한 국제기구, 단체, 여러 나라의 노력 조사하기
  - 지구촌 문제 해결 위한 지구촌의 다양한 노력 정리하기
  - 지구촌 문제 해결 위한 국제기구, 단체, 여러 나라의 다양한 노력 발표
    하기

<지구촌의 다양한 노력 발표>

4) 지구촌 문제 해결을 위해 우리가 실천 할 수 있는 일 결정하기
  - 지구촌의 다양한 노력 중 우리와 관련된 해결 노력 찾아보기
  - 지구촌 문제 해결을 위해 우리가 할 수 있는 실천 방법 생각하기
  - 협의를 통해 모둠별 실천 방법 정하기
  - 우리반의 실천 방법 협의하기

<1모둠>동영상 제작 홍보- 피켓 운동
<2모둠>사랑의 도시락 제작- 도시락 판매 모금 후 기부
<3모둠>지구촌 문제 팜플렛 제작- 피켓 운동
<4모둠>사랑의 빵 모으기 실시- 기부
<5모둠>지구촌 문제 팜플렛 제작 배부
<6모둠>지구촌 문제 달력 만들어 소개하기

⇒ 결정된 우리반의 실천 방안

-지구촌 문제 달력 제작 ·판매 수입금을 기부

<각 모둠별 실천 방안과 우리반의 실천방안>

5) 지구촌 문제 달력 만들기

- 팀 구성 및 팀별 역할 분담하기

- 팀별 달력 주제 정하기

- 팀별 달력 내용 및 그림 완성하기

- 달력 제작의 문제점 협의하기(비용 문제)

- 지구촌 문제 달력 완성하기

<달력 제작 협의회>   <달력 만들기>

<달력 표지>   <10월 달력 내용>

6) 지구촌 문제 달력 판매 및 수익금 기부하기
  - 달력 판매 금액과 판매 방법 협의하기
  - 6학년 러닝페어에 참석한 부모님을 대상으로 기아 달력 판매하기
  - '월드비전' 수익금 기부하기
  - 지구촌 문제 해결을 위한 우리의 노력에 대한 소감문 작성하기

<달력 판매하기>   <수익금 기부하기>

<실천 소감1>

<실천 소감2>

색 인

한국사회과교육연구회 집필진

박은종(충남 청양 미당초등학교 교장, 한국사회과교육연구회 회장)

신재한(대구교대부설초등학교 교사, 한국사회과교육연구회 사무국장)

권민석(대구교대부설초등학교 교사, 한국사회과교육연구회 초등교육연구팀장)

이자은(대구경진초등학교 교사)　　　박정희(부산전포초등학교 교감)　　　민경용(경기 안산서초등학교 교사)

김수환(제주북초등학교 교사)　　　김현진(인천서림초등학교 교사)　　　이정환(인천동암초등학교 교사)

김성진(경기 광선초등학교 교사)　　　정명환(경기 화성 남양초등학교 교사)　　　김영식(경북 포항 구정초등학교 교사)

정승재(경남 하동 양보초등학교 교사)　　　최호영(대구복현초등학교 교사)　　　정경훈(대구 남대구초등학교 교사)

다문화 교육의
이론과 실제

초 판 인 쇄 | 2011년 3월 28일
초 판 발 행 | 2011년 3월 28일

지 은 이 | 한국사회과교육연구회
펴 낸 이 | 채종준
펴 낸 곳 | 한국학술정보㈜
주   소 | 경기도 파주시 교하읍 문발리 파주출판문화정보산업단지 513-5
전   화 | 031) 908-3181(대표)
팩   스 | 031) 908-3189
홈 페 이 지 | http://ebook.kstudy.com
E - m a i l | 출판사업부 publish@kstudy.com
등   록 | 제일산-115호(2000. 6. 19)

ISBN   978-89-268-2064-3 93370 (Paper Book)
                978-89-268-2065-0 98370 (e-Book)

이담
Books 는 한국학술정보(주)의 지식실용서 브랜드입니다.